視野 起於前瞻，成於繼往知來

Find directions with a broader VIEW

寶鼎出版

視野 起於前瞻，成於繼往知來

Find directions with a broader VIEW

寶鼎出版

Narconomics:
How to Run A Drug Cartel

毒家企業

從創造品牌價值到優化客户服務，
毒梟如何經營販毒集團？

Tom Wainwright 湯姆．溫萊特——著　吳煒聲——譯

目次
CONTENTS

目次
CONTENTS

N
丹佛
紐約
華盛頓特區
美國
聖地牙哥
帕索
提華納
華雷斯城
雷諾沙
墨西哥灣
巴哈馬群島
大西洋
哈瓦那
墨西哥
古巴
多明尼加共和國
墨西哥市
牙買加
海地
阿卡普科
貝里斯
宏都拉斯
加勒比海
瓜地馬拉
尼加拉瓜
薩爾瓦多
卡拉卡斯
千里達及托巴哥
巴拿馬
哥斯大黎加
委內瑞拉
蓋亞那
美德因
蘇利南
法屬圭亞那
波哥大
哥倫比亞
基多
厄瓜多
巴西
利馬
祕魯
巴西利亞
拉巴斯
玻利維亞
聖保羅
智利
巴拉圭
里約熱內盧
亞松森
太平洋
烏拉圭
聖地牙哥
布宜諾斯艾利斯
蒙特維多
阿根廷
0
2,000 km
0
1,200 miles
合恩角

推薦序

從經濟學角度瞭解毒品市場

沈旭暉／GLOs創辦人、香港中文大學社會科學院客席副教授

毒品禍害人類，除了因為它損害人的身心，還有很多人因毒品被殺害。二〇一〇年，墨西哥就有超過二萬人因毒品被謀殺，當地華雷斯城更是全球謀殺率最高的城市，拉丁美洲也因毒品令人聞風喪膽。毒品全球銷售額達每年三千億美元，若果毒梟聯合統治一個國家，這國家足以擠身全球四十大經濟體之列。

雖然各國政府都努力打擊毒品，但毒品依然橫行，究竟可以如何回應？除了種種法律監管，《經濟學人》英國編輯溫萊特出版了《毒家企業》一書，則嘗試以經濟學角度解構毒品的產業鏈。販毒畢竟也是一門生意，與賣餐飲賣衣服賣基金無異，只是毒販賣的是違法毒品，打擊毒品時加入經濟學理論，合情合理。溫萊特揭示大毒梟也在使用大家耳熟能詳的經濟學和企業管理理論：像香港兩大超級市場般壟斷採購、像美式速食店般特許經營、像大企業般管理幫派人力資源、搞公關和形象等，販毒集團愈來愈有組織，已經自成一國。

正當生意有行規、有法例監管，販毒也有自己的地下秩序。為了摸清這地下秩序，溫萊

特親身深入拉丁美洲毒品產業鏈的各部分，冒著生命危險訪問、調查當中大小人物，以得到第一手資料。毒品由種植、收購、提煉、批發、零售，都由龐大的卡特爾販毒集團控制，當中涉及龐大利益，小混混、販毒集團、各層警察、不同官員之間關係錯綜複雜，並非非黑即白，而是我中有你、你中有我，爭執亦由此起。當爭執不能以正常法律途徑解決，只能流血收場。

歐美國家近年積極打擊販毒人士，甚至插手拉丁美洲國家內政，以捉拿毒販和摧毀種植毒品的農田，打擊販毒源頭。表面上，這類行動觀感震撼，得到民眾支持，不過溫萊特認為打擊效果不彰，毒販春風吹又生：大毒梟自有躲避方法，又或已勾結政府官員或警察；小混混掃之不盡，人浮於事，只能靠毒品勾當維生；農民沒有技術種植比古柯樹更賣錢的農作物，亦別無選擇。打擊了一處毒源，毒梟在另一處另起爐灶；即使收入被打擊，「羊毛出自羊身上」，街角「零售」的古柯鹼又會漲價。

根據一般邏輯，只要政府管制得當，人民安居樂業，毒品這高風險行業的從業員自然會減少。可是不少拉丁美洲國家都是「失敗國家」，政府沒有管制能力，毒梟甚至代替政府位置，提供社區服務，這既為自己提升形象，又能從中吸收新血。政府腐敗不得民心，但某些毒梟被補或死亡時，反而得到民眾哀悼。

現在大毒梟面對的最頭痛問題，並非各國政府的打擊，而是如何面對經濟轉型。互聯網興起後，個人可以透過「暗網」販毒，並以加密貨幣交易，令人難以追查交易雙方，這大大減少了毒販上下其手、從中取利的空間。暗網交易反而令毒品質素提高了，連「交易態度」也好了，符合全球「去中介化」（Uberization）的大趨勢。毒梟的嘍囉其實也不太靠得住，除了信任問題，也會經常失手，有素質的嘍囉又會依靠網絡另起爐灶，都令毒梟集團再不易壟斷。新興的合成精神藥物、各國逐步讓大麻合法化的潮流，也為傳統毒梟帶來競爭，令他們慨嘆「生意難做」。

溫萊特以身犯險寫成這本書，除了讓人看透毒品產業鏈，也是要各國反思如何有效打擊毒販，特別是要避免以傳統方式動刀動槍搜捕（令人想到菲律賓總統杜特蒂的反毒戰爭），情願通過計算經濟學誘因和動機，從而減少枉死的生命。加拿大讓大麻合法化的同時，同步以經濟政策大規模打擊毒販；成效如何，對未來的全球掃毒運動就有指標作用。

推薦序

由哥倫比亞的蛻變看毒品經濟

林志都／想想論壇、換日線專欄作者

西元二〇〇〇年，我到哥倫比亞首都波哥大出差拜訪客戶，即使惡名昭彰的毒梟帕布羅·艾斯科巴早在七年前就被哥倫比亞政府與美國聯合擊斃，但是所謂的「毒品戰爭」遺緒仍然處處可見：在旅館吃早餐時，可以看見服務人員拿著末端裝有反射鏡的長桿，伸進停放在旅館前的每一輛汽車底部檢查，一一確認車底是否裝有炸彈。公司在當地的代理人告訴我，某個一直付不出貨款的客戶，其實是因為被毒梟綁架，錢都拿去付了贖金之故；他也坦白說，在當時的哥倫比亞，沒有一個行業與販毒無關：要不就是必須繳交毒梟保護費，要不就是讓毒梟入股，成為他們洗錢或轉投資大筆不法獲利的工具。

而即便帕布羅殺人如麻，甚至公然向哥倫比亞政府與警方宣戰，但是至今在他出生的哥倫比亞第二大城美德因（Medellín），仍有許多人懷念他，因為他當年曾在當地造橋鋪路，還替窮人建造了四百多戶住宅。不過這位「大善人」即使在當地，也對反對者毫不留情：一九九一年，在帕布羅與哥倫比亞政府對抗的最高峰時，這個一百八十萬人口的城市有六千三百四十九人被謀殺，幾乎都與毒品暴力脫不了干係。

這樣的暴力浪潮也隨著毒品生意漸漸由墨西哥與中美洲幫派所掌控，沖向墨西哥與中美各國。二〇一八年登上國際新聞頭條，被稱為「篷車隊」（caravan）的一群多達上萬人的中美洲移民潮，之所以要逃離祖國的原因之一，除了當地高漲的失業率以外，就是毒品所帶來的暴力。正如本書所提到的，毒品生意與產業運作方式愈來愈相似，而掌控進入美國這個大市場前最後一道關卡的墨西哥與中美各國，正如大型連鎖超市一般，掌控了通路，也就掌控了產品進入市場的關鍵與利基，連帶壓縮了生產地的哥倫比亞與祕魯等地毒梟的利潤，逼得他們若不是冒險找人攜帶毒品闖關，就是透過加勒比海的船運與小飛機路線，冒險將毒品送至邁阿密附近海域丟包。同時，墨西哥的毒梟為了擴大利益，甚至也自行種植罌粟以提煉海洛因與鴉片類的毒品，提供癮君子更多樣化的選擇，並與來源受到南美洲毒梟控制的古柯鹼一較高下。這樣的作為，其實就是商場中的垂直整合與研發新產品。不論是墨西哥黑幫希望以暴力殲滅敵對幫派，或是薩爾瓦多幫派間同意停火共分市場，甚至是在自己出身的城鎮花大錢造橋鋪路、賑窮救老做好公關，其實毒梟們的這些作為在背後都有經濟上的考量，如同企業面對市場競爭時的做法。

從數年前的《蘋果橘子經濟學》開始，以經濟學角度分析解讀各種社會狀況就成為了一門顯學。身為《經濟學人》編輯的本書作者，深入中南美洲採訪毒品供應鏈現況，並將毒品生意的經營以企業運作角度來分析，創造一種獨特的觀點，非常值得一讀。而支持毒品合法化也是《經濟學人》一直以來的觀點：正如過去美國終止禁酒令後，酒精飲料的合法化瞬間斬斷由加拿大及墨西哥走私酒進入美國市場的的黑幫利潤，或是在拉斯維加斯改發合法賭場執照後，原先壟斷當地賭場市場的義大利黑幫便在企業與政府力量雙重壓力下節節敗退，轉明為暗。在前述兩個案例中，「罪惡行為」的合法化都使得政府得以課稅與管控這些罪惡產業，企業得以獲利、減少暴力殺戮的發生，並減少政府執法部門以億萬計的支出。但是毒品對健康的損害也許比賭博、酒精或菸品更直接、更嚴重，尤其是對腦部的運作；也因此對於毒品的合法化，勢必要有更進一步的討論與規範。

藉由美國與哥倫比亞政府共同努力，在美國推廣哥倫比亞品牌咖啡，以鼓勵哥倫比亞農民轉為種植咖啡等各種措施，哥倫比亞現在已經逐漸走出毒品經濟的陰影，並成為拉丁美洲最有活力的經濟體之一。希望哥倫比亞的例子，可以成為墨西哥、中美洲各國、祕魯、玻利維亞等國家效法的模範，而不需經歷如此痛苦血腥的歷史。

推薦序

全球化犯罪抗制的浪潮

馬躍中／中正大學犯罪防治學系暨研究所副教授

毒品對於社會的危害，毒品成癮者輕者個人沉淪、家庭破碎；重則為了滿足本身之毒癮，挺而走險。對抗毒品犯罪一直是政府施政重點，可惜防制毒品思維大多停留在重刑化的高壓手段。毒品犯罪牽涉的層面甚廣，隨著全球化的犯罪抗制的來臨，毒品犯罪不再限於某個地方之一隅，其專業化、分工化，每年所創造的產值甚至高過許多國家生產毛額。

本書的作者湯姆．溫萊特是《經濟學人》編輯，負責犯罪與社會新聞報導，本書是他奉派至拉丁美洲暗訪毒品產業的精采故事。作者觀察到許多毒品犯罪的現象，具高度的學術價值，同時，作者以小說式的寫法，章節安排環環相扣，許多情節引人入勝，令人著迷。作者長期觀察中南美洲的販毒集團，實質上成為國中之國；同時，世界各國對於打擊毒品犯罪，並未採取一致的手段，以致於產生抗制上的漏洞。

另外，作者提及販毒集團的特點：一、強化對供應鏈的控制；二、以專營權為基礎進行運作；三、監獄成為招募中心；四、進行離岸外包；五、多角化經營；六、進行網路販售。同時，他也指出現行反毒政策的四個弊端：一、打擊供應端，但真正問題在於需求端；二、短視主義；三、毒品問題是全球性的，但反毒的企圖和計畫卻沒有建立起全球性的架構；四、誤把禁制毒品視作控制毒品。這顯示出，販毒集團不但在策略上遠高於主導抗制毒品犯罪的各國政治人物，更是造成毒品犯罪無法有效控制的主因。

二〇一七年五月十一日，行政院第三五四八次會議提出統合防毒、拒毒、緝毒、戒毒及修法配套等五大面向之「新世代反毒策略」，並據以擬具「新世代反毒策略行動綱領」，至二〇二〇年四年為期，調整過去僅偏重「量」之反毒思維，改以「人」為中心追緝毒品源頭，並以「量」為目標消弭毒品存在，強化跨部會功能整合，提出政府具體反毒行動方案，同時增加預算資源與配套修法，期有效降低涉毒者之各種衍生性犯罪，並抑制新生毒品人口增加，維護世代健康。上述策略，仍須與世界各國建立共同的反毒策略，強化司法互助，持續地觀察世界各國毒品情勢，隨時調整策略，才能有效達到抗制毒品犯罪的目的。

推薦序

《毒家企業》的解讀／毒策略

張淑英／臺灣大學外國語文學系教授、西班牙皇家學院外籍院士

《經濟學人》編輯湯姆．溫萊特於二〇一〇年至二〇一三年派駐墨西哥、中美洲和加勒比海期間，走訪古柯鹼供應商的全球產業鏈，年營業總額高達九百億美元，於是他著手書寫這本《毒家企業》（*Narconomics: How to Run a Drug Cartel*），解讀毒梟販毒的行銷策略，針砭其成功和負面的因素，全書雋永趣味，有實例實務佐證、有法律規章束手無策的諷刺、有托拉斯形式的「好好壞先生」毒梟，而追根究底，引人深思反省的關鍵仍在「人的問題」。

盱衡世界四大毒品產地：金三角（泰、緬、寮邊界）；銀三角（墨西哥、玻利維亞、哥倫比亞）；黑三角（肯亞、迦納、奈及利亞、南非等）；金新月（伊朗、阿富汗、巴基斯坦）都座落於第三世界國家或是戰區火藥庫，即人民生活貧困、社會治安不佳的區域，讓多有犯罪紀錄的毒梟從挺而走險到堂而皇之經營毒品買賣，以社會責任之名掩飾毒品利益的不法行為，有了一張面具，卻形塑暴力與暴利為本的壟斷集團。

這當中，墨西哥、哥倫比亞、玻利維亞等國歷史悠久的「卡特爾」（Cartel）集團更是全球聞名，從哥倫比亞的艾斯科巴（Pablo Escobar）的美德因卡特爾（Cartel de Medellín）發展

到墨西哥的華雷斯卡特爾（*Cartel de Juárez*），代代相傳，結合黑幫老大、江湖小弟和路邊混混的販毒人力資源，從違法傷國、殘害人民健康的毒瘤，一變而成品牌粉飾價值、服務業的市場機制；上有美國最大的消費市場，中有效法沃爾瑪、麥當勞、可口可樂此種大企業的連鎖行銷，下有鼓勵種植的盈利誘惑，如此惡行循環成一個看得見的惡勢力，卻沒有良方遏止導正，正是長期浸淫經濟學理的溫萊特想要抽絲剝繭解讀，提出以毒攻毒，以子之矛攻子之盾的策略；換言之，提醒全球當權的治理者，硬碰硬的全面宣戰只會助長毒梟更肆虐，卻無助於減緩或降低吸食人口。

溫萊特這本《毒家企業》形似二〇〇五年李維特（Steven D. Levitt）和杜伯納（Stephen J. Dubner）合著的《蘋果橘子經濟學》（*Freakonomics:A Rogue Economist Explores the Hidden Side of Everything*），揭露隱藏在每個經濟利潤／虧損後面看不見的隱藏元素：技藝、價值、價格到財富的謀略。另一方面，他所指出的拉丁美洲毒梟事業「卡特爾」，我們認為正是實踐了娜歐密．克萊恩（Naomi Klein）的《別無商標》（*No Logo*）闡述的反撲和策略，致使一個負面形象的生意，竟然愈做愈大，作惡卻享其惡果。

毒品與毒梟，有如惡性腫瘤與人體。醫學上證實，惡性癌細胞恆常存在於人的體內，由人體的細胞變異衍生而成。因此，抑制癌細胞的生長蔓延，最佳的方法不是殺害癌細胞，而是強化身體、改善體質，讓良性細胞規律循環生長，讓惡性細胞別無空間竄延。《毒家企業》

指出了「卡特爾」猶如性病戀情圖，這就像癌細胞擴散的侵襲鏈，如是，納入合法的經營規範，改善社會環境構思福利，正如正常的飲食和運動，才能永保安康，而毒梟的毒品卡特爾，也才有可能從今日的囂張逐漸式微。

推薦序

毒家世界是怎樣練成的

張翠容／香港新聞記者

當我們生活在一個自以為於陽光底下的經濟世界時，有另一個黑色經濟卻與前者平行發展，它的運作模式、經營邏輯，出奇地與正常的企業無異。年前閱讀過知名經濟學家洛蕾塔・拿波里奧尼（Loretta Napoleoni）一系列有關黑色經濟的著作，她大膽展示出資本主義全球化如何加促黑色經濟的發展，我看後的震撼感覺還未消退，現在再看《經濟學人》編輯湯姆・溫萊特所撰寫的新書《毒家企業》，令我更大開眼界。

溫萊特深入拉丁美洲的毒梟世界，從墨西哥到玻利維亞等拉美國家，倖得能生存過來，為我們寫成這本精采的調查報導。他在書中序言已描述他在墨西哥的歷險記，其後他以記者的能耐，得以在玻利維亞穿梭於古柯葉種植場，去瞭解古柯葉如何被非法市場提煉毒品。他每次在不同地方愈靠近黑幫世界，愈能帶來更真實的故事，足以成為掃毒組織的指南。

作者可謂是膽大心細。要知道，有多少追蹤毒梟的記者遭謀害，特別是墨西哥，連官方掃毒人員也得要小心翼翼。

眾所周知，墨西哥的毒梟勢力龐大。溫萊特發現他們的營運手法儼如一個組織嚴謹的跨國大集團，即卡特爾（cartel）模式，該模式可見於同業之間的橫向組織，產銷企業基於共同目的，以合約限制彼此競爭，控制價格和產量，分配市場需求、追求利潤，而它的產品一樣經過設計、製造、運輸和行銷等過程，最後販售給全球二一．五億的買家，年總產值約為三千億美元，實在驚人。

有趣的是，溫萊特對毒家世界抽絲剝繭之後，也企圖提供解決方案。他指透過他實地探討毒品問題，發覺問題不是出自供應者，而是出自買家身上。過去有關部門掃毒，只打擊供應管道，但市場一天有極大需求，販毒集團受春風一吹便能再次滋長，因此他遂認為適度合法化，此舉可望毒品從有組織性犯罪集團轉到合法商人手上，好讓政府有渠道控制毒品的安全度，又可獲得非常可觀的新稅收來源。

溫萊特的合法化建議確實非常爭議，不過，他點出問題的徵結在於消費者市場上，這也令我想到墨西哥人流行的一句話：「離天堂太遠，離美國太近」。就是由於離美國太近，使墨西哥衍生出毒品的問題。為什麼一個高度自由主義化和民主化的國家，毒品戰爭造成的傷亡卻與伊拉克、阿富汗相近？

據保守統計，美國毒品市場為墨西哥毒販提供接近四千萬「客戶」，銷售規模超過八百億美元，而這市場還在急劇擴張中。造成墨西哥毒梟橫行當然有很多複雜的原因，但無可否認，美國的龐大市場不但吸引著墨西哥毒販，刺激他們勇往北上，美國的政策同樣滋長了毒販的氣焰。

一方面美國對癮君子採取放任的態度，另方面卻要求墨西哥積極打擊毒販。當墨西哥政府拚命與毒梟作戰時，美國繼續合法化槍枝，並對武器走私漠然置之。墨西哥政府每年繳獲的武器接近十萬，主要來自美國，為墨西哥毒販用作對付自己政府，令墨西哥執法部門與毒販的血拼更見無奈。

有哲學家說，每人心中都有天使和魔鬼；讀畢《毒家企業》後，更有感於我們這個世界的光明與黑暗，正是人心的折射。

推薦序

驚心動魄的毒品演義

陳小雀／淡江大學西班牙語文學系及拉丁美洲研究所專任教授
兼國際暨兩岸事務處國際長

全世界的植物約五十萬種，許多植物含有生物鹼（alkaloid），對人類及動物會產生藥理反應，適量能治病，過量則會產生幻覺、興奮、嗜睡、麻醉、失憶等現象，甚至喪命。自石器時代起，人類便善用藥用植物，將之融入於宗教儀式之中。藥用植物以其丰姿魅力，悄悄為薩滿文化紮根，同時譜出一部驚天動地的藥物史，而讓人類上癮數千年之久。

據統計，人類常用的「致幻植物」（planta alucinógena）有一千餘種，其中大部分是美洲原生種，美洲因而有「藥物樂園」之稱，當地一些原住民部落至今仍保存吸食致幻植物的宗教儀式。除了致幻植物之外，古柯這種具有麻醉成分的灌木，其原產地為安地斯山，在前哥倫布文明時代，即是貴重藥品，用來治療高山症、消除饑餓，更在外科手術中被當成麻醉劑，至今嚼食古柯葉或飲用古柯茶（mate de coca），依然是厄瓜多、祕魯、玻利維亞等安地斯山國家的傳統習俗。

藥與毒是一體兩面，兩者之間的界線取決於劑量，然而，在藥與毒的天秤上，人類總是拿捏不準，以致毒的劑量愈來愈多。十九世紀以降，從植物提煉藥品的技術日益精進之後，藥用植物的使用從宗教、醫療用途，延伸至精神享樂目的，人類因此進入藥物濫用期，藉藥物進行心靈探索，不知不覺沉淪於精神刺激之中，直到無法自拔才驚覺事態嚴重，終於承認藥物是「毒品」。毒品改變了人類的精神與生理狀態，對生活形態、行為模式、社會結構、政經發展亦同樣影響深鉅，漸漸衍生出嗑藥、幫派、犯罪之類的次文化。

不必諱言，美國是毒品的最大消費國之一。哥倫比亞因地利之便，自一九六〇年代起，隨著不同毒品的流行，先後淪為大麻、古柯鹼、海洛因等三大毒品的運輸中心，進而造就了「美德因」（Medellín）和「卡利」（Cali）兩大販毒集團，一九九三年，大毒梟帕布羅・艾斯科巴遭哥倫比亞警方擊斃後，所領導的美德因集團隨之分裂成數個小組織，勢力不如從前。至於卡利集團，也在哥國政府全力掃蕩下日益式微。

然而，毒品令人心腐敗，暴利讓人性崩壞，販毒集團並未因哥倫比亞這個運輸中心的瓦解而萎縮，反而彷彿蟑螂一般，流竄至合適的地方再度孳生。墨西哥與美國之間的邊界總長達三千一百六十九公里，形成治安上的漏洞，以致偷渡和走私猖獗；再者，政治紛亂與社會對峙，讓墨西哥變成藥物溫床，墨西哥毒梟收接了哥倫比亞販毒集團的市場，為毒品開闢另一個戰場，寫下教人更膽戰心驚的篇章。

為了防堵毒品流入美國，美、墨兩國政府合作，從一九七九年的「攔截行動」（Operación Intercepción）到近年的「反毒戰爭」（La guerra contra el narcotráfico），近四十年來，兩國政府投入了數百億美元掃毒，非但沒有減少毒品流入美國，墨西哥的毒梟勢力反而更加龐大，不斷掀起腥風血雨。「空中之王」（Señor de los cielos）的傳奇結束後，「冰毒之王」

（Rey del Cristal）、「巴比」（Barbie）、「矮子古茲曼」（El Chapo Guzmán）……大毒梟一個接著一個，相繼在這部驚心動魄的「毒品演義」登場，似乎印證了「九頭蛇理論」（Hydra Principle）：斬了一個蛇頭，竟然在原處生出兩個頭！

販毒集團代表財富與權力，甚至「法律」，堪稱國家中的國家，擁有非法武裝部隊。面對火力強大的販毒集團，許多軍警為了保命不得不同流合污。事實上，販毒集團最可怕的武器並非真槍實彈，而是賄賂政府官員，並滲透金融體系，簡化洗錢、拆帳等複雜作業。窮苦農民為了生計，改種利潤較高的大麻、古柯、罌粟花，毒梟則儼然慈善家，以善盡社會責任的表現確保供應鏈。從作物栽種、到提煉生產、到毒品流通、到招募成員，販毒集團組成了一個縝密的網路，其共犯結構上至政府高官、下至平民百姓。

不論藉管控供應鏈來維持利潤，抑或利用加盟方式來擴張版圖，販毒集團的組織媲美跨國企業！

不論過著紙醉金迷的奢華生活，抑或徘徊於槍林彈雨的生死戰，毒梟演義的戲劇性媲美肥皂劇！

坊間有關毒品與毒梟的書籍不少，但鮮少如湯姆．溫萊特一般，引領讀者進入拉美的「卡特爾」（cartel），見識毒品的產業鏈，以經濟學理論分析販毒集團的經營策略，並以更宏觀的視角分析反毒政策的錯誤。《毒家企業》所揭露的真實內幕，絕對比影集《毒梟》或電影《天人交戰》更加精采！

推薦序

還原毒品產業真實相貌，尋求解決問題的可能

chinchen.h／旅遊作家、「Invisible Landscapes 寫在地圖之外」創始人

作為全球第一大毒品消費國，全世界生產的毒品百分之六十以上輸往美國，據估計美國毒品交易的利潤高達每年八百億美元。自一九七一年六月美國尼克森總統（Richard Nixon）宣布正式禁毒以來，美國政府對毒品打擊的投入不斷增多；根據致力於藥物管理改革的非營利組織「藥物政策聯盟」調查，在打擊毒品方面，美國政府四十年來已斥資超過一兆美元，平均每年花費五百一十億美元，卻仍未改變毒品氾濫的現狀。另一方面，墨西哥作為對美主要供應商、全球毒品供應鏈中的最大中間商[1]，在二〇〇六年由卡爾德隆（Felipe Calderon）政府出面，打響為期六年的毒品戰爭，這場由毒梟、犯罪集團、各層軍警、政府、農民、百姓所共同參與的大混戰，最終以至少十萬條性命的結果慘澹收尾。然而，美墨以至全球間的毒品貿易在層層的打擊下卻不減反增，有著更為興盛和普及的趨勢。[2]

何以美國消耗的金錢、墨西哥枉付的性命，甚至九〇年代哥倫比亞舉國動盪的前車之鑑皆絲毫無法撼動毒品貿易？是否各國政府傳統上針對銷毀原物料和打擊毒販的供應面取向的毒品政策有著根本上的錯誤？是否在這個從原料至終端消費者間不斷增值、整體利潤高達百

分之三萬一千六百[3]的跨國供應鏈中，存在著一個對整體產業具有舉足輕重、適合突破的環節？

舊有的反毒制度明確地證實了「蟑螂效應」：毒品問題橫竄全球，只要終端消費市場得不到控制，區域性的禁毒工作換來的不過是在另一個區域崛起的新的一批供應商。

在本書《毒家企業》中，作者湯姆．溫萊特跳脫出固有架構，以其全球性毒品貿易的田野調查所得歸納，指出了另一個分析方向：市場與經濟。如果我們承認毒品市場是個已存且無法根除的既定市場，毒品產業是個井然有序、分工明確且以驚人利潤不斷成長與為規避法令不斷創新的產業，那麼「**政府應該考慮如何去改變毒品市場，而非不惜一切代價去剷除毒販。**」[4]

作者從經濟層面切入，以基礎的市場供需法則，層層解構外在環境和販毒集團的營運模式，並以獨到眼光大膽提出將販毒集團作為一般大型跨國企業的假設，對其管理模式加以探討：從產品加工到物流端爭奪邊境關卡的生產與作業管理、草莽式企業社會責任的行銷管理、在監獄對潛在員工進行招募和培訓的人資管理、為因應市場需求及法令限制而一再創新的研發管理到透過外包模式以降低整體成本的財務管理，更於其中一一提出解決方案。

在這個網路崛起、暗網購物猖獗、資訊快速流通、各政府逐步將麻醉藥合法化，以及傳統上因律法規定而無法高效率運作的毒品市場即將在科技的發展下重新被定義的此刻，透過此書，我們不僅可以從別於以往的切入點還原隱藏在暴力新聞與傳説數據下毒品貿易真實的面目，更或許可以在其中找到一個足以因應並改變毒品市場的答案。

1. 僅是轉運古柯鹼，墨西哥販毒集團便有百分之五千的獲利率。
2. 聯合國毒品與犯罪問題辦公室 UNODC 於二〇一八年世界毒品問題報告指出：二〇一六年至二〇一七年期間，全球鴉片總產量猛增百分之六十五；二〇一六年，全球古柯鹼產量達到有史以來的最高水平，估計為一千四百一十噸，對比二〇一三年至二〇一六年期間，上升了百分之五十六。而大麻仍是世界上最常使用的毒品，全球大麻吸食者人數持續上升，在截至二〇一六年的十年間，似乎增加了大約百分之十六。
3. 在玻利維亞生產一公斤純古柯鹼的古柯葉約為三百八十五美元，在美國街頭市場，未稀釋的一公斤純古柯鹼的交易額為十二萬二千美元。
4. 出自內文。

譯者序

虛己傾聽，寓讀於譯：一窺新世紀國際販毒景況

吳煒聲／《毒家企業》譯者、清華大學與交通大學外國語文學系講師

譯書是件苦差事，得時時自我警惕，不可過度詮釋，務必查考求證，甚至求形式對應。然而，譯書也是件樂事，常能綜覽古今，神遊四方，訪聖記實，分析論事。每回接到出版社邀稿，總是憂喜參半。憂的是要承受截稿壓力，喜的是又能增廣見聞，依循作者眼光探索新奇領域。

我收到《毒家企業》的原文書時，只覺艷黃封面略顯俗氣，內附的中南美洲地圖與黑白毒梟插圖令人想起熱情卻失序的西語國度。作者溫萊特為《經濟學人》編輯，負責報導墨西哥、中美洲和加勒比海的新聞，踏入業界之前曾研讀政治學與經濟學，因此從政經角度切入，逐一抽絲剝繭，探討毒品氾濫的根源，詳述為何國際的毒品戰爭總以失敗收場。

本書充滿記事報導，接二連三鋪陳故事，引領讀者窺探暗黑的毒品世界，既有恐怖駭人的血腥情節，亦有荒謬爆笑的出糗場景，忠實呈現五花八門的販毒實況，迥異於搬上大螢幕的冷酷黑幫劇情。

溫萊特相貌溫和，個性膽小，卻得深入毒窟，挖掘內幕，字裡行間時而透露膽怯與興奮

交雜的心態，我一邊翻譯，一邊感覺正在跟有血有肉的記者神交，隨著他的目光窺探底層的販毒圈子。本書充滿黑色幽默，英語內文偶爾交雜西班牙語，洋溢著異國情調，猶如流光溢彩的畫布，著實生動有趣。

《毒家企業》編排井然有序，率先探討古柯鹼的南美發源地，爾後一路往北推進，講述毒梟廝殺激烈的墨西哥，最終論及毒品的最終市場美國。此外，作者匠心獨運，從企業經營的角度檢視販毒集團，發現兩者竟有諸多雷同之處，時刻需要運用手腕合縱連橫，還要重視客服、招聘新血與管理手下，甚至得與時俱進，尋求離岸委外降低成本，同時善用網路拓展通路。他語重心長提醒主政者，要導入全新觀念，方能有效打擊毒品。

臺灣毒品犯罪日益猖獗，更嚴重的是吸毒年齡日漸下降。臺灣公益廣告協會曾發布名為「劇毒．拒毒！」的微電影，希望喚醒全民重視毒品問題，同時呼籲政府不該分毒品等級而各別裁罰，如此方能有效恫嚇藥頭。其實，毒品氾濫可能源於地下經濟、社會問題或吸毒者的原生家庭。衷心希望《毒家企業》出版之後，政府與民間機構能以此為借鏡，跳脫框架，從嶄新的視角遏止日益氾濫的毒品。

在這半年以來，寶鼎出版社的編輯與美編悉心排版、居中聯絡與去疑解惑，孜孜不倦，令人感動，在此謹申謝忱。

各界好評

「《絕命毒師》世代必看的經濟叢書。」——《泰晤士報》（*Times of London*）

「棒極了。這是我讀過最能以出奇致勝之道對付毒品世界的書籍。」——摩伊希斯・奈姆（Moisés Naím），《誰劫走了全球經濟》（*Illicit*）與《微權力》（*The End of Power*）作者

「溫萊特是調查販毒產業之後尚能倖存的幸運記者之一。」——《華盛頓時報》（*Washington Times*）

「這幾年最令人激賞的商業書籍之一。」——《今日管理》雜誌（*Management Today*）

「出色的作品……既是長篇黑色笑話，也是對吸毒的冷靜分析……。《毒家企業》讀起來興味盎然，作者思緒縝密，在諸多層面提出令人信服的論點。」——路透社（Reuters）

「從數個層面來看，溫萊特非常勇敢……。（他）一下子挑戰了每個人，包括毒販、毒梟與這兩者之間的旁觀者。這是一本大膽的調查報導書籍，論述有理，值得借鏡，可依此制定更明智的反毒政策。」——《科克斯書評》（*Kirkus Reviews*）

「本書極具爭議，但論述完備……。想解決毒品問題的人，務必詳讀本書。各國政府似乎對毒販束手無策，不妨借鏡溫萊特頭頭是道的見解。」——《華盛頓書評》（*Washington Book Review*）

「言簡意賅，深具說服力，乃是我讀過最棒的毒品法改革論述之一……。（溫萊特）分析縝密且論事平衡，研究極為徹底……。溫萊特將毒品交易視為企業營運，揭露為何販毒會嚴重危害世界。」——米莎・格蘭妮（Misha Glenny），《紐約時報週日書評》（*New York Times Sunday Book Review*）

「本書生動活潑，引人入勝，既有堅持不懈的記事報導，也引用了學術研究的成果。」——《華爾街日報》（*Wall Street Journal*）

「《經濟學人》編輯溫萊特觀察敏銳，運用企業策略與市場力量的邏輯，解釋全球販毒產業為何如此具有彈性。他的論點極具說服力，指出政府一旦忽視基本的經濟力量，就算投入大量公帑執法，依然無法遏止毒品交易。」——《外交》雜誌（*Foreign Affairs*）

「本書條理清晰，內容精闢，毫不浮誇……。溫萊特明確指出，想遏止毒品氾濫的人之所以失敗，乃是堅持去打毒品戰爭，其實應該將販毒視為市場操縱（market manipulation）。」——《獨立報》（*Independent*）（英國）

騙子已經知道這些伎倆。誠實的人必須學會這些伎倆來自衛。

——達萊爾·赫夫（Darrell Huff），《別讓統計數字騙了你》（*How to Lie with Statistics*）

毒品卡特爾猶如大型企業，已經嘗試離岸委外，把問題轉移到更脆弱的國家。毒販達到某種經濟規模之後，會仿效多數公司，致力於多角化。此外，他們和街上的零售商一樣，飽受網路購物的衝擊。

序言

卡特爾股份有限公司

「各位先生女士，歡迎來到華雷斯城（Ciudad Juárez）*，當地時間為早上八點。」

時值十一月，天寒地凍，英特捷特航空（Interjet）一二一八三號班機滑行於墨西哥沙漠的跑道上，機上一名乘客神情緊張，不斷撫摸藏在襪子裡的小東西，不知自己是否犯了大錯。華雷斯位於美墨邊境，粗曠嘈雜，白天炎熱，夜晚寒冷，乃是將古柯鹼（cocaine）走私到美國的主要門戶。它與德州邊境僅隔一道金屬牆，也恰好位於太平洋沿岸與墨西哥灣沿岸的中央，走私者長期在此地聚集出沒：毒梟大賺不義之財，然後揮金如土，購買拉風跑車，入住華麗豪宅，但囂張不了多久，通常會死於非命，躺進華麗的墳墓。在早晨的陽光下，這位緊張的乘客直眨眼睛，走向航站大廈，看見身

＊華雷斯城是墨西哥北部城市，開埠後稱為「北方關口」，當地毒梟為控制古柯鹼交易而火拼，因此該城已是墨西哥的謀殺之都。

穿迷彩裝、頭戴巴拉克拉瓦帽（balaclava）*的海軍陸戰隊員鎮守出口，但他不是「毒品騾子」（drug mule）*。這位乘客就是我。

我走進航站內最近的廁所，把自己鎖在小隔間裡，然後取出小東西。那是一個精巧的黑色電子裝置，大小約一支打火機，只有一個按鈕和一顆LED燈。我幾天前待在墨西哥市（Mexico City），當地安全顧問給了我這個裝置，因為他擔心眼前年輕天真的「英國佬」前往華雷斯城時，可能會惹禍上身。我是首度造訪華雷斯。當地敵對的卡特爾（cartel）*僱用職業殺手（hit man），彼此在洋溢殖民時代風格的市中心與爐渣磚（cinderblock）*房舍林立的貧民窟你躲我藏，四處廝殺打鬥，因此華雷斯最近才贏得「全球謀殺率最高的城市」（world's most murderous city）的封號。當地報紙和電視新聞不斷報導路邊處決、集體屠殺後埋葬死者的殺人坑（mass graves）和千奇百怪的肢解人體方式。記者若喜愛追根究柢，經常會被人用封口膠帶（masking tape）綑成木乃伊，丟進汽車行李箱滅口。千萬不可在華雷斯城冒險。因此，我該做的就是依照顧問遞給我裝置時的指示，抵達之後按下按鈕、等待LED燈亮起，然後把它藏在襪子裡。只要燈持續閃爍，萬一我沒有住進旅館，顧問便可追蹤我的行蹤（至少能知道我右腿的下落）。

我在小隔間裡，悄悄拿出追蹤裝置，把它翻面後壓下按鈕。我等待著，但燈一直不亮。我很困惑，於是又按了按鈕。沒有任何動靜。我又敲又搥，按住按鈕。在接下來的幾分鐘，不管我如何想辦法啟動裝置，燈死都不亮。我萬般無奈，只好把這個廢物塞回襪子裡，收拾好東西，小心翼翼地走到華雷斯城的街道上。裝置已經掛掉，我只能靠自己了。

・・・・・

我是有點膽怯的商業記者，竟然被派去報導全球最奇特且野蠻的販毒產業，本書就是講述這段採訪歷程。我在二〇一〇年抵達墨西哥。當時，該國政府正雷厲風行，大舉掃毒，因為毒梟（narco-cowbcy）*早已拿著鍍金的卡拉什尼科夫衝鋒槍（Kalashnikov）

---

* 從頭到肩全部包住的毛織大型帽子，主用於登山隊或部隊。
* 「毒品騾子」意指越境運毒者。
* 卡特爾在此處指販毒集團。卡特爾原指同業之間的橫向組織，亦即產銷企業基於共同目的，以合約限制彼此競爭，控制價格和產量，分配市場需求追求利潤。
* 一種建築用的空心磚塊，用混凝土和爐渣做成。
* 在美國俚語中，cowboy 指犯罪集團的頭目。

*橫行霸道，某些墨國地區幾乎陷入無政府狀態。二〇一〇年，在墨西哥遭殺害的人數超過二萬，約為整個西歐被謀殺人數的五倍。[1]隔年的暴力局勢將會加劇。電視新聞快報幾乎千篇一律：每週都有新案件，不是警察貪污腐敗，就是官員遭到暗殺，甚至大批「毒販」（narcotraficante）被殺害之後，軍隊會大舉鎮壓，或者毒販之間又會自相殘殺。這就是毒品戰爭，但販毒組織顯然逐漸占據上風。

我以前待在歐洲和美國時，偶爾會從消費者的角度撰寫討論毒品的文章。如今我置身於拉丁美洲，親眼見識了毒品產業驚人的供貨端。我撰寫愈多探討「販毒」（el narcotráfico）的報導，愈瞭解這個產業最像「組織嚴謹的跨國企業」。它的產品經過設計、製造、運輸和行銷等過程，最後販售給全球二．五億的人，年總產值約為三千億美元；如果毒品產業是個國家，將可躋身全球四十大經濟體之列。[2]經營這個產業的人，都散發一股冷酷陰險的魅力，總愛取駭人聽聞的綽號〔有個墨西哥毒梟的外號是「食孩魔」（El Comeniños）〕。然而，每當我到監獄拜訪毒販時，他們往往會對我吹噓和抱怨，不禁讓我想起公司經理。一位薩爾瓦多嗜血幫派的頭目在炎熱的監獄牢房向我炫耀，說他的同夥掌控了一大片土地，而且喋喋不休，老愛聊一份新的幫派休戰協議（gang-truce）。聽他的口氣，會誤以為某位執行長正在宣布合併計畫。我還遇到一位魁梧的玻利維亞農民，他種植古柯（coca，提取古柯鹼的原料），興致勃勃地談論新種的成群毒品作物，猶如開店的園藝家，神采飛揚，滿口專業知識。那些最冷酷無情的歹徒，經常向我講述同樣困擾企業家的日常問題，譬如：如何管理手下、規避政府法規、尋找可靠的供應商，以及和宿敵打交道。

他們的客戶類似於消費者，會提出相同的要求。這些毒品買家猶如其他行業的客戶，會搜尋新產品的評論、愈來愈喜歡透過網路下單，甚至要求供應商負起某種程度的「企業社會責任」（corporate social responsibility）。你可以透過「暗網」（Dark Web）*使用比特幣（Bitcoin）*匿名購買毒品和武器。我進入這種地下暗網時，跟一位冰毒（crystal-meth，又譯甲基安非他命）菸斗交易商打交道，這位仁兄和亞馬遜的銷售代表同樣細心。（老實說，我想收回這句話；這位交易商的服務更加週到。）我對全球販毒產業瞭解愈多，便愈想知道若將它視為企業來報導會出現哪種結果。結果我就寫了這本書。

* 前蘇聯製造的輕機關槍。
* 暗網是指常規搜尋引擎搜尋不到的網站，必須透過特殊軟體才能造訪。
* 一種去中心化且尚未普及全球的電子加密貨幣，屬於虛擬商品，並非真正貨幣。

我透過經濟學家的眼光去檢視非法販毒產業時，立即注意到許多事情，其一是緝毒官員會提報令人印象深刻的數字，但這些數字毫無意義。我抵達墨西哥之後，不久便在提華納（Tijuana）*看見有人放火焚燒一大批毒品。士兵點燃了火種，然後退得老遠，只見一百三十四公噸的大麻（marijuana）陷入熊熊烈火，濃濃的刺鼻煙霧滾滾上升。緝毒人員從市郊倉庫的六個貨櫃中找到這批藏匿的毒品，破獲墨國史上最大宗的毒品犯案。這批毒品準備要出口，密封於一萬五千個沙袋大小的包裹內，上頭印著動物標誌、微笑圖示和荷馬．辛普森（Homer Simpson）*卡通圖案，毒販以此表示這批貨將送往何處*。緝毒人員測試和過磅這些包裹，然後拍照存證，隨即將其高高堆疊，淋上柴油後點火燒毀。大批民眾圍觀這熊熊烈火，手持機槍的士兵嚴防有人站在下風處，免得他們聞到氣味後產生幻覺。該區的墨西哥陸軍指揮官阿爾方索．杜瓦爾特．穆希卡（Alfonso Duarte Múgica）將軍自豪地宣布，這批破獲的毒品價值四十二億披索（peso，又譯披索），當時相當於三．四億美元。某些美國報紙甚至加油添醋，根據這批毒品可在美國販售的價錢，宣稱其市值高達五億多美元。只要合理去分析，便會發現雙方都錯得離譜。杜瓦爾特將軍計算市值時，似乎是根據在墨西哥買一克大麻大約只需三美元來推估。根據這個價格，那批一百多公噸的大麻自然有約略三億美元的價值。在美國，一克大麻可能索價五美元，五億美元的市值便是如此估算的。即使只是粗略估算，背後的邏輯似乎合理。然而，這其實很荒謬。不妨考慮另一種令人上癮的拉丁美洲出口貨物：阿根廷牛肉。若前往曼哈頓的餐館吃飯，八盎司的牛排可能要價五十美元，亦即每克二十二美分。按照杜瓦爾特將軍的邏輯，半噸重的小公牛就得開價十萬多美元。

養牛戶必須先屠宰小公牛，然後包裝和運輸牛肉。牛肉送到餐館，又得調味和烤製，等到端上餐桌之後，每片牛肉才有五十美元的價值。因此，牛肉產業的分析師絕對不會根據紐約餐廳的牛排價格，以此估算在阿根廷草原上吃草的公牛有多少賣價。然而，當局在阿富汗緝獲海洛因（heroin）或在哥倫比亞截獲古柯鹼時，偶爾就會如此估算破獲毒品的價格。其實，毒品如同牛肉，必須歷經漫長的增值鏈（value-adding chain），才會有最終的「場外價格」（street price）*。一克的大麻在墨西哥市的夜店可能要價三美元，在美國大學宿舍則可賣到五美元。然而，這批大麻仍然藏在提華納

---

* 位於墨西哥西北角，緊鄰美國加州。
* 美國電視動畫《辛普森家庭》（*The Simpsons*）的虛構角色，荷馬是這個家庭的父親。
* 即美國。
* 原指不透過證券交易所買賣的證券價格。場外交易市場的買賣價格是證券商人直接協商決定的，而股票交易所的證券價格是公開拍賣的結果。

的倉庫，尚未走私出境、切分為零售包裝，以及偷偷摸摸兜售給消費者，它們的價值當然要低得多。根據最佳估算數字，墨西哥的大麻批發價格約為每公斤八十美元，亦即每克只有八美分。[3]按照這個價格，在提華納破獲的大麻只值一千多萬美元，或許價值更低，因為藏匿一百噸非法商品的人，絕對無法依照千克的售價去銷售。這批破獲的大麻確實很大宗，而且毫無疑問，損失毒品的卡特爾將飽受打擊。多數報紙宣稱，這宗三．四億美元的毒品破獲案將可重創組織犯罪，但這僅是憑空幻想：毒販實際蒙受的損失，可能不到這個金額的百分之三。

估算在提華納某個大型倉庫破獲的大麻價值時都能錯到這般離譜，我於是狐疑：假使應用基本的經濟學，從嶄新的角度分析毒品交易，會發現哪些蹊蹺呢？再檢視一次毒品卡特爾，便能清楚發現，販毒組織很像合法企業。哥倫比亞的古柯鹼製毒販管控供應鏈來維持利潤，與美國零售企業沃爾瑪（Walmart）如出一轍。墨西哥販毒卡特爾利用加盟連鎖擴張版圖，跟麥當勞有樣學樣。在薩爾瓦多，渾身刺青的街頭幫派分子曾經彼此殺伐、不共戴天，如今卻發現，共謀互利偶爾比相互競爭更有利可圖。加勒比海的罪犯將惡臭的島嶼監獄當作就業中心，暗中招兵買馬，解決人力不足的問題。毒品卡特爾猶如大型企業，已經嘗試離岸委外（offshoring），把問題轉移到更脆弱的國家。毒販達到某種經濟規模之後，會仿效多數公司，致力於多角化。此外，他們跟大街的零售商一樣，飽受網路購物的衝擊。

從經濟和商業的角度去分析毒品卡特爾似乎極為反常。然而，如果不瞭解毒品交易的經濟情況，並且不斷引用虛幻的數據（比如在提華納燒毀市價五億美元的大麻），就會迫使政府採納無效的政策，平白浪費公帑與犧牲無辜生命。全球納稅人每年花費一千億美元打擊非法的毒品交易。單是美國聯邦政府就耗費了二百億美元，一年逮捕一百七十萬名毒販，將其中二十五萬人送進監獄。[4]在生產和運送毒品的國家，軍方不斷打擊販毒產業，枉死人數之多，令人眼花撩亂。墨西哥的謀殺率令人生畏，但是在其他位於古柯鹼運送路線的國家，謀殺害命更是觸目驚心，每年有數千人因為打擊毒品集團而慘遭殺害。公共投資的規模龐大無比，但反毒證據卻過時老舊。

當我沿著販毒路線追查時，發現從玻利維亞到英國政府都一直在犯四大經濟錯誤。首先，各國都過分關注如何抑制毒品供應層面，但根據基本的經濟學原理，解決需求層面才更合理。切斷供應鏈與減少毒品需求量相比，前者更容易刺激毒品價格上揚，促成價值更高的犯罪市場。其次，有害的短期主義（short-termism）陰魂不散，各國政府短視近利，不願早期介入，寧可事後花錢收拾爛攤子。一旦預算吃緊，首先便刪除囚犯更生（prisoner rehabilitation）、創造就業機會與成癮治療之類的計畫，但是卻不斷挹注資金支援前線執法（可達成相同目標，但成本更高）。第三，毒品卡特爾採用敏捷靈活的無國界全球商業模式，但政府的管制手段卻極其笨拙，仍然跳脫不出國家範圍。因此，毒販發現各國並未聯手打擊毒品時便會鑽漏洞，從某個司法管轄區逃到另一個管轄區求生存。最後要談根本的問題，就是各國政府誤將禁止（prohibition）與管制（control）劃上等號。販毒產業有數十億美元的利潤，而政府下令禁毒，起初看似合理，卻誤將販毒專利權拱手讓給全球最冷血無情的組織犯罪網。我愈瞭解毒品卡特爾如何做生意，便愈猜想：倘若毒品合法化，毒販是否不會從中獲益，反而會走向滅亡？

後續章節會補充說明這些論點，但最要緊的是：只要體認毒品卡特爾是仿效大型跨國企業的方式運作，便更容易預測毒販的下一步行動，同時確保投入的反毒資金與人命沒有白白浪費。本書既是毒梟的商業手冊，也是擊潰他們的藍圖。

1 Chapter

古柯鹼供應鏈

蟑螂效應與百分之三萬的加價

從源頭處理毒品問題似乎很明智，
但從經濟學的角度來看，
從源頭著手其實效果最差。
古柯鹼要一直到供應鏈的下游才會價值不斐。

「我叫賓拉登（bin Laden）。」

玻利維亞（Bolivia）首都拉巴斯（La Paz，又譯巴斯）*海拔甚高，令人頭痛。今天是春季的某一日，外頭下著毛毛雨，我站在城內的一處門口，等待搭車入山。只見一輛深灰色的豐田 Land Cruiser 越野休旅車停靠於路邊，後窗貼覆黑色膠膜而不透光，但膠膜邊角早已剝落。司機跳下車，向我打招呼。他有一把濃密烏黑的鬍鬚，從下巴向下長約15公分。他撫摸鬚尾，說道：「我留這把鬍子，別人就叫我賓拉登。聽說有人想看我們在哪裡種古柯，就是你嗎？」

我確實想瞧瞧。古柯鹼貿易橫跨全球，年產值約九百億美元，其根源就在安第斯山脈（Andes）。每個國家都有人吸食古柯鹼，而幾乎每一丁點的古柯鹼都起來自於南美洲的三個國家：玻利維亞、哥倫比亞（Colombia）和祕魯（Peru）。古柯是一種耐寒灌木，通常生長於安第斯山脈的山麓，其葉子上晒乾後可提煉古柯鹼，磨成粉狀後用鼻子吸食，或者做成結晶狀的「快克」（crack）古柯鹼*來吸食。

* 西班牙語意為「和平之城」，海拔三千六百四十公尺，為全球海拔最高的首都。

* 快克是一種強力古柯鹼。

我來到玻利維亞，想親眼看看如何種植古柯，而販賣古柯鹼的供應鏈存在已久，極為有利可圖，不免暴力橫生，我也想瞭解這個產業源頭的經濟學。

我進到休旅車後座，身後的行李箱放了一桶汽油，油不停滲漏，我心想該打開窗戶通風，不過雨會灑進車內，還是要繼續關著窗戶，但汽油味會更加濃厚。我決定稍微拉下一點窗戶，然後挪到座位中央，以免被雨淋濕。我們就此出發，要從海拔約三千公尺爬升到約三千九百公尺，沿著山徑駛向玻利維亞高原（**Bolivian altiplano**，又譯阿爾蒂普拉諾高原）。那是安第斯山脈最高的台地，海拔是喜馬拉雅山（**Himalayas**）加德滿都（**Kathmandu**）*的三倍。車子咕隆作響，左拐右彎，一路顛簸，賓拉登話很少，但偶爾會哼起歌來。我們開車穿過雲層，而雲霧分開之際，可瞥見山谷另一側的片片白雪。

玻利維亞有兩處主要的古柯栽植區：一是查帕雷（**Chapare**），位於該國中央，氣候潮濕，隨著古柯鹼貿易日漸蓬勃，該區數十年來栽種愈來愈多古柯；二是永加斯（**Yungas**，又譯央葛斯），位於首都東北部，是一處溫暖的森林地帶，數個世紀以來，當地居民一直在種植這種灌木。我們要驅車前往永加斯。當車子緩慢走下東側坡面時，天氣愈來愈暖和，山腰裸露的岩石被植被覆蓋，首先是苔蘚，爾後是厚厚的綠色蕨類植物。我專心看著山谷景緻，試圖不去留意永加斯路（**Yungas**

Road），因為這條山道驚險萬分、令人喪膽。這條路被當地人稱為「死亡公路」（camino de la muerte），路面極為狹窄且遍布沙礫，右側緊貼隨時可能坍塌的懸崖峭壁，左側是深達一千英尺的駭人峽谷。賓拉登心情愉悅，開著Land Cruiser，繞過一處又一處的隱蔽拐角（甚至還曾穿越一處小瀑布），我逐漸挪向右側車門，坐在那裡緊抓把手，一旦發覺車子即將墜入深淵，便可立即跳車逃命。

幸好，一路平安無事。我們駛了好幾小時之後（有段時間還得徒手清理小規模坍方滑下的泥土），總算抵達目的地。當地名叫特立尼達潘帕（Trinidad Pampa），是一處約有五千人的村落，多數居民住在爐渣磚和瓦楞鐵皮搭建的屋子。我可能一路上坐立不安、提心吊膽，抵達後神情疲憊，頓時覺得該處猶如伊甸園（Eden）。通往城鎮的道路，兩旁種滿成排香蕉樹，而非險峻陡坡。在村落的北部和南部，陡峭山谷斜坡被闢成整齊的梯田，每處梯田只有幾公尺深。斜坡後方為崇山峻嶺，高聳入雲，其後映襯深藍天際。午後溫暖宜人，我跳下車，舒展雙腿，走到路緣的一處種植園（plantation）。沒錯，那裡確實有叢叢灌木。較厚實的樹

＊加德滿都是尼泊爾首都，海拔約一千三百五十公尺。

椿精心栽植於紅土中，樹椿上突出細莖，莖上發著杏仁狀的精緻樹葉。這就是古柯，葉子的萃取物價值十億美元，每年都有成千上萬的人因此慘遭謀殺。山坡被開墾成片片梯田來栽種古柯，形成一道綿長的綠色梯子。

我在村莊中心的十字路口遇到埃德加．馬爾馬尼（Édgar Marmani）。他是當地古柯種植者工會的會長，剛從種植園過來，雙手沾滿泥巴，腳穿著橡膠靴。他掌管的是毒品農夫（drug farmer）工會嗎？放眼全世界，做這種事應屬違法。然而，對於古柯的管制，玻利維亞政府比其他南美洲國家的政府更為寬鬆。早在歐洲人前往美洲大陸之前，安第斯山脈的居民便已經在食用古柯葉*。有些人喜歡用古柯葉泡茶，有些人則喜愛嚼食整把葉子（玻利維亞農民會邊務農邊咀嚼整捲古柯葉，因此臉頰都是鼓起的）。單單嚼食葉子，只能體驗輕微的刺激作用，與吸食古柯鹼截然不同。這樣做據說可以祛寒、止飢與緩和高空病（altitude sickness）。住在這片高原，生活乏味，前述情況根本司空見慣。拉巴斯的許多旅館都會在客人抵達時送上一杯古柯茶（coca tea）。說句老實話，在不久之前，連美國大使館也這樣招待訪客。我早餐時喝了一大杯古柯茶，感覺就像綠茶，味道並沒有更濃。為了維繫食用古柯葉的「傳統」，玻利維亞政府每年允許民眾開闢少數土地種植古柯。

然而，馬爾馬尼不喝古柯茶，反而喝百事可樂（Pepsi）。我們坐在一間小便利商店的塑膠椅子上，中間擺著兩個塑膠杯和一瓶兩公升的可樂。我劈頭便問，如何才能栽種茂盛的古柯。他指著山坡，用當地話描述那些梯田：「首先，我們必須開闢『瓦丘斯』（wachus）*。」每塊梯田深達六十公分，石塊要清乾淨。社區的每個人都得照顧十幾塊梯田，最大的地主總共會管理約半公頃的梯田。永加斯氣候溫暖，土壤肥沃，農夫種植古柯，一年可以三獲。遠比種咖啡更划算，因為咖啡是一年一獲的作物，而且栽種困難，必須有遮蔭*。馬爾馬尼指出，唯一的艱困時期是冬天（七月、八月和九月），因為那時是旱季。他說道：「我們就慘了。」摘取古柯葉之後，要先把葉子晒乾，然後捆綁，裝入「塔極斯」（takis），亦即五十磅的袋子。這些袋子會裝載到一輛卡車上，接著卡車會一路顛簸，把古柯葉送到拉巴斯的法蒂瑪別墅市場（Villa Fátima marke）販售。玻利維亞只有幾處

* 古柯葉可用來提煉古柯鹼當作麻醉劑，嚼食古柯葉亦可補充營養和緩解高山症的症狀，曾在當地原住民文化中扮演關鍵角色。
* 梯田。
* 咖啡樹對氣候、陽光、雨水、土壤十分敏感。若沒有種遮蔭樹，會影響咖啡樹生長。

可合法交易古柯葉，該市場是其中之一。每輛卡車都得出示許可證，指出古柯葉的數量和貨源。

在玻利維亞，社會不但容忍種古柯的農民，甚至頌讚他們，該國總統埃沃・莫拉萊斯（Evo Morales）曾是一位古柯農（cocalero）。他違反過法律，將好幾袋古柯葉帶到曼哈頓（Manhattan），在聯合國開會之前公然嚼食古柯葉，呼籲廢除禁止古柯葉的國際公約。莫拉萊斯會這樣挑釁，乃是要抗議西方世界干預安第斯山脈的區域性事務。二〇〇八年，他驅逐美國大使，指控他干涉地方政治，同時也驅逐美國緝毒署（Drug Enforcement Administration, DEA）人員。儘管國際禁止種植古柯，但玻利維亞支持各種量產古柯相關商品的產業，包括糖果、餅乾、飲料，以及注入古柯的牙膏。古柯副部長（Vice-Ministry of Coca）負責監管當地的古柯產業，規定只能種植多少古柯。此種做法是允許民眾種植足夠的古柯，以便滿足茶葉、牙膏和其他產品的市場需求，而且限制產量，免得流入古柯鹼貿易產業。然而，這個體系並非滴水不漏：聯合國估計，在二〇一四年時，玻利維亞約有二萬零四百公頃（約二萬一千甲）的土地專門種植古柯，足以生產大約三萬三千噸的乾古柯葉。同年，玻國的兩處掛牌市場僅交易了一萬九千七百九十八噸的葉子，不到預估產量的三分之二。[1]其餘的古柯葉鐵定流入非法市場，用來提取古柯鹼。

卡特爾得用古柯葉提煉古柯鹼，各國政府便將矛頭對準古柯種植園，從源頭對該產業斷貨。自一九八〇年代末期以來，美國便持續對南美洲的古柯生產國挹注資金和提供專業知識，協助這些國家集中力量，尋找和摧毀非法的古柯農場。這是基於經濟理論的簡單構想：減少供應量，產品便供不應求，價格自然上漲。物以稀為貴，因此黃金比白銀貴，石油也比水更貴：如果民眾搶貨，貨源又不足，就得花更多錢才能買到貨品。各國政府認為，減少古柯產量會讓古柯葉價格上漲，進而增加製造古柯鹼的成本。他們認為，只要古柯鹼愈來愈貴，富裕國家的人就愈不願意購買這種毒品。最近可可樹（cocoa）自然枯萎，巧克力國際市場價格便上漲，迫使熱愛巧克力的民眾減少食用這種甜食。同理可證，摧毀古柯樹，應該可以提高古柯鹼的價格，迫使吸毒者減少吸食量。

相較於玻利維亞，哥倫比亞和祕魯目前與美國維持較為友善的關係，因此採取特別強硬的立場。這兩國的軍隊已經被派去執行「緊急園藝服務」（emergency gardening services），旨在清除每一吋種植古柯的農地。然而，兩國多山，地勢崎嶇，出任務時異常艱辛。探子得搭乘輕型飛機，在山區上下飛行，尋找種植古柯的梯田。農夫愈來愈懂得如何隱藏莊稼，但政府也愈來愈能靠蛛絲馬跡尋獲古柯樹。如今，衛星可拍攝清晰的田野圖像，讓專家得以仔細研判哪些屬於合法的香蕉或咖啡園，哪些又是非法種植古柯的農地，讓探子搭乘飛機偵察時更為事半功倍。士兵依照勘查的地圖，便能徒手摧毀古柯作物。在哥倫比亞，輕型飛機會噴灑除草劑來消滅某些古柯園。然而，這樣做不僅會殺死古柯樹，也會順道殺死許多合法作物，導致農民怨聲載道。世界衛生組織（World Health Organization）的某個機構曾提出警告，指出除草劑可能致癌，因此哥倫比亞政府在二〇一五年便無限期暫停噴灑計畫。

斬除古柯運動極為成功，至少表面上如此。在過去數十年，玻利維亞、哥倫比亞和祕魯已經摧毀了數千平方英里的非法種植園，每年都能消滅愈來愈多的古柯作物。一九九四年，這三國政府大約摧毀了六千公頃的古柯園，[2]而反觀二〇一四年，他們摧毀的非法農地超過十二萬公頃，多數是徒手摧毀。成果非常豐碩：不妨想像這項任務的規模，每年有曼哈頓十四倍的種植園被摧毀（偶爾只是敷衍了事）。根據聯合國的粗略估算，在安第斯山脈的古柯種植園，如今有將近一半已經被剷除殆盡。

多數產業若每年損失近百分之五十的產量，可能會受嚴重打擊而癱瘓，但不知何故，古柯鹼市場卻能不斷重整旗鼓。一英畝接著一英畝的古柯園被毒殺、燒毀和噴灑藥劑枯死之後，農民又出外墾地，種植更多古柯灌木來取代被摧毀的農地。因此，總產量沒有太大的變化。第一批十年斬除計畫結束之後，到了二○○○年，南美洲總共約有二十二萬公頃的古柯園，幾乎等同於一九九○年的栽種面積。個別國家偶爾能暫時斬除古柯產業：例如，祕魯在一九九○年代大力整頓，摧毀了許多古柯園。然而，卡特爾很快便找到其他的供應來源。祕魯大舉鎮壓之後，哥倫比亞的古柯種植業反而興盛起來。當哥倫比亞加倍努力去驅趕農民時，祕魯又出現種植古柯的梯田。西方觀察家把這種現象稱為「氣球效應」（balloon effect）：擠壓氣球的某個部分，另一個部分便會鼓起。拉丁美洲人描述這種現象時，用的名稱更為直白：「蟑螂效應」（cockroach effect）。毒販如同蟑螂，你把蟑螂逐出某個房間，牠們馬上又會占據另一個空間。

然而，倡導斬除古柯園的人卻不擔憂這點。他們認為，不一定非得斬草除根，而是要提高栽植成本。只要持續噴灑除草劑去殺死古柯樹，農民若想維持高水平的古柯產量，便得花更多心血去更照顧作物。軍隊摧毀種植園之後，古柯產業要想開闢新的園地，就得再投入巨額資金。幾乎所有栽植的古柯葉以往都可拿去提煉古柯鹼。如今，政府當局已經毀壞將近半數的古柯園，不是將樹林連根拔起，就是噴灑除草劑使其枯萎。

卡特爾如今必須種植二倍的古柯，才能收穫數量相同的古柯葉，但他們卻不必提高售價。在美國，目前一公克純古柯鹼的價格約一百八十美元。（街頭兜售的價格約為一半，因為純度只有百分之五十。）[3]儘管各國政府派士兵拿大砍刀去斬斷許多古柯樹，也大量噴灑了除草劑去殺死古柯，過去二十年古柯鹼的價格大致如前述。供應面受創，價格卻穩定不變，其中一個原因是需求下降。（換句話說，流通的商品減少，但買家也變少，因此價格不變。）只可惜，事實似乎並非如此。自一九九〇年代以來，美國經常吸食古柯鹼的人數穩定不變，大約介於一百五十萬到二百萬。美國近期的古柯鹼消耗量大幅下降，但歐洲的需求卻大幅增加，恰好補足了缺口。聯合國指出，全球對古柯鹼的需求量依舊不變。這種情況令人費解：需求不變但供應受限，價格通常會上漲，但古柯鹼仍然跟過去一樣便宜。毒品卡特爾如何能夠違反經濟學的基本定律呢？

要瞭解毒梟如何解決這項困境，不妨想想沃爾瑪。這家全球最大的零售商跟毒品卡特爾一樣，偶爾似乎能違反供需法則（laws of supply and demand）。它的全球年度營收幾乎高達五千億美元。沃爾瑪共同創辦人巴特．沃爾頓（Bud Walton）山姆．沃爾頓（Sam Walton）在一九六二年開設第一家零售店以來，這家企業的商品價格就沒有變動太大，因此廣受民眾歡迎。在去年的感恩節（Thanksgiving）時，消費者可以在沃爾瑪用每磅四十美分的價格購買一隻火雞。若搭配一組九個的感恩節主題餐盤（大家都認為奇醜無比），只要多花一．五九美元。

沃爾瑪採極低價的策略，因此廣受顧客喜愛。然而，對於供應商品的農民和製造商而言，低價有時會令他們寸步難行。這些生產者抱怨，沃爾瑪和其他大型連鎖店掌控了零售市場的巨大份額，與供應商談判時或多或少能主導收購條款。想必大家都很熟悉獨占／壟斷（monopoly）的概念，亦即某家公司若是特定產品的主要銷售商，便可隨意制訂價格。批評沃爾瑪等零售商的人指出，這些企業是「獨買」（monopsony，又譯買方獨占／壟斷），亦即某些產品的主要買家。（正如 monopoly 源於希臘語的「單一賣家」（single seller），monopsony 表示「單一買家」（single buyer）。）壟斷賣家可以對消費者全權主導商品價格，因為後者找不到其他貨源；同理，壟斷買家能夠對供應商全權制訂收購價格，因為後者找不到其他買家。如果想要把商品賣給大量的消費者，理論上得向沃爾瑪靠攏。這家零售龍頭心知肚明，因此會壓榨供應商。《富比士》（*Forbes*）做過一項調查後發現：供應商若是透過沃爾瑪銷售大部分商品，其平均利潤率會低於與沃爾瑪較少往來的供應商。服裝市場的差異最為明顯：如果服裝製造商委託沃爾瑪銷售不到百分之十的商品，便能夠維持百分之四十九的平均利潤；假使製造商透過這家零售商去賣百分之二十以上的衣物，平均利潤便只有百分之二十九。[4]當然，壓低價格並迫使供應商提高效率，對消費者是一件好事，有助於整體經濟。根據管理諮詢公司麥肯錫（McKinsey）的研究，在一九九〇年代後期，美國經濟的生產力有所提升，沃爾瑪竟然貢獻了百分之十二。[5]然而，對供應商來說，日子只會愈來愈辛苦。如果收成不佳且生產成本上升，感受到壓力的絕不是超市或顧客，鐵定是辛苦的農民。

沃爾瑪尚未在哥倫比亞開業，但當地毒販已經運用沃爾瑪的手段去掌控供應鏈。首先，毒品卡特爾跟人們想像的不一樣，更像大型零售商，扮演買家而非種植者的角色。外界很容易以為，整個古柯鹼產業從上游到下游都掌握在卡特爾手中，幻想攜帶槍枝的暴徒不時與對手火拼，間或使用「寶貝倍優」（Baby Bio）*的植物肥料，悉心呵護栽植的古柯灌木。實情通常並非如此。在這個販毒產業中，種植古柯主要由普通農民負責（好比特立尼達潘帕村落的農夫）。這些農民也樂於種植番茄或香蕉，只要水果的賣價跟古柯葉一樣好。卡特爾比較像大型超市，向農民收購作物之後進行加工和包裝，最後把成品賣給吸毒者。

南美洲毒梟是否像沃爾瑪的主管一樣，會專心管理旗下的供應商？有兩位經濟學家決定去找出答案，他們分別是紐約大學（New York University）的豪赫·加勒戈（Jorge Gallego）和馬里蘭大學（University of Maryland）的丹尼爾·里科

（Daniel Rico）。這兩位學者著眼於哥倫比亞，從該國政府收集了訊息，瞭解哪些地區的古柯園曾被根除，無論用刀徒手斬斷枝幹或從空中噴灑藥劑消滅古柯（飛行記錄會詳細記載噴灑情況）。他們將這些數據與聯合國針對該國不同地區古柯葉價格的訊息進行交叉比對。他們彙整兩組數據之後，便看出斬除行動如何影響農民對卡特爾的古柯葉賣價。[6]

倘若減少供應量的策略奏效，古柯被剪除較多的地區與沒有剪除那麼多古柯的地區相比，前者的收購價應該會上漲更多。若其他條件不變，減少了古柯，當地的卡特爾將被迫付更多錢向農民收購古柯葉。然而，加勒戈和里科找不到這種模式，反而發現根除行動幾乎沒有衝擊古柯葉的價格，而農民偶爾向卡特爾兜售的各種精製的非法古柯產品，其價格也不會受到影響。他們非常驚訝，又再重頭研究一次，但這次讓根除與銷售之間有一年的落差，因為古柯減少之後，可能要過一段時間，價格才會上揚。然而，他們再度發現，摧毀農作物之後，農民向卡特爾收取的批發價格幾乎不變。

＊泛英工業公司（Pan Britannica Industries）的品牌，生產廣受歡迎的室內盆栽或戶外植物的肥料。

這兩位學者推測，控制哥倫比亞古柯貿易的武裝團體是「獨買」。在正常的市場條件下，農民可以到處兜售古柯，把葉子賣給出價最高的人。這就表示在古柯葉缺稀時期，古柯買家會提高出價，讓古柯葉的售價上升。然而，礙於哥倫比亞的武裝衝突，在該國的任何地區，通常只有一群毒販能夠主導局勢。那個集團便是當地唯一收購古柯葉的買家，因此能夠決定價格，如同沃爾瑪偶爾能夠主導收購價格。如果種植古柯葉的成本上升（根除行動、疾病或其他因素造成），吸收成本的是農民，而非毒品卡特爾。大型零售商會迫使供應商自行吸收成本，藉此維繫商品價格來保護自己與顧客的權益，卡特爾也會如法炮製，犧牲古柯農民來壓低成本。加勒戈和里科寫道：「由於主要買家能夠……穩定收購的價格，種植者就得完全承擔衝擊。」

換句話說，根除策略並非沒有成效。問題是它會衝擊無辜的農民。毒品卡特爾如同沃爾瑪，掌控著供應鏈。只要種植古柯的條件惡化，遭殃的是貧苦的農民，他們會愈來愈窮困，但卡特爾的利潤卻不會降低太多，吸毒者購買古柯鹼的價格也不會大幅上揚。一位要求匿名的特立尼達潘帕農夫說道：「我們反對這一切的行動。我們總是跟政府起衝突。上頭這樣做，讓我們很生氣。」他指的是政府要剷除非法古柯樹的根除策略。這位農夫還指出，即使農民不想與控制古柯產業的惡棍掛勾，卻憎恨政府限制該種何種作物。附近有一塊雜草叢生的田地，旁邊的牆壁有潦草的白漆字跡：「這塊土地已被『扣押』，準備根除古柯。」未經授權的古柯種植園都被立即摧毀，農民日益窮困，卡特爾買家卻沒虧損。古柯鹼產量居高不下，零售價格維持低檔，販毒產業依舊活躍。假使販毒合法，巴特和山姆．沃爾頓可能會發現，在毒品卡特爾掌控的安第斯山脈供應鏈中，確實有許多值得讚許之處。

•••••••

馬爾馬尼和我喝著大瓶的百事可樂（我突然發覺自己正在狂飲可樂，而且要把整瓶喝完），我發現附近有一雙小手正從古柯樹頂摘取葉子。在特立尼達潘帕，孩童從六歲起就得務農，早晨上課到午餐時間，下午就得幫父母親耕種和收割。村裡沒有托兒所，最年幼的孩童得跟著農忙的父母，不是在梯田上蹣跚而行，便是躺在掛於母親身上的吊兜上打盹。安第斯山脈的其他地區也沒有更富裕：聯合國估計，哥倫比亞的古柯農民平均每天只能賺兩塊多美元。種古柯的人貧困潦倒，毒梟卻富甲一方，坐著法拉利（Ferraris）擺姿勢炫燿，甚至坐擁私人動物園。貧富落差甚大，形成強烈的對比。

如何迫使卡特爾去吸收斬除古柯後增加的成本呢？農民只能將作物賣給毒販，因此毒販握有「獨買」權。想當然耳，解決之道便是在古柯購買市場中引入更多競爭者，讓農民有更多的潛在買主，迫使卡特爾得支付市場價格去收購作物。然而，障礙只有一個：在多數地區，販賣古柯是違法的，政府難以替市場引進更多買家。因此，他們試圖用另一種方式迫使價格上漲：為農民規劃其他的謀生之道，讓他們不那麼需要將古柯葉賣給卡特爾。

除了使用「根除古柯」的棒子來遏止農民種植古柯，許多政策制定者建議提供蘿蔔，亦即給農民補貼，鼓勵他們種植別種作物。美國青睞根除古柯的政策，但某些西歐國家的外交官卻私下批評這種政策，因此早已擬訂計畫，培育其他的農產行業。假使栽種其他合法作物比種植古柯更有利可圖，農民就會改變心意。古柯農對此是感興趣的。馬爾馬尼身為工會領袖，也表示創業成本若能更低，也會考慮轉行。他如此抱怨：「養家禽、種番茄或養豬都比種古柯更賺錢，但是要投入資本。」歐盟（European Union）已經提撥資金，在玻利維亞援助種植香蕉、咖啡和柑橘之類的計畫。在全球其他有種植毒品作物的地區，也已推行類似的策略：阿富汗生產多數流通全球的鴉片，當地農民正逐漸改種小麥或棉花來替代鴉片罌粟（opium poppy）。有證據指出，這種策略確實可行。總部位於華盛頓特區（Washington, D.C.）的研究機構全球發展中心（Center for Global Development, CGD）最近進行了一項研究，試圖揭露墨西哥農民如何決定該種植合法或非法作物。[7]作者群著眼於大麻（marijuana）和鴉片（opium），這是墨國主要的毒品作物（drug crop），並且將它們與主要的合法作物玉米進行比較。對墨西哥人來說，玉米實在太重要了，該國民眾對玉米的狂熱，猶如吸毒成癮。墨西哥的主食是玉米薄餅（tortilla），玉米就是其主要成分，墨西哥人平均每年要吃掉二百磅的玉米薄餅。該國有句俗諺：「沒有玉米，就沒有國家。」玉米薄餅製造商工會的標誌就是橫眉怒目的「森特奧特爾」（Centéotl），亦即阿茲提克（Aztec）圖謀復仇的「玉米之神」（god of corn），昔日有數千人被活活殺死，向這位神祇獻祭*。

玉米既可表示拳拳愛國之心，又可用來製作美食，但近幾十年來，墨西哥農民卻很難種植這種作物謀生，因為玉米價格波動太大，嚴重影響農夫的財務狀況。北美自由貿易協定（North American Free Trade Agreement, NAFTA）於一九九四年

---

* 阿茲提克文明會在祭典時獻祭活人，將當作祭品的人開膛剖肚，取出仍在跳動的心臟獻給神明。

正式生效，墨國開放市場，美國的競爭對手大舉入侵，農民發現玉米價格暴跌。然而，墨國邊界以北地區若發生乾旱，一旦玉米歉收，價格又會暴漲。CGD研究的作者群根據這項價格訊息，搭配墨西哥種植大麻和鴉片的土地數據，以此繪圖來表示情況。在玉米價格低落的時候，種植玉米的農夫會有多容易改種毒品作物呢？

事實證明，非常容易。在一九九〇年代，隨著玉米價格日漸下跌，農民便開始種植更多的大麻和鴉片。根據作者群的計算，在昔日種植玉米的地區，只要玉米價格下跌百分之五十九，大麻種植率就會增加百分之八，鴉片種植率則會增加百分之五。但也有好消息：隨著玉米價格從二〇〇五年起開始攀升，大麻種植量便急遽下降。對此可能有另一種解釋：美國將大麻合法化之後，墨西哥農民種植大麻的誘因便大幅減少（請參閱第十章）*。即使玉米價格反彈之後，鴉片罌粟的產量依然居高不下。話雖如此，作者群依然發現，玉米價格會嚴重影響農民種植非法農作物的意願。

換句話說，若能鼓勵安第斯山脈的農民養雞或種番茄，使其賺到更多錢，他們可能會減少栽種古柯樹。這是繞過買方壟斷的另一種做法：如果卡特爾對古柯（大麻、鴉片或其他作物）的收購價格過低，農民便可改種玉米、番茄或其他農作物。假使卡特爾想讓農民繼續種植毒品作物，至少得提高收購價格。

這種替代－發展（alternative-development）策略可能比斬除行動更能奏效。從這段時間來看，這項策略似乎已有所斬獲。邁入二十一世紀以來，我們似乎首度看到曙光，發現斬除和替代－發展策略已經發揮成效，減少了種植古柯的土地面積。二〇一四年，種植古柯的土地面積約為十三萬公頃，比二〇〇〇年減少了百分之四十。多年以來，南美三國的軍隊和美國緝毒署攜手打擊販毒，卻遭受幾十萬安第斯山脈農民的持續抗衡，但情隨事遷，如今似乎已有所突破。

潮流似乎逐漸轉變，但聯合國和哥倫比亞政府的科學家團隊發現令人吃驚的事情。這些專家進行將近一年的田野調查之後，確認古柯鹼產業出現了某種綠色革命（green revolution）。他們以前假設哥倫比亞的一公頃土地每年約可生產四．七公斤的純古柯鹼粉，但現在卻回頭修訂估算數字，指出一公頃土地的產量其實可能超過七．七公斤。[8]這項發現非比尋常：表示哥倫比亞的古柯鹼製造商已經開發出新方法，能夠從古柯中多製造百分之六十的古柯鹼，而人們以前認為這是不可

＊美國各州規定不同，有些州是娛樂用與藥用大麻皆合法，有些只有藥用大麻才合法，其他州仍然將大麻產品視為非法。

能的事。

他們到底如何辦到的？為了找出答案，我去拜訪西薩・古埃德斯（César Guedes）。他是祕魯人，卻在玻利維亞擔任聯合國首席毒品調查員。古埃德斯工作的場所非常陰鬱，但他個性開朗，經常從椅子上跳起來，快速畫圖說明觀點，邊說還邊比手畫腳。他告訴我：「卡特爾不斷四處探詢，尋求更好的製毒法。」將古柯葉轉化為粉狀古柯鹼的程序不斷演進，因為「廚師」一直在祕密的叢林實驗室開發新祕方。製毒通常分成兩個步驟。首先將古柯葉轉化為潮濕的奶油色糊狀物，稱為古柯鹼鹽基（cocaine base）。先乾燥一噸的新鮮古柯葉，直到重量降為三百公斤，然後將乾燥的葉子切成較小的葉片，把它和有毒的化學混合物（包括水泥、肥料和汽油）混合。這些化學品可將古柯鹼從黏稠的葉子中逼出來。接著將剩餘的植物殘渣濾掉，移除（至少大部分的）化學物質，並將殘餘物煮沸，最終可提煉出大約一公斤的古柯鹼鹽基。為了將這種膏狀物轉化為古柯鹼鹽酸鹽（cocaine hydrochloride，可吸食的粉狀古柯鹼的正式名稱），要將它與丙酮（acetone）等溶劑和鹽酸（hydrochloric acid）混合。[9]將這種混合物過濾並乾燥，便可提煉出略少於一公斤的純古柯鹼：$C_{17}H_{21}NO_4$。

這種基本的製毒程序沿用了數十年，但卡特爾的研發工程師最近敲開了成功之門。古埃德斯指出：「製毒程序已大幅改善。他們在使用新的化學前驅物（chemical precursor）和新機器。」某些創新是回歸根本：農民不再浪費時間在陽光下晒乾葉子，而是改用烤箱烘乾；現在也用汽油驅動的籬笆剪（hedge trimmer），只消一會兒功夫，便能切碎乾燥的葉子。卡特爾已經改裝洗衣機，將其當作簡陋的離心機，藉此更快將古柯鹼從葉子擠出來。這些實驗室偶爾會安置於卡車後頭，隨時在叢林小徑移動，藉此躲避偵察。根據古埃德斯的說法，由於毒販使用新的化學前驅物，玻利維亞的古柯鹼產量在過去三年便翻了一倍。

這就代表玻利維亞在供應鏈中的角色也起了變化。玻利維亞人不再只是將古柯膏（coca paste）送到哥倫比亞加工成古柯鹼，他們愈來愈能自行精煉毒品，然後將成品運往鄰國巴西，賣給當地人吸食，或者從巴西用船將毒品運往歐洲。（巴西現在是全球第二大古柯鹼市場，僅次於美國。該國也是最大的快克（強力古柯鹼）市場。）古埃德斯指出，玻利維亞的販運者控制了供應鏈的這一環，因此得以大賺一筆，因為在古柯鹼產業中，許多利潤是被國際走私販賺走。他從辦公室的一側跳到另一側，模擬越過一條假想的邊界，隨即說道：「這樣做便可讓產品價格翻一倍。」農夫提高了古柯田的產量，表示（至少是現在）政府雖然稍微減少種植古柯的土地面積，卻達不到任何反毒成效。據聯合國統計，從一九九〇年到二〇一一年之間，南美洲用於種植古柯的土地面積減少了約四分之一。然而，由於農民採用更有效的生產技術，栽植土地面積即使變少，古柯鹼的產量卻增加了三分之一。

• • • • • • •

似乎無法迫使南美洲的古柯鹼卡特爾提高售價。打擊古柯種植，只會傷害農民。即使順利減少古柯的種植數量，其成果也因製毒技術的徹底改善而被一筆勾銷。

然而，破壞卡特爾的古柯鹼供應鏈時，會處於一種更為根本的弱勢，而前述問題與其相較，簡直微不足道。沃爾瑪之類的大型零售商會銷售大量商品，而且只會對商品附加些許加價（markup）*；然而，毒品卡特爾卻以截然不同的方式運作。感恩節餐盤一個賣不到十八美分，沃爾瑪無法靠販賣這種商品賺取暴利，但它會大量傾銷，兼售許多便宜產品，藉此獲取可觀的利潤。商家不同，產品不同，加價便不盡相同，但多數零售店的售價會比批發價高出百分之十到百分之百之間。這聽起來似乎賺很多，但只要知道古柯鹼愈接近市場時售價增幅有多大，便會覺得零售店的加價根本是小巫見大巫。

我們來瞧瞧，當一公斤古柯鹼從安第斯山脈一路運送到洛杉磯（Los Angeles）時，其售價會如何演變。要生產這麼多的古柯鹼，大概需要耗費三百五十公斤的乾古柯葉。根據加勒戈和里科從哥倫比亞取得的價格數據，這大約要花費三百八十五美元。一旦這些葉子被提煉出一公斤的古柯鹼，這些毒品可在哥倫比亞賣到八百美元。根據美國智庫蘭德公司（RAND Corporation）的博．基爾默（Beau Kilmer）和彼得．路透（Peter Reuter）彙整的數據，同樣一公斤的古柯鹼從哥倫比亞出口時，售價會上升至二千二百美元，等到它被運進美國之後，價格更是飆漲到一萬四千五百美元。這包毒品被轉往中級經銷商之後，價格會攀升至一萬九千五百美元。最後，街頭毒販會以七萬八千美元的價格來販賣它。[10]即使售價如此飆漲，卻無法完全揭露古柯鹼產業的加價幅度。古柯鹼在每一個階段都會被稀釋，因為運毒者和毒販會用其他物質給毒品「摻水／摻假」（cut），藉此增加數量。若是考量到這點，一公斤純古柯鹼的零售價格其實落在十二萬二千美元左右。

＊加價是指加在成本價的企業管理費和利潤。

這種程度的加價真是令人咋舌。當然，這並非都是純利潤：古柯鹼如此昂貴，乃是因為將它運往全球時得支付各種費用，從僱人謀殺競爭對手（請參閱下一章）到賄賂官員，這些都是開銷。然而，古柯的「產地」（farm gate）價格與古柯鹼的最終零售價格差異甚大（增幅超過百分之三萬），足以明確表示提高古柯葉價格到底能發揮多大的反毒成效。假設南美洲政府有所突破，根除了大量的古柯或提供古柯農其他的工作機會，進而迫使卡特爾用「三倍的」價格去收購古柯葉。這就表示卡特爾若想購買足夠的葉子來製造一公斤的古柯鹼，將不得不支付大約一千一百五十五美元，而不是目前的三百八十五美元。不妨想像一下，這筆額外的成本將會完全轉嫁給消費者。（不過，這似乎不太可能。卡特爾很可能會強迫供應鏈的某些人吸收部分成本，這種做法與他們壓榨農民的方式如出一轍。）如此推算，一公斤的純古柯鹼在美國的零售價會多出七百七十美元，亦即會成為十二萬二千七百七十美元，而不是十二萬二千美元。換句話說，一克純古柯鹼要價一百二十二點七七美元，不是一百二十二美元：上漲了七十七美分。總之，若在南美洲讓古柯鹼的原料售價變成三倍（目前的政策壓根都無法達到這個目標），最好情況是讓古柯鹼在美國的零售價上漲百分之零點六。各國投入數十億美元，在安第斯山脈阻斷古柯葉的供應，結果投資報酬率竟然如此低落。

古柯鹼在供應鏈流動時，價格會逐漸攀升，增幅令人吃驚，但這點卻證明在供應方的干預措施確實有點效果。古柯只是一種簡單的農作物，其源頭價格不會高於咖啡的價格，但執法機構打擊販毒不遺餘力，因此當古柯鹼運抵歐洲或美國時，竟然會比等重的黃金更為昂貴。然而，從最近根除行動的結果可知，在供應鏈前端進行干預措施雖然有成效，但效果終究有限。可可豆（cocoa bean）價格上揚，巧克力棒的價格就會相應上漲，而各國政府似乎將古柯鹼市場視為巧克力市場。其實，古柯鹼市場更像藝術品市場，創作材料成本低廉，成品卻可高價賣出。想提高古柯葉售價來提高古柯鹼價格，有點像試圖提高顏料價格來拉抬藝術品賣價。視覺藝術家葛哈·利希特（Gerhard Richter）的油畫能以四千六百萬美元售出。即使顏料價格漲了一倍，甚至漲到五倍，他也不會因此而失眠。同理可知，只要反毒品機構將重點放在古柯鹼供應鏈最前面且價格最低的階段，毒品卡特爾就不必過於擔心會蒙受財務損失。

在安第斯山脈持續進行大規模的軍事掃蕩計畫顯然徒勞無功。這樣做通常只會讓農民更為窮困；即使能夠讓卡特爾付出一點代價，但古柯鹼最終的零售價仍極為高昂，這類小損失根本微不足道。從源頭處理毒品問題似乎很明智，但從經濟學的角度來看，從源頭著手其實效果最差。古柯鹼要一直到供應鏈的下游（抵達美國邊境之際）才會價值不斐。下一章會指出，那裡也是卡特爾認為值得開戰的地方。

2 Chapter

相互競爭VS共謀互利

為何合併偶爾比謀殺更好

企業彼此勾結（無論毒品卡特爾或一般企業），就是將競爭激烈的市場切成一系列小型的壟斷區塊。假設一個國家只有兩家電話公司，而且雙方都在全國各地競爭，要收費較低廉且提供更好的服務才能包攬業務，結果兩家公司都無法賺大錢。然而，如果他們相互勾結，雙方都能壟斷小型市場，收取高價卻提供低劣服務。這就是通常得禁止企業勾結的原因。當然，非法企業不必擔心反托拉斯法，因此敵對的黑幫會比人們想像的更常串連互惠。

在墨西哥市總統府「松園」（Los Pinos）的一間豪華房間，前任總統費利佩．卡德隆（Felipe Calderón）*向我炫耀一張彩色列印紙，上頭印著三十七張凶惡臉孔。當時是二〇一二年十月，卡德隆只剩六個星期便要卸任。在這場告別採訪中，他向我展示墨國政府打擊該國販毒集團的成果。紙張上的三十七名惡棍，個個皆是墨西哥《聯邦官方公報》（Diario Oficial de la Federación）*在二〇〇九年公布的頭號通緝犯。有些圖片看似監獄拍攝的警方存檔相片；其他則應該取自於家庭相簿。最引人注目的是，許多面孔都劃過一條黑線，代表反毒戰果豐碩。

卡德隆總統說：「在齊塔斯（Los Zetas）販毒集團*裡面，最重要的成員之一就是塔利班（El Taliban）*。」他指著一個留著八字鬍的罪犯，照片上印著「ARRESTED」（已落網）字樣。齊塔斯是墨國最龐大的毒品卡特爾之一，而紙張

---

* 費利佩．卡德隆屬於右翼的「國家行動黨」，曾發動血腥的「墨西哥毒品戰爭」。
* 《聯邦官方公報》為網站形式發表的日誌，網址是：http://www.dof.gob.mx。墨西哥合眾國簡稱墨西哥，屬於聯邦制的共和國，由三十一個州與一個聯邦區（即首都墨西哥城）組成。
* 齊塔斯是勢力龐大的暴力犯罪集團，美國聯邦政府將其認定為最嚴謹且最危險的墨西哥販毒集團。在西班牙語中，Zeta 代表 Z，顯示於該組織的標識之中。
* 即墨西哥大毒梟貝拉斯格斯（Ivan Velazquez）。

上隸屬該集團的毒梟多數已被逮捕且劃上黑線。卡德隆接著指出：「『黃色』（El Amarillo）實際上替齊塔斯掌控了我國的東南部。『運氣』（El Lucky）控制中部偏東的維拉克魯斯州（Veracruz）……。『松鼠』（La Ardilla）是最危險且最嗜血的殺手。」在這三十七名毒梟之中，二十五位的照片已被劃掉：其中的十七人被捕，六人遭到警方或軍隊擊斃，另外二人則被「處決」，亦即被宿敵謀殺。墨國政府後來持續打擊販毒集團：卡德隆總統卸任後八個月，亦即二〇一三年七月，齊塔斯販毒集團首腦米格爾．安格爾．崔維諾（Miguel Ángel Treviño）在德州邊界附近被逮捕。二〇一五年三月，墨西哥安全部隊對墨國北部城市蒙特瑞（Monterrey）市郊的一處豪宅發動攻堅行動，逮捕了崔維諾的弟弟兼繼任者奧馬爾（Omar）。

墨西哥有計畫地消滅國內大毒梟，有人可能會誤以為，如此一來，毒品卡特爾便會銷聲匿跡。然而，情況並非如此。在卡德隆掌權期間，跨越美國邊境的毒品走私量絲毫沒有減少，許多年輕人依然加入了販毒組織。在他六年的任內，暴力事件明顯爆增。卡德隆溫文爾雅，來自米卻肯州（Michoacán）*，他就任總統時，墨國的謀殺率為史上最低。二〇〇六年，每十萬名墨西哥人之中，大約有十人遭到謀殺。該國當時乃是拉丁美洲最安全的國家之一，其謀殺率甚至低於美國的某些州。然而，到了二〇一二年，墨西哥的謀殺率翻了一倍，卡德隆卸任時成為該國近代史上最不受歡迎的總統。漫畫家如今把他描繪成身穿超大的士兵制服，茫茫然站在布滿墓碑或頭骨的土地上。

墨西哥的謀殺率逐漸飆升之際，鄰國的社會局勢卻日趨好轉。長期以來，薩爾瓦多（El Salvador）一直是全球暴力事件發生頻率最高的國家之一，墨西哥根本望塵莫及。薩爾瓦多的幫派分子（mara）素以全身紋身而聞名，日日都在貧民窟彼此砍殺，以牙還牙、以眼還眼。然而，到了二〇一二年，發生了一件極不尋常的事。在短短的幾天之內，和平降臨該國，因為當地的兩大幫派，亦即「薩爾瓦杜魯恰」（Mara Salvatrucha，簡稱 MS-13）和「十八街黑幫」（Barrio 18）竟然讓人跌破眼鏡，簽署了休戰協議*。這兩個幫派從前勢不兩立、殺得你死我活，現在竟然共同舉行新聞發表會，承諾不再相互爭鬥。謀殺率立即下降，降到了大約每

＊米卻肯州位於墨西哥西南部，南臨太平洋，西班牙語州名的意思為「漁民之家」。

＊一九八〇年，薩爾瓦多左派游擊隊與政府軍爆發內戰，期間出現許多孤兒，部分孩童流亡美國後飽受欺凌，於是拉幫結派求生存。「薩爾瓦杜魯恰」便發跡於洛杉磯的畢可聯盟（Pico-union）拉丁裔社區，而這個青少年幫派與盤踞十八街的墨西哥裔黑幫 Barrio 18 相互爭地盤（西班牙語 Barrio 意指「街區」），於是冠上 MS-13 的稱號。在西班牙語中，Mara 指「人群」，而 Salvatrucha 是修飾 Mara 的陰性形容詞，由 Salva（薩爾瓦）和 trucha（鱒魚／杜魯恰）組成，後者形容如鱒魚般聰明或狡猾，因此這個合成字代表「聰明／狡猾的薩爾瓦多人」。這兩個幫派壯大之後，如今勢力遍布北美和中美。

年死亡二千人的水平。

墨西哥的毒品卡特爾和薩爾瓦多的幫派在相同的地區活動、處理相同的貨品，而且也同樣隨時準備訴諸暴力。不到幾年，墨西哥的毒販就變得如此凶殘，而薩爾瓦多的幫派卻這般收斂，個中理由為何？或許，讓我們從經濟學家的角度來思考：為什麼一個市場競爭加劇，另一個市場卻能共謀勾結？

• • • • • • • •

墨西哥政府對卡特爾宣戰，其「地面零點」（ground zero）*就是華雷斯城。華雷斯與墨國多數沿著美國邊境建立的城市一樣，是個簡陋卻能過活的地方。根據墨西哥的標準，華雷斯城並不貧窮，市中心的街道有酒吧和販售炸玉米捲（taco）的攤販，看似移植於美國德州；然而，該市邊緣地帶住著一群騷動的民眾，手頭拮据、窮困潦倒，只能在市郊沙地的加工出口工廠（maquiladora factory）*打零工，組裝出口的電視和冰箱，想方設法省吃儉用，靠微薄的薪資餬口度日。在該城西邊的一處山坡上，有人寫了一個巨大的白色句子，大到整城的人都能看見。文句如下：「CIUDAD JUÁREZ: THE BIBLE IS THE TRUTH. READ IT.」（華雷斯城：《聖經》

就是真理。讀這本經書。）

直到最近，某種（近乎神聖的）力量維繫了當地的和平。華雷斯城通常一年大約發生四百起謀殺案，而當地有一百五十萬人，這個謀殺數目並不恐怖，況且它是個極為貧窮的城鎮，還緊鄰槍支管制寬鬆的美國。然而，當地黑社會在二〇〇八年出現了動盪。暴力事件急劇上升；到了二〇一一年夏天，每個「月」有三百具被謀殺的屍體堆在該市的太平間。

謀殺案帶有組織犯罪的標誌：許多受害者是被「山羊角」（a cuerno de chivo，俄國AK－47自動步槍的俗稱，因為這種武器有彎曲的彈匣）槍口發射的高威力子彈殺死。許多死者不是當地居民：他們也許是四處漂泊的職業殺手，或者是受害者，在另一州被綁架，然後被帶到華雷斯城殺害，以便隱藏其身分。有一段時期，該市甚至每個月要將身分不明的男性或女性屍體標示為MN或FN*。在卡德隆擔任總統期

*「地面零點」又譯原爆點，為軍事術語，狹義指原子彈爆炸時投影到地面的中心點，廣義可指大規模爆炸的中心點。九一一事件發生之後，世貿中心雙子星大樓原址被稱為ground zero。作者在此指血腥衝突最嚴重的地區。

*即外國企業在美洲保稅區內開辦的工廠，專門使用免稅輸入的材料與設備，靠當地的廉價勞動力生產出口貨品，最終銷回來源國。

*MN、FN應是Male Nonidentified和Female Nonidentified的簡寫。

間，有二萬五千多人枉死，許多死者躺在華雷斯城新擴建的太平間屍體冷藏庫。你經常會看到太平間高聳的柵欄外有一小批人在排隊，期望找到失踪親人的遺體。

墨西哥的卡特爾為何會在華雷斯城火拼呢？乍看之下，這個城市對販毒集團似乎不是特別重要。華雷斯城幾乎不供應毒品：更南方和西方的馬德雷山脈（Sierra Madre）*生產大麻和鴉片罌粟，更南方的南美洲則種植製造古柯鹼的古柯。華雷斯城也不是毒品需求的中心：和邊界的美國大城市相比，當地的毒品零售市場小得可憐。然而，販毒集團卻激烈爭奪這座城市的控制權，因此這幾年來，華雷斯一直是全球謀殺率最高的城市。

當然，卡特爾認為華雷斯城價值連城，因為它是通往更大市場的門戶。美國人最耽溺於毒品，而美國緝毒署估計，從墨西哥走私到美國的古柯鹼之中，百分之七十是藉由華雷斯城的美墨邊境輸入。華雷斯城位於北墨西哥奇瓦瓦沙漠（Chihuahua desert），許多非毒品的違禁品不斷透過這個地區流入美國。古柯鹼在一九七〇年代尚未廣受歡迎，美國人當時就喜歡到華雷斯一日遊，狂飲便宜的酒品、花小錢修車、看牙齒、嫖妓，以及獲取其他廉價商品或服務，因為墨西哥勞動力便宜，商品和服務的售價自然低廉。一旦進入這個城市，便很難分辨華雷斯城的邊界到哪裡結束，而德州帕索（El Paso）*的邊境又從哪裡開始。

為了扼殺卡特爾，美國和墨西哥當局已經盡了最大努力，讓兩國邊界更難以跨越。尤其自九一一恐攻事件以來，美國更嚴格管制邊境（激怒了合法商人或壞蛋：一位華雷斯城的酒保曾對我抱怨：「國土安全部，哎！真是王八蛋！」他哀嘆當日來回的美國遊客銳減。）然而，更嚴格管控邊界之後，經濟活動便悖離常情，每個邊境關卡（crossing point）就變得更有價值。墨西哥與全球最大毒品市場之間的邊界約有三千二百公里，但只有四十七個官方邊境管制站，其中最大的關卡約有六到七個，管控的裝運貨櫃卡車數量龐大，令其他小型關卡相形見絀。毒品卡特爾至少得掌控一個大型關卡，否則前景堪慮。因此，販毒集團激烈爭奪每個關卡的掌控權。受到極端暴力侵擾的邊境城市並非只有華雷斯城：近年來，提華納、雷諾沙（Reynosa）*和新拉雷多（Nuevo Laredo）*也成為卡特爾爭奪地盤的戰場。

＊西班牙文的 Sierra 是指山脈。這是墨西哥的主要山脈，意思為「群山之母」，該國境內分為東、西、南三道馬德雷山脈。

＊帕索位於德州最西部，隔著格蘭德河〔Rio Grande〕與華雷斯城相望。

＊雷諾沙位於墨西哥東北部。

＊新拉雷多位於墨西哥東北部偏西。

與美國接壤的六個墨西哥州是墨西哥謀殺率最高的地區。能與他們一較高下的，唯有那些設置大港口的州，例如維拉克魯斯州（Veracruz）和米卻肯州。卡特爾也基於相同的原因，將這些地區視為兵家必爭之地。正因為入境美國的地點很少，毒販無不使盡渾身解數來控制這些關卡。

販毒集團一直都在爭搶地盤。為什麼卡德隆上任後，爭奪變得特別激烈？卡里歐．弗恩特斯組織〔Carrillo Fuentes Organization，經常簡稱為華雷斯卡特爾（Juárez cartel）〕長期控制華雷斯城的毒品交易。在一九九〇年代，這個幫派由阿馬多．卡里歐．弗恩特斯（Amado Carrillo Fuentes）領導。這位大毒梟號稱「空中之王」（Lord of the Skies），因為他擁有機隊，能從哥倫比亞進口古柯鹼。一九九七年，阿馬多前往墨西哥市整容，竟然枉死在手術檯上。只有描述凶神惡煞的爛片才會出現這種烏龍情節。沒人知道他為何以及如何在接受手術時被殺。那三名執行手術出錯的整型外科醫生遭到虐殺，幾個月之後，屍體被人發現密封於六十六加侖汽油桶的混凝土之中。爾後，該組織於政府安插的主要聯繫人被揭發，因此又遭受重大打擊。古鐵雷斯．雷波尤（José de Jesús Gutiérrez Rebollo）當時身為陸軍將軍，早被任命為「國家反毒研究機構」（National Institute for the Combat of Drugs）的領導人，無疑是墨西哥的「毒品沙皇」（drug tsar），但他長期接受華雷斯卡特爾的賄絡。（如果各位對此有點印象，可能是看過二〇〇〇年上映的電影《天人交戰》（*Traffic*），該片就在影射雷波尤將軍。）阿馬多意外橫死，貪腐的「毒品沙皇」又被控收賄而中箭落馬，華雷斯卡特爾便逐漸式微。

競爭的幫派察覺到這點。人們不斷透過華雷斯城偷偷將違法商品（尤指酒類）走私到美國，所以此地是購併（acquisition）*的誘人目標。目前只欠缺善於收購企業的能手。恰好就在此時，墨西哥最凶悍的毒梟華金・古茲曼（Joaquín Guzmán）於二〇〇一年冬季的某個早晨成功越獄。古茲曼發跡於錫那羅亞州（Sinaloa）的馬德雷山脈*，身高只有五英尺六英寸（約一百六十八公分），因此綽號「矮子古茲曼」（El Chapo）。他個子矮壯，才能躲在洗衣車裡，從墨西哥市郊區的監獄脫逃。他藏在尚未清洗的囚犯衣堆內，逃獄時鐵定狼狽不堪。話雖如此，古茲曼領導的錫那羅亞州毒品卡特爾乃是全球最大的販毒組織，他絲毫沒有玷污身為墨國最大毒梟的聲譽。《富比士》雜誌將矮子古茲曼列入億萬富翁排行榜，稱他為二〇一〇年全球排行第六十位最有權勢的人。（卡德隆總統榜上無名。）

* 即黑幫搶奪地盤。
* 此處應指西馬德雷山脈。

錫那羅亞州黑幫與華雷斯幫派很快便發生衝突。二〇〇四年，華雷斯幫卡里歐・弗恩特斯（Carrillo Fuentes）兄弟中的老么魯道夫（Rodolfo）在錫那羅亞州的一間戲院外遭人殺害。人們普遍懷疑矮子古茲曼下了這道謀殺令。爾後，古茲曼的弟弟阿爾圖羅（Arturo）也在同年於監獄中被殺害，這可能是以牙還牙的報復行動。後續四年風平浪靜，不過矮子古茲曼眾多兒子的其中一位愛德嘉・古茲曼（Édgar Guzmán）又在錫那羅亞州一間購物中心外遭人槍殺。（根據傳聞，在兩天之後的母親節，錫那羅亞州的婦女發現買不到紅玫瑰，因為矮子古茲曼悲慟萬分，將當地的玫瑰花一掃而空。）[1]幾個月之後，矮子古茲曼的前女友被人發現慘死於一輛汽車的行李箱，身上刻著敵對幫派的標誌。如此一來，雙方便開戰了。

二〇一一年，我懷著緊張的心情首度踏上華雷斯城，當時正是幫派火拼最兇之際。我將故障的追蹤裝置塞在襪子裡，手拿著筆記本，走出機場，與當地的毒販米格爾（Miguel）碰面。他同意當天開車帶我四處兜轉。在這種情況下，我通常會搭計程車四處逛逛，但華雷斯的計程車司機素來都是卡特爾的眼線，因此我透過朋友介紹，聯繫了米格爾。擁有專屬司機的感覺真的很棒；不過，米格爾卻說倒車檔壞了，我得幫他把車子推出停車位。他開車入城時，我心想這輛車根本不像罪犯逃跑用的汽車。

我們開上進城的高速公路時，我立即覺得華雷斯城有點古怪。在其他的墨西哥城市，每個交叉路口都有人在賣食物、扇子或蒼蠅拍；但華雷斯不同，街道幾乎空無一人。即使冬季逐漸變暖，每輛車的車窗仍然緊閉。人們開車時似乎很謹慎。墨西哥市的交通令人聞風喪膽（考官太腐敗，不賄賂很難考取駕照，因此幾年前廢除了駕照考試）。華雷斯的駕駛彬彬有禮。我問米格爾，為什麼他停下來等紅燈時，要跟其他車子間隔那麼遠。他聳了聳肩，說道：「萬一發生槍戰，這樣才能躲避。」殺手最喜歡在目標等紅燈時痛下毒手，因此和前方車輛保持幾公尺，就能免遭池魚之殃。

我前去拜訪華雷斯大學（University of Juárez）教授烏果．阿爾馬達（Hugo Almada），他一直追蹤該市毒品產業的起伏。阿爾馬達教授小心翼翼，彎身走近巴里卡思餐廳（Barrigas，意指肚子）*的小包廂。這是華雷斯市中心的美國佬（gringo-style）*飯館，我們約好在那裡碰面。阿爾馬達教授說：「毒品就像河一

---

* 該餐廳的綠色標誌，就是頭戴墨西哥帽、捧著大肚子的男人。
* gringo 是中南美洲對外國人的稱呼，尤其指美國人或英國人。

樣流動。」他用一隻手在餐桌上比劃著，同時用另一隻手切著辣味夾餡玉米捲餅（enchilada）。「如果你試圖圍堵毒品，」他「砰」的一聲放下比劃的手，「它就會四處流散。」他跟許多墨西哥人一樣感到沮喪，因為卡德隆總統似乎已經對毒品宣戰，一有風吹草動，便派遣軍隊鎮壓毒販，但總是造成更多的麻煩。阿爾馬達發現，「反毒戰爭」很虛偽，只是選擇性地打擊北方邊境，他對此頗不以為然。他指出：「我們要向美國學習。在那裡，毒品到處流通，批發沒有中斷，毒販也在洗錢，大家都相安無事。哪天要是有毒販殺死一名警察，美國政府就會動用國家力量抓人。那個『王八蛋』就得坐牢四十年，逃也逃不掉。這些都是潛規則。但是這裡的毒販會殺警察，好像他們才是占上風的軍人。」

華雷斯城反毒戰爭開打後，最明顯的狀況之一，就是警察成為攻擊目標，此乃出自於經濟考量。二〇〇八年，反毒戰爭首度加劇，錫那羅亞州卡特爾在華雷斯陣亡警察紀念碑上懸掛一幅海報，擺明向警方宣戰。有人用黑色的簽字筆在海報上潦草寫著：「看看這些不信邪的人（For those who did not believe）。」下面寫著四名被暗殺的當地警察名字。名字下方還有一句話：「仍不信邪的人，大家走著瞧（For those who go on disbelieving）。」寫著十七名仍然活著的警察名字。販毒集團列出清單之後，不久便有計畫地暗殺警察，一個殺完，再殺一個；前六名被幹掉之後，其餘的警察便落荒而逃。

鎖定警察並非巧合。卡特爾企圖收購企業時，就像一般企業一樣，必須滿足競爭監管人員的要求，讓交易得以進行。毒品產業的主要監管人員就是警方。警察要遏止販毒，但毒梟可賄賂或恐嚇警察，使毒品交易不受阻礙。矮子古茲曼在此便遭遇一個問題。華雷斯卡特爾擅於收買監管人員（還記得嗎？該組織曾經收買墨西哥的毒品沙皇），因此民眾相信，當地警察早已被毒販納入麾下。

華雷斯城政府負責管理警察，強烈否認這等情事。當地政府的辦公室是混凝土建築，像個碉堡掩體，離德州邊界僅咫尺之遙。我在那裡詢問華雷斯市長艾克托．穆爾吉亞．拉迪薩巴（Héctor Murguía Lardizábal），該城的警察能否遏止販毒。穆爾吉亞市長生性好鬥，聽完我的提問後大為光火，怒叱道：「他們比你們『英國』（Inglaterra）的警察更厲害！」在後續的採訪中，他便自顧自地玩起黑莓手機（BlackBerry）。話雖如此，大量的證據指出，華雷斯警察確實和當地的卡特爾勾結。穆爾吉亞市長的前任公安局長已被關進美國監獄，因為他曾向一名美國邊境檢查員行賄一萬九千二百五十美元，請他睜一隻眼閉一隻眼，讓一輛載滿四百公斤大麻的卡車通過邊界。[2] 華雷斯卡特爾有一支執法部門，號稱「部隊」（La Linea），成員都出身於該城的警察，已退休或仍在役的皆有。華雷斯卡特爾與當地警察關係密切，矮子古茲曼便走進了死胡同：華雷斯的警察多年來效忠卡里歐·弗恩特斯家族，不會轉而投效他人。

當監管人員阻撓收購計畫時，普通的企業會如何處置？其中一項做法是到另一個管轄區（jurisdiction）向不同的監管人員提出申請。請各位看二〇〇〇年的案例，當時奇異公司（General Electric, GE）＊與漢威聯合（Honeywell）打算合併。漢威聯合生產各種零件，包括防盜警報器（burglar alarm）和直升機零件。奇異打算收購這家大型技術公司，讓其他的競爭者心生恐懼。美國的競爭管理機構批准了這項交易，但奇異的對手並不甘心，便向歐洲競爭管理機構申訴。歐洲的委員會檢視相同案件，得出不同的結論：這項併購案不利於市場競爭，因為漢威聯合的噴氣發動機業務若與奇異本身的相關業務結合，足以在某些市場形成壟斷。奇異的競爭企業向另一個監管機構申訴，便可否決原本監管機構的決定。

毒品卡特爾也會跑類似的流程。矮子古茲曼無法說服華雷斯城的監管機構（亦即當地警察）讓他接管該城的毒品業務，於是向另一個監管當局申訴。古茲曼很走運，墨西哥的警務系統分為許多層級。該國有二千多個地方政府，個個都有自己的警察部隊（理論上如此，但某些農村根本付之闕如）。最重要的是，墨國的三十一個州都有獨立的警察部隊。最高的層級是聯邦（聯邦警察），那是精英部隊（事情都是相對的），武裝更完備、訓練更精良，會在全國各地打擊犯罪。卡德隆總統在任內大幅擴充聯邦警察。

矮子古茲曼發現可以從聯邦警察下手。華雷斯城警察之中的老鼠屎早已替卡里歐．弗恩特斯幫派效勞。許多州警察也被他們收買。然而，聯邦警察是從全國各地招募，並未特別效忠華雷斯幫派，或許可以收買他們。

你會看到一種荒謬的情況：兩組巡邏華雷斯城的警察會發生槍戰。每一方都會聲稱對方與某個交戰的卡特爾勾結，而雙方的說法都沒錯。市警察逮捕了兩名在酒吧開槍的聯邦警察；聯邦警察破獲了一個綁架集團，發現其中一名成員是市警察；墨國軍隊會因為市警察攜帶非法武器而逮捕他們，因此其餘的市警察便宣稱不再巡邏，免得遭到逮捕。二〇一一年，有一起事件成為國際頭條新聞：一名市警察被指派擔任穆爾吉亞市長的貼身保鑣，結果被聯邦警察槍殺。

正如美國抱怨歐洲對奇異併購案的立場，套用美國助理司法部長的話，這「違

＊奇異公司又稱通用電氣，成立於一八七九年，是美國的跨國綜合企業，業務包括：家電、消費類電子產品、能源、照明、安防……等。

反執行反托拉斯法（antitrust-law）的目標」），華雷斯當局對聯邦政府處理錫那羅亞州幫派收購該城的做法抱怨不已。穆爾吉亞市長一度對著一群聯邦警察大罵：「你們算哪根蔥，竟敢在華雷斯頤指氣使！」二〇〇八年，大批聯邦警察被派遣到該城，如今不僅競爭的卡特爾彼此殘殺，連敵對的警察部隊也相互駁火。

華雷斯卡特爾跟一般企業一樣，面臨對手試圖併購時也採取類似做法。這個販毒集團首先發起公關活動，反對試圖接管他們的企業（幫派）。稱為「納可曼塔」（narcomanta，字面意思為「毒品布」（narco blanket））的手寫布條廣告開始出現於墨西哥西北全境，呼籲當地人抵抗矮子古茲曼。這些布幔寫道，矮子古茲曼和其錫那羅亞州的同夥不僅販毒，還會偷竊、強姦，更是政府的雙面諜。

華雷斯毒販和受到收購威脅的公司一樣，需要籌措專款以抵擋外來威脅。隨著錫那羅亞州幫派逐漸加強管制華雷斯的毒品貨源，華雷斯卡特爾便透過敲詐勒索來尋求額外的收入。當地企業被幫派強徵新「賦稅」後被榨乾，居民的生活便受到嚴重衝擊。

我穿越華雷斯市中心時，感覺好像在參觀鬼城。屋頂上有墨西哥街頭樂隊巨大模型的普埃布洛餐廳正在招租；附近的橄欖樹餐廳屋頂塌陷，似乎被炸彈炸過。我走進一家酒吧，老板願意跟我談談他與毒販的關係。時值正午，陽光刺眼，我進入店內之後，花了好幾秒才適應陰暗的環境。酒吧空無一人，只看到管吧台的老板，還有幾個無精打采的妓女。他說道，支付每週敲詐勒索的錢，就像額外支付一名員工的薪水。他每週要給一千五百披索，大約折合一百二十美元。如果拖欠，「他們就會打電話，威脅要綁架你。」毒販在城內各地放火燒屋，警告民眾不合作就要倒大楣。沒有人可以倖免：殯儀館必須更換被人開槍擊碎的光亮玻璃窗；馬路另一邊的一家餐廳被人從窗戶扔進一顆手榴彈。

然而，矮子古茲曼及其同夥策動血腥暴力事件，逐漸占據上風。他們不僅殺害當地警察，還散播謠言，指稱州檢察官辦公室貪污腐敗，替華雷斯卡特爾為虎作倀。州司法部長最近退休，錫那羅亞州幫派僱用的殺手綁架了他的弟弟，拿槍逼他錄下「口供」，承認他曾居中聯繫華雷斯卡特爾與州政府當局。這段影片被上傳到YouTube，他在片中指稱好幾名官員是華雷斯卡特爾的成員，包括一名幾週前被殺害的前警察情報官員（還有他那曾是摔跤選手的哥哥）。無論是真是假，民眾看了這段影片，就更不信任地方當局了。雙方爭搶華雷斯地盤時，關鍵時刻或許出現在二〇一一年。當時，綽號「迪亞哥」（El Diego）的「部隊」領袖胡安·安東尼奧·阿科斯塔（Juan Antonio Acosta）遭到逮捕，事後承認曾經規劃一千五百起謀殺事件。當矮子古茲曼逐漸掌控局勢，華雷斯卡特爾的抵抗也日漸轉弱而消失殆盡，謀殺率便下降了。錫那羅亞州幫派克服監管障礙之後，終於順利併吞地盤。

墨西哥的警務系統分為許多層級，因此不同層級的政府必須彼此商談卡特爾的合併，衝突時日就會延長。卡德隆總統經常抱怨，聯邦政府受到州政府和市政府當局重重阻撓。墨西哥海港城市阿卡普科（Acapulco）風光明媚，美國演員約翰·韋恩（John Wayne）曾在此購置別墅，美國前總統比爾·柯林頓（Bill Clinton）和希拉蕊（Hillary）夫婦也在此歡度過蜜月。華雷斯城平靜之後，阿卡普科不幸成為下一個毒梟爭搶地盤之地。卡德隆總統語帶憤怒，向我抱怨事情會落到這般田地，部分原因是當地政府沒有與聯邦政府合作。他說道：「就我自己來說，我最想當阿卡普科的市長，在那裡享受美好的時光。我真的很喜歡這個城市。但是那裡有個市政府，（那一州）也有州長，而且（他們之間）有五千名警察。我希望這些警察能夠派上用場，但情況並非如此，嗯，當地不穩定的情況顯然會持續下去。」在卡德隆任內，阿卡普科局勢動盪，卡特爾肆無忌憚，彼此火拼，已經造成六萬人死亡。

墨西哥也因此成為更黑暗、更令人不安的國度。我在華雷斯時，隨時都感到恐懼，無法長時間待在任何地方，只能找一家捲餅店（burrito joint）*點午餐，狼吞虎嘯之後，便匆匆趕去與人碰面（這家捲餅店名為「教父」，好像怕人不知道當地匪徒橫行似的）。我們傍晚開車前往機場，打算在天黑前駛離道路，但米格爾悄悄告訴我，可能有人在跟蹤我們。我們繼續默默前進，看見軍隊和「聯邦警察」（federal）的輕型貨車從旁駛過，車上的乘客頭戴巴拉克拉瓦頭套（balaclavas），在暮色中透過毛帽開孔木然盯著我們。夕陽隱遁，夜幕降臨，我們終於抵達航空站。爾後，飛機衝向夜空，我才感到安全而欣喜。我不知道那天誰在尾隨我們。然而，無論是那次探訪，或者後續在華雷斯城或其他北方邊境城市的行程，我總覺得自己擅闖卡特爾的土地。即使在墨西哥市的上流社區，只要有一輛豔俗跑車停在餐廳外頭，穿著牛仔靴的車主一踏上人行道，喋喋不休的路人偶爾會噤聲不語。很少毒品市場像華雷斯城這般競爭激烈；但是不管哪個地方，都會是某某人的地盤。

＊ burrito 是一種墨西哥菜餚，將肉、豆和乳酪做餡，包入墨西哥薄餅捲成條狀。

為何薩爾瓦多的情況大不相同？薩國猶如墨西哥，有許多窮凶惡極的罪犯。當地有兩大街頭幫派，分別是「薩爾瓦杜魯恰」和「十八街黑幫」。這兩個幫派並非起源於薩爾瓦多，而是在加州監獄和貧困社區建立的。當地年輕的薩爾瓦多移民拉幫結派以求自衛，也會販毒和勒索民眾。這些幫派分子被驅逐出境之後，又重新回流到拉丁美洲。他們年輕失業，身上刺著紋身，曾使用武器且有美國的聯絡窗口，回到中美洲之後便重操舊業。由於當地執法寬鬆，他們便肆無忌憚壯大勢力。根據估計，中美洲約有七萬名幫派分子[3]，大約等於奇異在美國直接僱用的員工人數。[4]中美洲只有四千多萬人左右，這些黑幫可謂勢力龐大。

我想瞭解這些跨國組織如何運作，於是敲定與十八街黑幫的頭目卡洛斯．墨西卡．萊酋迦（Carlos Mojica Lechuga）碰面。墨西卡被關在薩爾瓦多中部科胡特佩克（Cojutepeque）的監獄，從碉堡般的牢房經營他的國際業務。此處位於薩爾瓦多繁忙的首都聖薩爾瓦多（San Salvador）東方，兩地大約相隔一個小時的車程。這座監獄昔日必定是一座宏偉建築，如今石頭外牆上安置了鐵窗，陽光可穿透原先架設屋頂之處照亮牢房。監獄周圍有放置沙袋的掩體，戴著面罩的士兵四處巡邏，偶爾發現有人太靠近監獄，便會用機關槍瞄準他們。這裡位於城鎮中心，但手機收不到訊號。我問附近一位賣普普沙（pupusa，一種油炸玉米餅，乃是薩爾瓦多人不可或缺的美食）的疲憊小販。他說獄方使用訊號阻斷器（signal jammer）防止囚犯對外通聯，所以收不到訊號。這位小販指向路的前面一段，說那裡有訊號。只見一群當地人在那邊揮舞著手機，試圖接收訊號。

我進入監獄之後，必須繳出手機，口袋的東西也不例外，只能拿筆記本、筆和口述錄音機（dictaphone）。武裝警衛帶我進入一處庭院，再從那裡進入一座大牢房。牢房和教室一樣大，空空蕩蕩，擺著幾張塑膠椅子。不久，墨西卡就被帶進來。他戴著手銬，那是他坐牢時唯一的不便之處。他身穿藍色的籃球衣、閃亮的白色短褲，腳穿剛開箱的白色銳跑（Reebok）運動鞋，一身嶄新的行頭。墨西卡歷經風霜，頂上無毛，戴著一頂黑色棒球帽，帽前繡著數字18，帽緣則繡著綽號Viejo Lin（老林）。他從頭部到腳趾都刺青，脖子上刺著斗大的字句，意指「百分之百的十八（街黑幫）」（100 percent 18）。他的右臂有一道沿著二頭肌劃開的大疤痕，破壞了刺墨圖案，左眼角則刺著一小滴淚珠。他的帽簷擋住一部分橫跨額頭的三行刺青文字：En Memoria De Mi Madre（記念我的母親）。

多數幫派成員都是年輕人，因為混黑幫要長命很難。根據聯合國的數據，在二〇〇九年時，薩爾瓦多是全球謀殺率最高的國家，每十萬人之中，有七十一人遭到殺害。若基於這種謀殺率來推估人的一生，大概十個薩爾瓦多男人，就有一個會被殺。這還只是平均水平，男性若家境貧窮或生長在跟「幫派」掛勾的家庭，慘遭謀殺的機率會更高。

因此，老林能活到這把年紀，著實不易。我問他到底多少歲。他拉起一把椅子坐下來，一臉正經，啞著嗓子說：「我二十五歲。」他笑了，說他已經五十歲。老林可能會在獄中度過餘生。他曾把一對和「薩爾瓦杜魯恰」成員交往的姊妹砍頭，因此被判刑入獄。（我後來翻閱舊的新聞報導，得知他和同夥先用地板拋光機折磨這對姊妹，然後才殺害她們。）老林跟許多流氓一樣，二十一歲時便在洛杉磯加入幫派。他有低沉的嗓音，感覺吸菸過量卻沒有吸足新鮮空氣。當天炙熱難耐，我的襯衫都黏貼在背上了，但老林坐牢太久，面容蒼白灰槁。

老林的組織正試驗迥異於墨西哥卡特爾的商業策略。二〇一二年三月，十八街黑幫與主要的對手薩爾瓦杜魯恰達成休戰協議。老林的敵對頭目埃德森．扎卡里．尤非米亞（Edson Zachary Eufemia）是美國出身的流氓，現在也在薩爾瓦多坐牢，但關在不同的監獄。他倆握手言和，要求底下徒眾不要彼此謀殺。老林切入企業總裁的思考模式，告訴我：「這是長期反思的結果。我們認為暴力不再可行。現在出來混，就得像兄弟一樣相處。」根據他的講法，在一九九〇年代，當地黑幫相互火拼，死了將近五萬人。老林又說：「監獄現在關滿了年輕人，有人的確犯了罪而坐牢，但有人卻不是。我們的家庭飽受痛苦，而且這個國家還在分裂（sectorized）。」所謂分裂，是指黑幫劃分地盤。在聖薩爾瓦多的貧民窟，踏進對手的區域可能會遭到殺害。我問老林，在這個「分裂的」國家，多少地區被十八街黑幫掌控？他的臉上閃過一抹笑容，說道：「巴斯坦特（Bastante）。」意思是很多。

薩爾瓦多幫派在「區塊」（sector）活動，會比墨西哥黑幫更容易認為共謀互利比較合理。企業彼此勾結（無論毒品卡特爾或普通企業），就是將競爭激烈的市場切成一系列小型的壟斷區塊。假設一個國家只有兩家電話公司，而且雙方都在全國各地競爭，要收費較低廉且提供更好的服務才能包攬業務，結果兩家公司都無法賺大錢。然而，如果他們相互勾結（一家在北部提供服務，另一家在南部營運），雙方都能壟斷小型市場，收取高價卻提供低劣服務。這就是通常得禁止企業勾結的原因。當然，非法企業不必擔心反托拉斯法，因此敵對的黑幫會比人們想像的更常串連互惠。

從經濟利益來看，勾結比較合理，但墨西哥的卡特爾總是無法劃分好市場。

重要的邊境關卡與港口稀少，華雷斯城之類的城市便囊括百分之七十的北運古柯鹼通路，要想「公平」劃分地盤，簡直難如登天。對薩爾瓦多的「黑幫」而言，情況截然不同。他們也搞國際販毒，但主要還是在當地活動，不是販賣毒品，就是勒索敲詐。薩國市場比較容易分成壟斷區域。如果老林跟死對頭競爭，雙方就得用更低的價格販售毒品，收保護費的條件也得愈來愈合理（或者說愈來愈殘酷，必須付出高昂代價，因為有人會抵死不從）。他們將薩國分成毫無爭議的「區塊」，便可用更高價販賣毒品，也能勒索更多金錢，進而盡量減少互鬥而耗損的成本。

休戰協議影響非凡。幾乎在一夜之間，謀殺率便大約下降三分之二。薩爾瓦多立即從全球最暴力的國家之一，變成與巴西同樣危險的國度。聖薩爾瓦多曾是全球謀殺率最高的城市；然而，到了二〇一二年，該市的謀殺率已經略低於加州的奧克蘭（Oakland）*。老林又開始油嘴滑舌，像公關一樣說客套話，宣稱休戰是為了讓薩國年輕人休養生息。他告訴我：「我們希望有工作，用有尊嚴的方式賺錢謀生。」只見他比手畫腳，語氣鏗鏘，講得好像問題都與他無關：「我們年輕人在暴力的環境中長大。」

薩爾瓦多的年輕黑道分子（marero）有個特徵，就是從頭到腳紋身。黑幫成員幾乎都跟老林一樣全身刺墨，以此宣示效忠薩爾瓦杜魯恰或十八街黑幫。薩國暴力事件層出不窮，紋身可能是引發殺機的部分原因。年輕混混全身刺青，目標明顯，一踏入對手領域，很容易慘遭殺害。然而，刺青也讓幫派更容易相互勾結。

義大利經濟學家米歇爾・波羅（Michele Polo）研究過西西里島的黑手黨（mafia）*，發現義大利的黑幫競爭激烈，經常彼此挖角「步兵」（soldati）*。[5]波羅提出一個公式，解釋黑手黨如何與其成員簽訂「合約」，藉此降低叛逃機率。其中一項條件就是將薪酬設定得夠高，讓成員樂於效忠組織。然而，這樣必須付出高昂代價，因此黑手黨也會威脅成員，警告誰敢叛逃，就要暴力嚴懲。墨西哥的卡特爾也遵循類似規則運作，對叛逃的麾下成員施以最凶狠的懲罰。

薩爾瓦多的幫派成員並非如此。該國黑幫不是給最多錢就能吸收到成員，而是要看想加入黑幫的人出身於何地。年輕人一旦入夥，紋上薩爾瓦杜魯恰的紋身圖案，根本就不可能叛逃至十八街黑幫；反之亦然。混了黑幫之後，即便想金盆

---

* 奧克蘭是舊金山灣區的主要城市，意為「橡樹之地」。
* 組織犯罪集團，主要活動是勒索保護費、仲裁犯罪分子之間的爭端，以及組織和監管非法交易與協議。黑手黨在十九世紀中葉於西西里島發跡，後來隨著義大利的移民潮，將勢力延伸到美國東岸。
* 幫派小弟。

洗手，不再幹壞事，也幾乎辦不到，因為額頭上紋了骷髏頭和兩根交叉骨棒，找工作面試時會嚇到雇主。從經濟的角度來看，墨西哥的幫派非常自由，哪個卡特爾只要變得更強大或願意支付更高的薪資，便可誘人叛逃；相較之下，薩爾瓦多黑道的勞動力市場幾乎是一灘死水，完全無法流動。由於無法挖角對方手下，薩國的幫派就不必爭搶人才，付很低的薪水便能留住成員。

伊洛潘戈（Ilopang）位在關住老林的監獄和首都之間，是聖薩爾瓦多的一個郊區，由上述的兩個黑幫平分。我在回城途中，打電話求見剛當選的伊洛潘戈市長薩爾瓦多．魯安諾（Salvador Ruano），他似乎很喜歡這份新職務。魯安諾拿著塑膠盤，上頭盛著白飯混豆子的菜餚。他狼吞虎嚥，滿嘴食物，跟我一起坐下來聊天，但他突然說自己得替幾位新人證婚，問我願不願意一起去？我們走出辦公室，進入小市政廳的一間小會議室，只見兩對夫妻和親屬圍坐在一張桌子旁，穿著得體且滿臉興奮。市長簡短講述了婚姻和諧之道（包括呼籲新郎要幫忙家務：「不是只有女人才能準備玉米薄餅。」），然後宣布兩對新人結為夫妻。我們隨後返回辦公室，市長又繼續吃午餐。

魯安諾市長喜歡以第三人稱談論自己，承認他管轄的小鎮幾乎每寸土地都被薩爾瓦杜魯恰或十八街黑幫控制。他說道：「我在競選期間，走遍每個街區

（colonia），看到有人全身刺青。這些人通常會問我：『你能讓我找到工作嗎？』」魯安諾承諾可以辦到這點，因此順利當選。他指出，替年輕混混提供工作可以減少勒索案件，當地店家以前每天要被敲詐五到十美元。他用一根手指指著胸部強調：「我這位市長住在這裡，孩子也住在這裡。我們都想平息暴力事件。」

薩國政府也支持休戰，要幫助全國各地的幫派分子找到合法的工作。這或許是個崇高的目標，但是政府已經大量撥款，替不久前還在恐嚇社會的混混找工作。休戰的第一年，政府承諾為昔日的流氓提供七千二百萬美元的就業計畫。這些計畫正在十八個城鎮進行，但至少有四十個城鎮表示也想參加這項實驗。伊洛潘戈的黑道分子已經開始經營一家小麵包店。當我拜會魯安諾市長時，他正準備隔天要替一間養雞場開幕，那也是黑道分子經營的。

在休戰期間，幫派領袖似乎也表現良好。舉老林為例，我採訪他的那座監獄管得並不特別寬鬆，但按照薩爾瓦多的標準，它非常溫和。他以前曾被關在薩卡特科盧卡（Zacatecoluca），那座監獄的獄政極其嚴苛*，因此號稱紮卡特拉斯

*取「阿爾卡特拉斯島」（alcatraz island）諧音。該處俗稱惡魔島，位於美國加州舊金山灣內，離舊金山市區約二．四公里。惡魔島四面峭壁，周圍海水深冷，對外通聯不易，原屬軍事要塞，後來設為聯邦監獄，關過許多重刑犯。

（Zacatraz）。宣布休戰之前，老林被移監到更為舒適的牢房。薩爾瓦杜魯恰的頭目埃德森・扎卡里・尤非米亞也從管制嚴格的監獄轉送到更為寬鬆的監獄。讓這兩位頭目調換牢房或監獄，目的是要讓他們可以跟底下的組織溝通，以便協商休戰協議。老林指出：「我們需要能夠跟同夥諮詢的環境。」這可能是其中一部分的原因，但政府將他們轉移到監管較寬鬆的監獄，肯定是想拉攏他們。

儘管謀殺率降低許多，民眾卻非常討厭休戰協議，因為這些毒梟過得更安逸，政府還得花錢讓黑道就業。百姓懷疑這些匪徒的動機可議，許多人認為他們簽署休戰協議，只是想保護自家生意。民眾可能沒錯：老林虛情假意，宣稱要改邪歸正，但謀殺率下降之後，黑幫還在幹壞事。敲詐勒索至今仍然大行其道，民眾或許最討厭這種行徑，因為它不僅牽涉黑道分子，也會妨礙老百姓。黑幫在二〇一二年簽署休戰協議時，大衛・穆吉亞（David Munguía）時任安全部長。穆吉亞說道：「敲詐勒索是幫派的主要收入來源。他們說：『任何事都好商量，但要討論敲詐勒索，那就免談。』」

政客礙於這點，一直對休戰協議感到不安。黑道首次宣布停戰時，有人說天主教會在這兩個幫派之間斡旋，才能讓他們達成協議。政府樂見謀殺率下降，但不去碰觸休戰協議。協議簽署一年之後，謀殺率仍然很低，政客就更願意承認他們曾經推動這項政策。前國防部顧問勞兀爾·米漢戈（Raúl Mijango）顯然曾經居中協調，敦促兩派簽署休戰協議。他在三月讓兩大幫派點頭同意停戰，後續幾個月又勸說小幫派簽署休戰協議。有兩個小黑幫「毛毛幫」（La Mao Mao）和「機器幫」（La Máquina）加入休戰行列。另外兩個普通的犯罪集團「種族幫」（La Raza）和在監獄打滾的「爆走流氓」（M.D.，全名 Mara de Desorden）也簽了休戰協議。

從那時起，休戰協議使經歷各種波折。二〇一四年，薩爾瓦多·桑切斯·塞倫（Salvador Sánchez Cerén）當選薩爾瓦多總統。他為了落實打擊罪犯的競選諾言，撤回政府對這項交易的支持，使得休戰協議化為廢紙。黑幫又重操舊業，互相砍殺，謀殺率又回到停戰之前的水平。魯迪·朱利安尼（Rudolph Giuliani）在一九九〇年代擔任紐約市長時，有效降低了紐約市的謀殺率。一家私人機構聘請他擔任顧問，傳授如何用同樣的伎倆在聖薩爾瓦多降低犯罪率。沒料到，朱利安尼的建議失靈，無法安撫黑幫，這些混混便肆無忌憚相互殘殺。

在停火期間，暴力事件急劇下降，某些薩爾瓦多人從中受益。然而，外國政府（特別是美國政府）仍然不相信休戰策略，讓那些人感到沮喪。魯安諾市長說道：「他們不喜歡？那麼，告訴我該怎麼做。給我神奇的解決方法。如果美國政府有辦法，他們想怎麼處理。」大衛·穆吉亞承認，休戰協議「並不完美」，但他堅持認為：「我們必須讓黑幫停止火拼。」根據他的估算，如果謀殺率維持在以前的高檔，而且黑幫沒有簽署休戰協議，在二〇一二年時，將會多出一千九百到二千五百件謀殺案。薩爾瓦多的人口只有六百萬，此等救命比率確實不低。此外，有了休戰協議，政府也能夠控管監獄。在我拜會老林之前不久，薩爾瓦多迎接了「美洲國家組織」（Organization of American States）*祕書長荷西．米格爾．殷索沙（José Miguel Insulza），請他參觀監獄。以前若安排這種行程，可能會發生意外。

薩國政府調解黑幫休戰，使其共謀發展，這些惡棍可能會重整旗鼓。然而，該國社會也能夠對此進行評估。美國牧師大衛．布蘭查德（David Blanchard）在聖薩爾瓦多傳道，服務的地點就在兩大黑幫地盤的交界處。他謹慎看待休戰協議，希望幫派不會再招募新成員。他指出，在靠近首都的一所學校，有四名六年級的孩童（十一或十二歲）據說替老林的十八街黑幫吸收新血。這些招募人員是幫派中最資淺的成員；他們畢業之後，可能會把九毫米手槍塞進狹窄的腰帶，前往商店敲詐勒索。布蘭查德認為，黑幫「就像巴力神（Baal）*，要求人獻祭孩子。」在休戰期間，「我們只是不把孩子送上祭壇，改用其他方式獻祭。」

毒品戰爭的新聞報導往往給人一種印象，亦即毒販之間永遠在相互競爭，鬥得你死我活。沒錯，販毒確實與暴力形影不離：犯罪組織不能訴諸法律制度，只能動武去執行規定的協議。然而，從墨西哥和薩爾瓦多的例子可以發現，改變市場情況，便可大幅改變暴力程度。若從經濟學角度檢視這兩國的犯罪市場，可以找出好幾項理由，解釋墨西哥黑幫為何如此暴力，但薩爾瓦多幫派卻能止戈休戰。各國政府也能藉此思考，未來應該如何去遏止暴力事件。

墨國幫派為何激烈爭奪華雷斯之類的城市？根本原因在於他們要控制少數的邊境關卡。由於邊境城鎮暴力事件頻傳，有些美國人便要求政府關閉過境點。然而，經濟學卻指出，應該反其道而行：只要開放更多的邊境關卡，每個關卡就不會那麼有價值，黑幫就不會拚得你死我活。沒錯，如此一來，卡特爾便更容易將

＊美洲國家組織是以三十五個美洲國家為成員的國際組織，總部位於美國華盛頓。

＊烏加里特諸神之王。在希伯來文中，這個字表示「主人」。巴力是暴風雨之神，如同耶和華一樣會發出雷聲，也能降雨滋潤土地。《列王紀上》記載，亞哈（Ahab）行耶和華看為惡的事，他「去服事巴力，敬拜巴力」，並且在撒瑪利亞「建築巴力廟，又在廟裡為巴力立了一座祭壇」。

毒品走私到美國。然而，限制供應端，往往對毒品走私量或毒品價格影響不大（請參閱第一章）。開放更多過境點，可以緩和黑幫互鬥，而且幾乎不會擴大美國的毒品市場。

根據墨西哥的情況，毒販的重要目標是要控制該產業的監管機構（亦即警察）。只要更仔細審核警察背景並提高警員待遇，毒販就得花更多錢才能賄賂警察。然而，墨西哥警察貪污腐敗，要想扭轉局勢，還有漫漫長路要走，而整合疊床架屋的警察體系是比較容易的改革之道。長久以來，犯罪學家（criminologist）一直建議這樣做以提高效率。整合警察系統務實有效，可以遏止毒販與不同層級的監管機構勾結，免得各階層警察互鬥。卡特爾目前能夠勾結敵對的警察，發動代理人戰爭（proxy war）*，讓國家付出慘痛的代價。整併警察之後，卡特爾便更難以上下其手。

薩爾瓦多的情況不同。政府對幫派頭目讓步有點危險，因為這樣幾乎是鼓勵犯罪，但是讓政府在敵對黑幫之間居中斡旋，確實是值得考慮的做法。薩國黑幫願意合作，另一個原因是他們是在獨立且無爭端的壟斷區塊討生活。如此一來，市場就不會那麼競爭激烈，零售毒品自然就會變貴。政府雖然可能樂見於此，卻不該加以鼓勵。

薩國的黑道分子全身紋身，不能輕易跳槽，因此黑幫的勞動力市場缺乏流動性。黑道可能因此願意停戰，以便消除一項競爭因素。然而，我們也能窺探黑幫的運作方式，從中得知如何輕易瓦解幫派。幫派通常得支付手下合理的工資，才能防止他們叛逃。舉例而言，錫那羅亞州卡特爾聘請華雷斯城貧民窟的青少年當探子，如果他們不支付薪水，這些青少年就會給別人跑腿。相較之下，因為退出幫派的門檻太高，薩國黑幫只要支付微薄薪資，便可維持大量的勞動力。這就表示，規勸薩國黑道分子脫離幫派，轉行做正當生意，應該不必花很多錢。只要雇主肯聘請刺青的黑道分子，一切好辦。薩國政府可以發揮創意，花錢讓這些混混清除紋身。加州的洛杉磯郡治安官署（Los Angeles County Sheriff's Department）＊執行過一項計畫，只要幫派分子願意出獄後改過自新，就免費幫他們除去刺青。[6]這種服務要花費數千美元，但向善的囚犯出獄後可以找到工作，不會失業在家，而去除刺青的費用與政

＊ 第三者來代替自己打仗。代理的第三者可能是政府、警察、武裝部隊或傭兵。

＊ 美國的行政分為聯邦、州、郡、市、自治鎮、鎮和村。因此，美國警察分成聯邦警察、州警察及地方警察。治安官（Sheriff）是中世紀英國徵稅官 shire reeve（郡長）的混和變體，某些州的治安官確實得收稅。治安官是民選官員，在郡的政府機構下任職。

府撥給他們的福利金相比，根本微不足道。在薩爾瓦多，這樣做既能省錢，又能拯救人命，何樂而不為。

最重要的是，從墨西哥和薩爾瓦多的例子可知，改變市場環境可產生不同局面。薩國幫派共謀合作，四千多人就不必枉死，但墨西哥的毒品卡特爾競爭加劇，卻讓大約六萬人死於非命。這兩種結果都可改變。人命關天，有這種利害關係，政府應該考慮如何去改變毒品市場，而非不惜一切代價去剷除毒販。

3
Chapter

毒品卡特爾的人員問題

當龐德遇上豆豆先生

毒品產業利潤甚高，

人員素質卻極為低落，

這種落差是任何毒品卡特爾都得處理的棘手問題：

這個產業的人力資源不足。

管理大師總愛老調重彈，說企業最寶貴的資產就是員工。

在販毒這一行，確實是如此。

一切進展順利。交易已經達成，毒品已可取貨，資金業已籌集。萬事俱備，只需執行交易。這個組織的領袖是高階毒販，善於從歐洲大陸向英國進口大麻和古柯鹼。他備妥了現金：厚厚的一捆舊鈔，總共三十萬英鎊，約折合五十萬美元。鈔票點清之後，交給了司機。他要前往比利時，先與聯絡人碰頭，然後轉交現金。

事情開始在此出錯。那一大捆挺括、耐折的鈔票頗引人注目。司機決定解開這捆錢，把紙鈔展開來瞧瞧。他大開眼界，忍不住想獻寶，便叫女友來看。後來，該組織的頭目面露疲態，在牢房裡向內政部（Home Office，英國負責安全的部門）的研究人員說明販毒計畫如何破局。他說道：「那個笨蛋把錢灑在床上，然後跟十七歲的女友在床上瘋狂作愛，還拍照留念。」跟一堆錢玩自拍有點蠢，但好戲還在後頭：這位司機不但有女友，還娶了愛吃醋的老婆。在接下來的禮拜六晚上，他還沒動身出發，於是跟著老婆出城，不料巧遇喝醉酒的女友。這兩個女人狹路相逢，便鬥起嘴來，小三秀出X級（X-rated，淫穢）自拍照挑釁，搞得元配大為光火。

這位妻子發現老公偷腥，決定要給他吃點苦頭。她一怒之下，打電話通知英國邊防警察（border police），密報有人要販毒。他的老公還不知情，便帶著三十萬英鎊準備前往比利時，人還沒離開英國，便在多弗（Dover）港被海關官員攔截。

邊防警官質問這位司機，問他為何帶這麼多錢，結果司機心防瓦解，坦承一切。他的老闆嘆道：「這個傻瓜崩潰了。」該組織被破獲，交易也告吹。司機愛嫉妒的妻子更在傷口上灑鹽（她每星期要花二千五百英鎊（四千美元）買古柯鹼吸食），幾個月後跑去找這個販毒組織領袖，詢問她的丈夫是否可以復職。[1]

提到販毒，總讓人幻想毒梟是冷酷無情且極為專業。冷血殺手、機敏毒販和後勤專家聯手，把警察騙得團團轉。販毒偶爾確實如此。然而，搞這行的人也非常無能。即使初入門的毒販也能領取高薪（在英國各地運送古柯鹼的司機每天可賺八百英鎊（一千三百美元）），但是運毒的人通常是「笨蛋」和「傻瓜」，在此套用那位倒楣毒梟所用的英語俚語。內政部研究人員指出，毒販會垮台，經常是因為笨拙無能。他們發現，毒販及其同夥過著「肥皂劇的生活」（soap-opera lifestyle），因此往往會被警方逮捕*。

毒品產業利潤甚高，人員素質卻極為低落，這種落差是任何毒品卡特爾都得處理的棘手問題：這個產業的人力資源不足。管理大師總愛老調重彈，說企業最寶貴的資產就是員工。在販毒這一行，確實是如此。卡特爾面臨兩個關鍵問題。首先，販毒必須祕密進行，不能打廣告找人，必須私下招聘人手，而且要找到完全信賴的手下。然而，販毒集團的員工流動率非常高，人員問題更為棘手。在墨西哥等過境國，販毒總是牽扯極端暴力，卡特爾成員的死亡率非常高，經常得找人替補死掉的人手。在北美和西歐等國，消費者很富有，而毒販的死亡率低得多，但這些地區的警務系統更好，因此販毒集團的成員經常被捕入獄。一名英國毒販估計，他讓古柯鹼「騾子」從加勒比海搭機飛往英國，有四分之一的走私者會闖關失敗。每次有人被逮捕或死亡，就得再跑一輪繁瑣的招聘和審查新手的程序。

第二大人力資源的問題在於，卡特爾必須管理自己與員工、供應商和顧客之間的關係，無法用簡單的方法來執行合約。普通公司若發現員工偷竊物品或供應商不依約供貨，可告上法院求償。如果走私者黑吃黑吞錢，或者進口商沒按規定交付毒品，卡特爾不能一狀告到法院。犯罪組織只能訴諸暴力來執行合約；因此，毒品卡特爾要站穩腳步，首先得有能力恐嚇和殺人。然而，使用暴力代價高昂，也不利於販毒生意。

這兩道難題（一是如何僱用成員，二是如何確保手下聽命行事）令毒品卡特爾的人力資源經理頭痛不已。販毒集團的手下職能低落、難以掌控且不斷耗損，

＊肥皂劇比現實生活更戲劇化，主線通常圍繞外遇、陰謀和鬥爭。

而且這些毒販愚蠢至極又經常搞砸事情，要經營複雜的販毒業務絕非易事。販毒最成功的卡特爾，就是那些最認真處理人資的組織。

• • • • • • •

聖多明哥（Santo Domingo）是多明尼加共和國（Dominican Republic）的首都，散發著沒落的優雅美感。在該城一間朦朧昏暗的西班牙餐廳裡，多明尼加的緝毒隊人員正喝得酩酊大醉歡度週末。他們對一名服務生頤指氣使，不斷罵他「白痴！」。我拉起一把椅子與他們同坐，這名可憐的服務生又被叫來送上新一輪啤酒。其他顧客四處張望，但似乎不想插手閒事。

緝毒隊比過去更加繁忙。最清醒的隊員吃得滿嘴炸大蕉（plátano frito）*，邊吃邊向我解釋多明尼加近年來出現一種令人不安的趨勢：被緝獲走私到該國的毒品數量大增，多到讓人「暈倒」（vertiginous）。多年以來，加勒比海地區乃是走私古柯鹼到美國的重要跳板。一九八〇年代，在那段「邁阿密風雲」（Miami Vice）*的年代，滿載古柯鹼的快艇會從加勒比海駛進佛羅里達州，再裝滿美鈔返航。時任美國總統的隆納·雷根（Ronald Reagan）協調聯邦調查局（FBI）、緝毒署、海關、稅務機關和其他聯邦機構，推動一項掃毒計畫，由副總統喬治・布希（George H. W. Bush）*指揮南佛羅里達特遣部隊（South Florida Task Force），順利阻斷了這條運毒路線。這個特遣部隊立即重創毒販，封鎖加勒比海的運毒路線，毒販被迫向西發展，以墨西哥當作主要的走私點。

然而，近期有跡象顯示，毒販已經重回加勒比海島嶼，該區的犯罪率因此急遽飆升。這位緝毒隊員拿著盤子和酒瓶，在餐廳木桌上擺出一幅地圖，說道：「墨西哥施加壓力，毒販便往東流竄，跑回加勒比海。」墨西哥和中美洲出現暴力事件，毒販便尋找更低調的路線，因此加勒比海地區又火紅起來了。二〇一一年，墨西哥的反毒戰爭達到高潮，血腥衝突不斷，加勒比海的毒品走私量隨即遽增。同年，多明尼加共和國查獲並燒毀將近九噸毒品，數量是幾年前的三倍。毒品通常來自於哥倫比亞，被運往多明尼加南部海岸的全新考賽多（Caucedo）港口，大部分毒

---

* 中美洲盛產綠大蕉（plátano），當地人常將大蕉切段，灑上鹽巴油炸成酥脆片。
* 同名的動作電視影集當時紅極一時，劇情講述邁阿密刑警鏖戰國際黑幫的喋血故事。
* 即老布希。

品不是要轉運到波多黎各，然後運往美國本土，就是要轉送到西班牙或荷蘭的港口。

這位緝毒隊員告訴我，他們利用新購置的八架巴西製「超級大嘴鳥」（Super Tucano）戰鬥機攔截毒販。〔我在筆記本的這句話旁邊打了一個問號：購買戰鬥機捉毒品走私犯，似乎有點奇怪。也許如此。這次訪談結束之後，《華爾街日報》（*Wall Street Journal*）過了幾個月便報導，巴西檢察官宣稱戰鬥機製造商「巴西航空工業公司」（Embraer）的數名員工貪污腐敗，指控他們賄賂多明尼加官員簽署購機合約。〕[2]

被捕的毒販大都是當地人。逮捕人數眾多，該國悶熱的監獄迅速人滿為患。二〇一四年，囚犯人數是十年前的兩倍。目前有二萬六千人入監，擠滿了本來只能關不到一萬五千人的監獄。牢房過於擁擠，幾乎爆滿一倍，囚犯便陷入悲慘境地。這位緝毒隊員認為，這樣是好事：壞蛋不該在牢裡過得舒服。他喝醉酒的同事要向滿臉脂粉味的英格蘭下層社會男人乾杯，顯然就是要向我敬酒。他們後來又叫了一輪酒，我便打電話叫計程車，準備離席。

該國骯髒無比的監獄人滿為患，許多警察和民眾都感到很高興。畢竟，把愈多罪犯關進牢裡，在街頭搶劫殺人或走私毒品的人就愈少。監獄環境條件愈差，對犯罪的威懾力便愈大。多數的美洲國家似乎都認為：他們的地區有全球最高的監禁率，其中以美國為首，每一百五十人，就有一人吃牢飯。此區監獄的生存條件也是最惡劣的。二〇一二年，宏都拉斯（Honduras）的一處監獄發生火災，燒死了三百五十多名囚犯；在更早的二年之前，智利監獄也慘遭祝融肆虐，死了八十一名犯人。在美洲，謀殺司空見慣，大屠殺也不是很罕見：在墨西哥北部，一群隸屬齊塔斯卡特爾的囚犯在逃獄之前，謀殺了四十四名敵對販毒集團的入監惡棍，幹這種事顯然不困難。

沒人想要被關在這種地方。但是對於犯罪組織而言，監獄在招聘和培訓成員方面扮演關鍵的角色。若想探究內情，不妨想想卡洛斯・萊德（Carlos Lehder）的故事。卡洛斯的父親是德國人，母親是哥倫比亞人，他個子瘦小卻勤奮好學。他在十五歲時移居美國，起初難以適應環境。當時是一九六〇年代，大麻（cannabis）逐漸在美國受到歡迎，年輕的卡洛斯便開始販售這種毒品。卡洛斯逐漸長大，畢業之後便在加拿大和美國之間運送偷竊的汽車。原本一切進展順利。然而，他走多了夜路，終於在二十五歲時遭到逮捕，被送入康乃狄克州丹柏立（Danbury）的監獄短暫服刑。卡洛斯入獄後，原本可能金盆洗手。誰也沒料到，監獄當局竟然把他和大毒梟喬治・榮格（George Jung）關在同一個牢房，進而改變了國際販毒產業的生態發展。榮格是金髮的波士頓人，當時三十二歲，參與過大規模的販毒活動。他在墨西哥和美國之間走私大麻，曾經為此還曾偷竊輕型飛機，最終被判刑入獄。這兩人沒事幹，便開始交換心得，共同提出創業構想。

這兩名罪犯分享點子。榮格知道如何用飛機走私毒品；卡洛斯在哥倫比亞有聯絡窗口。在此之前，美國人比較少吸食古柯鹼，只有人少量走私這種毒品。卡洛斯和榮格在一九七六年出獄，兩人後來便徹底改變這種情勢。不到幾年，他們走私的古柯鹼多到要以噸（ton）計算，並且與毒梟巴布羅・艾斯科巴（Pablo Escobar）在哥倫比亞的美德因（Medellín）*卡特爾勾結，以巴哈馬群島（Bahamas）的其中一個小島諾曼礁（Norman's Cay）為基地，從該島用飛機將古柯鹼走私到美國。如果有人聲稱可以讓美國人迷上古柯鹼，卡洛斯鐵定是不二人選。

卡洛斯浩浩蕩蕩崛起，表示囚犯可利用服刑時打造日後的犯罪生涯。除了與榮格建立夥伴關係，卡洛斯在丹柏立坐牢時還跟洗錢犯、殺手以及瞭解美國引渡制度（extradition system）*如何運作的人鬼混。卡洛斯這個壞蛋身價百萬，終於在一九八八年被逮捕，如今關在美國監獄數饅頭過日，年歲逐漸增長，而他曾經將丹柏立的監獄稱為他的「大學」。對於許多罪犯而言，監獄正是扮演這種角色。一旦坐牢，就可以被招募和接受訓練，出獄後便有事可幹。毒品卡特爾要處理的第一個人力資源問題，就是如何找到有合適犯罪背景的潛在成員。想解決這個問題，除了在監獄找人，似乎沒有更好的辦法：許多罪犯關在監獄，閒著沒事做，出獄後又找不到工作。

卡洛斯和榮格是在牢房裡建立夥伴關係，但這種情況不會每天發生。因此，犯罪集團會有系統地在監獄內執行招聘和培訓系統。我想分享一個組織嚴謹的例子，就是加州監獄幫派「我們的家庭」（La Nuestra Familia）的故事。一九六〇年代，一群監獄囚犯成立這種組織，旨在自我保護，免受另一個大幫派「墨西哥黑手黨」（Mexican Mafia）的迫害。墨西哥黑手黨已經統治了加州的監獄，不僅對囚犯勒索錢財，每年還會在監獄內犯下數十起謀殺案。這個燒殺掠奪的墨西哥幫派以加州南部為其根據地，加州北部的西班牙裔囚犯尤其容易遭受迫害。因此，北部罪犯決定團結起來，建立自己的「家庭」來自衛。不久之後，我們的家庭便靠著敲詐勒索、打家劫舍和販賣毒品來開闢滾滾財源。如今，這個犯罪組織據說有五百

* 美德因是哥倫比亞第二大城市，位於安地斯山脈北部。
* 毒梟若被引渡到不同國家受審，其刑責會不同。

位核心成員，另有一千多個鬆散聯繫的附屬機構。[3]

我們的家庭很快便面臨犯罪組織都得處理的問題。加入幫派好處不少（不遭其他惡棍欺壓、又可欺詐別人，以及擁有歸屬感和兄弟情誼），但對於潛在成員而言，入夥也暗藏可怕的風險。首先，幫派要成員完全效忠，下屬不可與老大爭論，必須全然臣服。之所以如此，根源在於非法集團無法順暢溝通，因此沒有討論或提出異議的餘地。《紐約客》（*New Yorker*）雜誌曾引述一位美國監獄幫派「雅利安兄弟會」（Aryan Brotherhood）*的成員說法。這位仁兄抱怨，說很難透過民主機制去籌劃謀殺：「我們以前是一人一票……你必須得讓整個州都說好……等我們說：『好，把這個傢伙幹掉』，有人早就去通風報信了。你想殺一個人，不能等二到三個禮拜才出手。」[4]結果就造成一種專制結構，黑幫的底下成員無論喜不喜歡，都得唯命是從。

為了區隔無用廢物與可用之材，進入幫派也得設置門檻。如同其他會員組織（好比高爾夫球俱樂部或大學兄弟會（fraternity）），幫派會要求新成員預先付出代價，不是繳交入會費，便是行入會儀式（initiation ritual）。（根據報導，嗜血的墨西哥毒品卡特爾「米喬肯家族」（La Familia Michoacana）要求新成員進行最恐怖的入會儀式，強迫新人閱讀美國基督教自助叢書（self-help book）作者約翰．

艾傑奇（John Eldredge）的作品。」當然，監獄幫派與多數的高爾夫球俱樂部不同，他們會殺了脫離幫派的人。這樣做也會顯露扭曲的合理性：幫派若能實施終身制，便可有效防止成員變節去改當線民。

新成員只要脫離幫派或做出越軌行為，便會慘遭殺害。此外，新人不想入夥的最大原因，可能是害怕會被虐待或剝削。人們討厭「墨西哥黑手黨」，乃是因為該幫的老大們不但會勒索和劫掠外人，也會狠毒對待新成員。這個黑幫按等級劃分且不民主，老幹部很容易便能欺凌被禁止脫離幫派的新人。從長遠來看，這種掠奪行為違背了幫派利益，因為沒有新人會願意入夥，但是在老幹部眼中，剝削新成員符合自身的利益。換句話說，黑幫面臨經濟學家所謂的集體行動（collective-action）*問題，如果成員都同意不彼此剝削，人人都能從中獲益，但剝削他人的誘因極為強烈，並非所有人都會遵守這種協議。

---

* 雅利安兄弟會是種族主義幫派，提倡白人至上思想。聯邦調查局稱其為最狠毒的監獄黑幫。
* 美國著名的經濟學家奧爾森（Mancur Olson）提出集體行動邏輯。所謂集體行動，便是團體運作，旨在提供成員公共財（public goods）或集體財（collective goods）。奧爾森認為，公共財必須讓成員共享且不可分割。然而，團體規模愈大，成員獲得的利益愈少，就愈不願意參與。因此，大規模團體不易形成，只能形成小規模團體，但這種小團體的少數分子往往會剝削多數成員，好比搭便車（free riding），亦即不付成本，坐享他人之利。

黑幫如何解決這種問題呢？倫敦國王學院（King's College）的經濟學家大衛・斯卡貝克（David Skarbek）在《法律、經濟和組織雜誌》（*Journal of Law, Economics and Organization*）發表過一篇引人入勝的研究，文中分析我們的家庭的結構。這個幫派面臨的挑戰是如何協調成員利益，讓資深幹部不會欺負菜鳥。他們想出一套複雜的規則，旨在防止幫眾剝削別人：若違反規則，將會被追究責任。一切規定都寫在精心構思的「憲法」（constitution），聯邦調查局已經獲得一份副本。這個黑幫分成四個等級：最高級的是「將軍」（general），管轄多達十名「上校」（captain）。校級成員要管理「中尉」（lieutenant），尉級幹部則統管最低級別的成員，稱為「士兵」（soldier）。（我們的家庭的許多創幫成員是越戰老兵，才會援用軍事術語劃分階級。）為了避免初階成員受到欺壓，憲法明訂一種機制，讓最低級別的成員被剝削時可以告發上司。將軍有權解雇上校，卻不能指派他們：這是普通士兵的工作。雖然將軍坐擁權力，但上校只要能達成共識，便可彈劾他。

這種安排並非總能奏效。一九七八年，羅伯托・索薩（Roberto Sosa）將軍因為將十萬美元（換算成現今幣值，將近四十萬美元）的幫派資金中飽私囊，結果被其他成員彈劾。然而，羅伯托拒絕乖乖下臺。幫派決定依照幫規，要殺他滅口（不料口風洩漏，羅伯托得到密報，逃之夭夭）。此後，憲法有所修改：三人的「組織管理團體」（Organizational Governing Body）取代將軍職位。這個團體要採三分之二的多數決作決定，成員也更容易被彈劾。修憲之後，條文大致就一直維持不變。

我們的家庭的幫規非常詳盡，包括六個條款和數十個子項目，除了指出組織架構，也透露監獄生活是何等百般無聊。（該組織的其他類童子軍（Boy-Scoutish）活動亦是如此，據說他們會用火柴頭製造炸彈、用尿液書寫祕密訊息，以及使用阿茲提克人（Aztec）的古老語言納瓦特爾語（Náhuatl）*溝通。）然而，制訂憲法的目標很明確：說服人加入幫派不容易，唯有審慎規劃制衡（checks and balances）制度，方能吸引新血入夥。斯卡貝克指出：「『我們的家庭』是個會殺人的監獄幫派，卻已經採取積極和理性的步驟來有效管理組織。」

政府該如何打擊這些黑幫？回頭談談多明尼加。我跟那些喝醉的緝毒隊員聊天之後，對此沒有多少信心。然而，多明尼加監獄正在進行一項試驗，終於能讓黑幫難以招募成員。話可能要從加勒比海地區最華麗的浴室講起。那間浴室從地板

* 從西元七世紀到西元十六世紀末期，納瓦特爾語是墨西哥中部到哥斯大黎加西北部地區的通用語。

到天花板都砌著藍色、綠色和白色的馬賽克磁磚。馬桶上方有銀色和紫色的瓷磚，構成一隻水母圖案，水母漂浮於珊瑚和紅綠交雜的海草之間。浴缸上方和大理石洗臉盆旁邊有一群金魚圖案，閃閃發亮的金色方塊瓷磚構成點點魚鱗。這間浴室位於聖多明哥郊區一棟通風的山丘別墅之內，建築有點陳舊，應該用來舒（Lysol）消毒劑刷洗一番。這間別墅是凶殘的獨裁者拉斐爾．特魯希略（Rafael Trujillo）生前的一間住所。特魯希略統治多明尼加三十一年，直到一九六一年才被反叛分子暗殺，據說那些革命人士是用中情局（CIA）提供的機槍來成事。在這位獨裁者掌權期間，約有五萬人死於非命，全國各地更是樹立無數「老闆」（El Jefe，特魯希略的外號）雕像。特魯希略鄉村別墅的天花板檐口必定刻著他名字的首字母R.T.。這位獨夫品味低俗，其村野行館可謂最糟糕的樣版。

多明尼加新成立精英特遣部隊，令其負責扭轉當地失能的監獄。該國打擊組織犯罪時，刑罰體系是其中一項極弱的環節，因此政府便將這間華麗別墅當作部隊總部，用來訓練新的監獄官員，在在顯示他們優先考慮改善刑罰體系。曾任聖多明哥大學（University of Santo Domingo）校長的政治學家羅伯托．桑塔納（Roberto Santana）成立了新的監獄管理機構，採取全新的方法管理罪犯。在舊體制之下，監獄被刻意塑造成恐怖之地，藉此嚇阻民眾犯罪，但桑塔納將監獄視為「學校」，監獄官員則是「教育工作者」。

我參觀培訓中心時，桑塔納和他的團隊向我展示由特魯希略的宴會廳改建的圖書館和教室，他們會在此訓練下一代的多明尼加獄卒。我在別墅外頭看了一場示範表演，瞭解緝毒犬是如何找出毒品的（現場有五個倒放的桶子，我數度將一小包毒品藏在其中一個桶子；緝毒犬每次都能正確找到毒品）。桑塔納為人熱情，喜愛闡述理念，認為多明尼加的高犯罪率是有趣的經濟問題，不是道德威脅。我們繞著別墅散步時，他不斷強調自從監獄成為學術實驗室之後，他已經扭轉了局勢。人人都知道舊體系很糟，自殺率、謀殺率和重犯率極高。他指出，問題是外國也無法解決這個問題。桑塔納說道：「問題在於，我們可以在哪裡找到好系統的案例？我們四處搜尋，但找不到答案。」有少數國家（比如挪威）已經試驗「聚焦重建／更新」（rehabilitation-focused）的監獄制度，但這些國度不必像多明尼加一樣得處理極高的犯罪率。

解決之道是諮詢全球的犯罪學家，由下到上設計一套新體系。多明尼加目前有十七間新的「模範」監獄，不到該國監獄總數的一半；舊的監獄管理當局仍負責管理十九間舊監獄和一間少年監獄。我想瞭解新舊體系有何不同，於是參觀了納嘉尤監獄（Najayo jail）。那是一間聖克里斯托瓦爾（San Cristóbal）的女子監獄，位於首都聖多明哥的西邊。只要從監獄前門走過去，就會發現這所監獄異於多數的拉丁美洲監獄。入口處有一塊巨大牌匾，上頭寫著聯合國《世界人權宣言》（UN Universal Declaration of Human Rights），拉丁美洲的監獄通常對這份文獻視若無睹。走廊牆壁懸掛囚犯的作品，接待區展示著歌唱、跳舞和骨牌競賽的獎杯，這些是囚犯與其他當地監獄囚犯比賽獲勝的紀念品。在一個安靜的房間裡，一名囚犯正和家人及法扶律師說話。

差別不止溫暖舒適的裝飾。新獄政的每個層面都在避免囚犯再度犯罪，進而防止卡特爾招兵買馬。首先要決定新定罪的囚犯該送往哪個監獄。許多拉丁美洲國家都採用非正式的體制，將監獄分配給特定幫派，藉此避免幫派相互火拼。某個黑幫的成員會被送到某個監獄，敵對幫派的犯罪手下則會被送往別處監獄。這種分流措施雖可維繫和平，卻也讓幫派更為團結。在薩爾瓦多，老林被關進專門囚禁十八街黑幫成員的監獄，因此能夠像封地（fiefdom，勢力範圍）一樣管理監獄。幾年以前，政府突襲檢查一間位於墨西哥阿卡普科的監獄，發現囚犯竟然將一百隻鬥雞、十九名妓女和兩隻孔雀「走私」到牢房。在墨西哥的另一所監獄，囚犯被人發現在抽獎，爭相住進一間豪華牢房，裡頭配備空調、冰箱和DVD播放機。讓幫派以這種方式管理監獄，典獄長當然樂得清閒，但卻會讓罪犯拉幫結眾、坐大勢力。囚犯進入老林的監獄時若非歸附十八街黑幫的成員，出獄時鐵定已經入夥。

多明尼加的新監獄並沒有分配給特定幫派。每間模範監獄都設置嚴格監管的區域來關幫派老大，不讓他們接觸其他囚犯，免得這些角頭指揮作亂。我們進入納嘉尤監獄時，首先得繳交手機，禁用手機的措施是要防止黑幫串聯。多明尼加的監獄不允許任何人使用手機，獄警也不例外，因此比較不容易將手機走私到監獄。

我訪問監獄時，入監的二百六十八名女囚（包括三十八名外國人，全部是幫忙運毒而入獄）都在製作蠟燭、插花和製作珠寶來打發時間。成品會擺在監獄的禮品店出售。這種措施是要讓囚犯有事可做，不要惹禍生事。然而，還有一項理由。囚犯和監獄會平分銷售金額的百分之六十，其餘的百分之四十會分給囚犯的親屬，讓囚犯在入獄服刑時能夠與親人保持聯繫。桑塔納認為，加入幫派或犯罪集團，乃是因為無路可走，沒有其他可依賴的社會網絡。因此，他竭盡全力讓囚犯維繫家庭關係。在某一個案例中，桑塔納的手下只能替某位囚犯追溯到遠房的叔叔，他是該囚犯唯一的親戚，住在二百英里以外的山區。桑塔納派一名官員騎著騾子去找他，請他來探監。百分之九十二的納嘉尤監獄囚犯都會有訪客，在女性監獄中，這個比例非常高。（放眼世界各地，被監禁的婦女都非常孤獨；丈夫遠不如妻子勤勞。太太坐牢時，老公很少會去探監。）

因犯服刑完畢時，政府也會替他們媒合工作。納嘉尤監獄有一家囚犯經營的麵包店，這些人凌晨五點半起床，每天要烤二千個薄餅（flatbread）。每個囚犯都必須讀書識字。桑塔納很自豪地表示，監獄裡沒有文盲：閱讀課是必修，懶惰不學習的人會被取消權利，好比不能用使用手機。如果還不行，就不讓她們和丈夫會面。目前有三十名囚犯就讀大學學位課程，專攻法律和心理學。

最重要的是，這所監獄的工作人員與該國其他監獄的獄卒截然不同。拉丁美洲的監獄通常由軍隊或警察管理，但這樣只會搞砸事情：監獄很混亂，管理很艱苦，因此各單位都指派最差的分子去當獄卒。多明尼加反其道而行：為了避免貪腐，曾任警察或在部隊服役的人都不能管理監獄。政府在一年最好的時日訓練新手，這些人上任之後，領取的薪資是舊監獄系統獄卒的三倍。薪資愈高，愈不容易收賄。

這樣做的代價高昂：在新體系之下，每個囚犯一天要耗費大約十二美元，比舊體系的成本要高出二倍多。桑塔納必須不斷捍衛花更多錢去管理監獄的概念，因為人們普遍認為，囚犯就是要在監獄墮落腐敗，不該受到良好的待遇。我第一次進入桑塔納的辦公室時，發現他正在接受巴拿馬電臺的電話採訪。節目主持人強烈質疑，認為囚犯最受社會鄙視，為何要將大把鈔票花在他們身上。桑塔納意志堅定，說道：「這是一項社會投資，可以大量節省公帑。如果不把部分稅收花在罪犯身上，那些人會更危險。」

要舉出多花點錢便能省大錢的例子，真是簡單到不行。多明尼加的新監獄對囚犯提供免費膳食。乍看之下，這似乎比舊體系更加寬鬆。囚犯以前得靠家人和朋友給他們準備食物，如果沒人送飯，囚犯就得挨餓。然而，讓監獄提供飯食，已經剔除了讓違禁品進入監獄的最大管道：囚犯家屬會用老套，將武器或毒品藏進米袋或在外層包覆烤麵包，探監時藉機將其走私到監獄。每天花費幾美分替囚犯提供一碗米飯和豆子（顯然是一種「軟性」措施），囚犯便不再那麼容易就能取得刀槍和毒品。納稅人可能不喜歡請罪犯吃飯，但買豆子總比購置金屬探測器更便宜。

・・・・・・・・

某些犯罪組織會僱用大量全職成員。薩爾瓦多的幫派靠紋身來辨認成員；墨西哥的卡特爾偶爾會要成員穿印上標誌性的馬球衫（polo shirt，俗稱 polo 衫）和戴上棒球帽。然而，並非所有販毒組織都靠正式機制來運作，尤其在治安良好的富裕國家，販毒集團往往規模很小且組織鬆散。他們無法大幅擴張，因為規模愈大，曝光的風險愈高：每位新成員都可能洩漏機密，而且審查和監督一大群共謀犯，根本不切實際。因此，富裕國度的販毒集團不像「我們的家庭」之類的幫派，會遵照「合夥」（partnership）原則來運作，他們也不會跟十八街黑幫之類的黑幫一樣，僱用大量的全職成員，通常只能仰賴一群隨性的自由工作者來販毒，而這些成員彼此並不熟悉。

英國有一個販毒集團，從西班牙走私古柯鹼而賺取暴利。該組織被警方破獲之前，每週都可將五十到六十公斤的毒品走私到英國。他們以每公斤一萬八千英鎊（二萬八千美元）的價格從位於西班牙的哥倫比亞中間人購買古柯鹼，然後以每公斤二萬二千英鎊的價格在英國販毒，每週的銷售額超過一百萬英鎊，一年便可累計將近六千萬英鎊的額度，其中有一千多萬英鎊是利潤。有人可能會想，這種販毒組織規模龐大，每年銷售業績將近一億美元，應該由相當多的毒販經營。然而，根據英國內政部的訪談結果，這個數百萬英鎊的企業只有兩個成員。[5]

這個微型「卡特爾」的頭目不是招募更多成員，反而採用不同的人力資源模式，聘請一大批自由業者，讓這些人以各種身分替他們工作。信差會在倫敦與哥倫比亞走私犯碰面，收取十公斤的古柯鹼，將其分發到英國各地。信差完成每一筆交易，都可賺到大約八百元英鎊。買家隔天會將現金送到倫敦，那裡會有人專門收錢，每天賺取二百五十英鎊，另一個人則負責點錢，薪資也一樣（他每天經手的金額通常高達二十二萬英鎊）。第三個人要把工資給前面的兩個人：這位委內瑞拉婦女要幫哥倫比亞人將錢匯回西班牙；此外，還有一位「司庫」（money holder），專門替販毒集團保管賺取的現金。這兩位頭目也聘請了一名司機，每天工資為二百英鎊。他們至少共聘請了六個人，每人各司其職，根本不是組織「成員」，也不清楚集團賺了多少暴利。

除了與自由業者往來，卡特爾還經常與其他犯罪組織合作。卡特爾很少能夠監控毒品供應鏈從生產到零售的每一項環節。某些墨西哥卡特爾目前正在全力控制哥倫比亞的古柯種植和美國的零售通路，他們屬於例外。多數販毒組織只能專注於供應鏈的一項環節。某個幫派可能會進口毒品，然後將產品轉交給另一個掌控全國通路的幫派，其他幫派再將毒品拿到街頭兜售。

維繫這種企業對企業（business-to-business）的關係時，社交技能至關重要。令人驚訝的是，毒販之間的關係比普通人想的更加親切。有一位具有外交手腕的毒販，名叫皮特（Pete），靠著從南美洲將古柯鹼走私到荷蘭為生。皮特有一天下了二十公斤的古柯鹼訂單，這批毒品在荷蘭的批發價格可能高達五十萬歐元（超過六十萬美元）。他在巴西長年的聯絡人將古柯鹼順利送達。然而，皮特試嚐毒品之後很不高興。其中十二公斤是好貨，其餘的沒有達到標準。他便打電話給賣家，抱怨這批「白粉」（chalk）品質太差。我們知道這件事（皮特被蒙在鼓裡），因為荷蘭警察早已監聽他的電話（荷蘭警察老愛幹這檔事，他們會收到命令去監聽民眾通聯。在該國的每一千具可用電話中，大約有一具遭到監聽）。

如果是好萊塢電影，皮特此時會立刻派心腹搭最近的航班，飛往里約熱內盧（Rio）搞定事情。但情況並非如此。出口毒品企業的客服馬上採取行動。老闆出馬向皮特致歉，指出毒品品質不佳，乃是皮特的窗口未能湊足完整的二十公斤毒品，這就表示皮特會從別的供應商獲得其餘毒品。為了彌補這個錯誤，該老闆承諾會派一名「工程師」到荷蘭去提高這批白粉的品質。皮特對此稍有抱怨，但並未發生喋血事件。

後來又發生類似的事件。皮特又使出老伎倆，這回是請一名信差提一整箱古柯鹼，從南美洲搭機飛往荷蘭。這項計畫破功，因為信差登機前過於緊張。他沒有把古柯鹼帶上飛機，反而把皮箱丟在機場，遺棄了價值數千美元的毒品。信差向皮特轉告這項消息，皮特當然暴跳如雷，而且懷疑信差根本沒有丟掉毒品，而是轉賣給別人。他似乎想處理這名信差以消心頭之恨。皮特的巴西古柯鹼供應商（也許希望彌補前一批出紕漏的「白粉」）甚至願意幫他幹掉信差。不過，這位信差很走運。皮特的弟弟頭腦比較清醒，決定親自前往機場，看看信差的說辭是否屬實。不知何故，他的弟弟認為信差並沒說謊，而且說服皮特別去殺他。這名膽小無能的「騾子」儘管丟了（很可能偷了）一整箱古柯鹼，依舊撿回一條狗命，改天又開始跑腿運毒。

歐盟執行委員會（European Commission）討論過大型毒品交易出錯時會發生何事，提出了一份極不尋常的報告，而皮特就是被分析的某個案例。[6] 報告的作者群瀏覽了荷蘭警方的檔案，蒐集了三十三次出狀況的古柯鹼交易。這些皆是重大交易，至少涉及二十公斤的毒品，偶爾甚至高達數噸。這份報告跟英國的研究一樣，揭露了毒販無能的經典案例。在一項交易中，犯罪證據被傳真到錯誤的號碼，販毒計畫便東窗事發。還有一大批毒品原本該送到荷蘭鹿特丹（Rotterdam），卻莫名其妙地被運往比利時的安特衛普（Antwerp），最終下落不明。偶爾，詹姆斯·龐德式（James Bond–style）的販毒計畫會被豆豆先生式（Mr. Bean–style）的出醜行徑搞砸。在一項交易中，毒販精心策劃，將古柯鹼裝入位於船殼的特殊管子，然後派蛙人去取回毒品。古柯鹼被藏得很好，船也順利進入荷蘭港口。可惜，潛水員發現器具故障而無法下水，只好被迫放棄計畫。這批古柯鹼被人拋棄——或許還綁在某艘油輪的底部，目前正在環遊世界。

這項研究的重點是如何解決爭議。作者群發現，多數毒販和耐心的古柯鹼進口者皮特一樣，會盡量使用非暴力手段解決紛爭。在這三十三起案例中（多數牽涉數十萬歐元的損失），三分之二是在不使用暴力的情況解決爭端。這似乎令人驚訝。毒品通常涉及暴力，毒品卡特爾只能使用暴力（或至少威脅）來落實合約。如前所述，他們不能上法庭解決問題。乍看之下，毒販確保合約被履行的唯一方法是威脅對方將遭受嚴重的後果；然而，證據指出，毒販往往會盡量避免使用暴力。他們遭遇麻煩時會跟普通公司一樣先進行調查，釐清是對方欺詐或自己不走運。若有證據指出某人竊取組織貨品或者刻意背叛，毒販往往會使用暴力。然而，他們會姑且相信或放過怠忽職守與嚴重無能的人。作者群寫道，如此便支持了以下觀點：「即使在這種高層次上，毒品交易的運作方式類似於小企業的做法，管理者必須對個體做出決定……反映出他們必須維繫人際關係。」由於很難招聘新成員，也不容易建立新的進出聯繫窗口，毒販其實可能比合法公司更願意容忍錯誤。作者群指出：「礙於訊息流動不便，販毒市場的人際關係可能比合法市場的人際關係更為重要。」

維繫人際關係的關鍵為何？毒販通常不會因交際手腕高超而聲名鶴起。然而，大型卡特爾若想成功，便得化解可能引爆的衝突。毒梟巴布羅．艾斯科巴設計了一套防止古柯鹼運去的系統，藉此避免糾紛，同時說服美德因的合法商人投資他的勾當（如此一來，他的卡特爾又能更滲透到哥倫比亞的社會）。毒販對受重視的承包者（受僱者）非常慷慨，偶爾會慷慨到令人咋舌。美國記者家查爾斯．鮑登（Charles Bowden）生前觀察美墨邊境，講過一件有趣的軼事：一名墨西哥殺手被同伴意外射傷，毒販為了補償他，便請他到墨西哥馬薩特蘭（Mazatlán）的海濱度假勝地休閒，所有開銷全部買單。[7]

本章提過不少幫派，某些黑幫的名字暗藏玄機，表示卡特爾偶爾會讓手下和平相處。我們的家庭、墨西哥黑手黨和雅利安兄弟會根據種族挑選成員。監獄幫派素以劃分種族而臭名昭彰。〔美國暗黑電視喜劇《勁爆女子監獄》（*Orange Is the New Black*）講述蹲苦窯的日子，其中一名角色說過：「把這裡想成是一九五〇年代。這樣就比較容易理解。」〕即使在不怎麼挑剔膚色的卡特爾，文化和語言的關聯似乎也很重要。西班牙是拉丁美洲毒品進入歐洲的主要門戶。前述的英國和荷蘭的研究也發現，許多受訪的外國人都來自加勒比海地區的前英國和荷蘭殖民地。

卡特爾若是專門吸收相同種族或有共同文化背景的人，這樣做會有優勢嗎？在合法的商業世界中，多數公司都重視種族多樣性，抱持狹隘的想法無疑自尋死路。大量研究指出，多元化可以創造更有創意且能適應環境的勞動力，而且在多數國家，根據種族招聘員工是違法行徑。很少研究人員曾經發表文獻，指出單一文化的職場會帶來好處。[8] 然而，奇怪的是，許多犯罪集團似乎仰賴這個基礎而組織起來的。人們很容易認為，幫派分子惹人厭，自然會奉行噁心的種族主義。話雖如此，我們知道犯罪集團經常仿效普通企業，會去從事有益於業務發展的事情，而追求種族主義似乎違背幫派的常規做法。荷蘭研究的作者群決定深入調查這個問題。他們按照種族來分析結果之後發現，相同種族的幫派與其他黑幫相比，訴諸暴力來解決爭端的比例遠遠降低。在相同種族之間發生的失敗交易中，百分之二十九會引發暴力衝突或威嚇脅迫。不同種族之間若發生爭端，百分之五十三會造成喋血事件。

不訴諸暴力，可能與文化和諧關聯不大，比較可能與威嚇脅迫有關。荷蘭最近破獲一個哥倫比亞走私網絡，讓我們來檢視這個案例。這幫匪徒沒有走私古柯鹼，而是處理同樣棘手的問題，亦即將大筆贓款在不引起當局懷疑的情況下偷偷運回哥倫比亞。該組織支付業餘「騾子」三千歐元（三千三百五十美元），要這些跑腿者攜帶裝著十五萬歐元現鈔的手提箱前往哥倫比亞首都波哥大（Bogotá）。（歐元有五百元面額的鈔票，非常好用，犯罪分子可以將二萬歐元塞進一包香菸，因此更容易捲款逃逸。在某些歐洲國家，這些紙鈔被稱為「賓拉登」：人人皆知它們存在，但只有罪犯能看見它們。）這個集團花了兩年，至少把四千二百萬歐元（四千七百萬美元）送回哥倫比亞。他們總是請哥倫比亞國民攜帶贓款，而這些跑腿的人除了收取費用，還可享受免費假期。

該集團僱用哥倫比亞人跑腿，乃是深思熟慮之後的決定。該幫派的女頭目採取預防措施，會記下跑腿者家屬的名字和地址。萬一有「騾子」溜走，他們就會對這位跑腿的哥倫比亞親人進行報復。當然，匪幫會威脅任何家庭，無論他們是哥倫比亞人或其他人。然而，在治安較差的國家動手，總比在西歐國家行凶容易多了。此外，這樣做也會更難將責任歸咎於幫派的領導人，因為這些頭目是住在與拉丁美洲相隔大西洋的歐洲。荷蘭的案件絕非獨一無二：英國警方也發現，某人在哥倫比亞遭到綁架，但別人在英國支付贖款之後，該名人質就獲釋。

美國販售毒品的情況也很類似。走私到美國的海洛因通常來自於墨西哥幫派（請參閱第九章）。美國緝毒署官員指出，美國的毒品零售通常由墨西哥公民進行。墨國毒梟花大筆金錢，請這些毒販在美國街角兜售毒品。派墨西哥特遣部隊販毒遠比在美國當地僱人販毒昂貴許多，但這樣做有兩個原因。首先，如果在美國經營銷毒小組，組員會經手無法追踪的小額現金，還會被分配到大量價值不菲的毒品，他們極易受到誘惑，可能會攜帶贓款與毒品逃跑。與哥倫比亞黑幫對付攜帶鈔票的人一樣，墨西哥毒販也會採取預防措施，會對這些販毒者的墨西哥家人進行報復。其次，卡特爾領導階層認識這些販毒的墨西哥公民，每幾個月便可替換銷售人員，跟僱用當地人員相比，這樣可讓美國的販毒小組更難以滲透。

黑幫世界不同於合法的商業領域，招聘成員時似乎得考量種族和國籍。採取這種措施，不是因為他們只想與同種族的人合作，而是這樣更容易（對成員家屬）恐嚇威脅。幫派會基於種族來招聘人員，卻有一個奇特的例外狀況。奈及利亞的海洛因毒販如同多數的卡特爾，通常會從同胞中挑選成員。然而，他們發現，白人婦女比較不會在機場被海關攔檢，[9]因此挑選從歐洲運毒到美國的騾子時，便會反其道而行。

• • • • • • • •

長期以來，改革刑罰體系的人不斷宣稱：「監獄起不了作用。」這種說法只對了一半：對於毒品卡特爾而言，監獄非常有用。他們可在監獄僱用和培訓新成員。犯罪組織從事非法勾當，通常很難招募並訓練新血。從卡洛斯・萊德之類的大毒梟到尋求保護和工作的弱勢多明尼加年輕人，每年都有成千上萬的囚犯在服刑期間被帶進犯罪圈。監獄是學習犯罪的大學，第一位對毒品「宣戰」的美國總統理查・尼克森（Richard Nixon）深知，將刑責較輕的罪犯送往監獄，根本就是不對的。一九七一年，尼克森在橢圓形辦公室（Oval Office）*私下聊天時說道：「有人吸食這種東西（大麻），就把他們關進有一大堆凶狠罪犯的監獄……這太荒謬了……必須有不同於坐牢的方法。」[10]

自從尼克森發表評論以來，美國不斷尋找「不同於坐牢的方法」。尼克森表達意見時，美國坐牢的人數約為二十萬。如今關在監獄的人高達一百六十萬。多數人是出於人權理由來批評美國政府的獄政，但可以從經濟學的角度來提出同樣具有說服力的論述。要讓監獄運轉，成本極高。伊頓公學（Eton College）是英格蘭著名的私立寄宿學校，威廉王子（Prince William）和哈利王子（Prince Harry）都曾

* 白宮西廂，乃是美國總統的正式辦公室。顧名思義，這間辦公室呈橢圓形。

在此求學。把一名青少年送進監獄，比送他去讀伊頓公學還要貴。美國素來自豪其「有限政府」（limited government）*的悠久歷史，對於這個特殊的公共服務領域卻特別慷慨，每年都得豪擲八百億美元管理監獄，這種現象果真異常奇特。美國的人均囚犯數量是英國的五倍、加拿大的六倍、德國的九倍。真的有必要關這麼多人嗎？

減少囚犯人數，箇中理由淺顯易懂。還有人提倡放寬監獄管理，但其中理由比較說不清楚。這種建議有違常識，因為民眾認為，監獄環境愈差，愈能遏止犯罪。但是有證據指出，囚犯身處凶險的環境時，會加入犯罪集團來尋求保護或獲取特權。墨西哥華雷斯城的囚犯曾經告訴倫敦的《泰晤士報》（*The Times*）：「我們不是幫派，我們是（勞工）聯盟。」[12]囚犯如同普通工人，一旦面臨惡劣的環境，便會拉幫結夥以求生存。如果監獄更安全，囚犯就不必尋求保護；讓囚犯習得一技之長，他們出獄後就不會再作奸犯科。國家愈不能滿足囚犯的基本需求，犯罪集團便愈容易上下其手。

多明尼加的獄政改革展現了成果。他們曾經有極高的監禁率，監獄環境非常恐怖可怕。在舊體系之下，一半的囚犯出獄之後三年會再度坐牢。實施新體系之後，重犯率不到百分之三。這兩組數據都可能被低估，因為多明尼加偵破和起訴罪犯的能力有限。然而，這兩者的落差確實非常大。對於組織犯罪集團而言，在更講究懲罰的舊體系之下，比較容易引誘囚犯加入犯罪集團，而監獄環境改善之後，監獄就不再是良好的招聘中心。

讓卡特爾更難招募人員會帶來連鎖效益。根據歐洲失敗的古柯鹼交易的分析，交易出現問題時，毒販很容易寬恕出錯的人。這不是因為他們心懷慈悲，而是他們必須維繫有限的聯繫網絡。僱用新成員或接觸新的供應商或經銷商都是危險的苦差事，有可能讓線民揭發販毒勾當。因此，非到最後關頭，他們絕不會燒毀現有的聯繫橋梁。在古柯鹼產業之內，毒販很容易彼此聯繫，所以荷蘭毒販皮特才能痛罵用劣質巴西「白粉」訛詐他的毒品出口商，或者痛斥丟棄古柯鹼箱子的「騾子」。然而，因為很難建立聯繫窗口，皮特才會姑且相信不老實的出口商或替他跑腿的夥伴。

若能讓卡特爾無法從監獄招募學徒，便可緊縮犯罪的勞動力市場。首先，這將迫使犯罪組織向雇員支付更高的薪資，從而削減他們的利潤。這也會讓他們更

＊根據立憲主義，憲法為國家最高的規範，政府應在規模、職能與權力上受到制衡，避免出現獨裁或極權政府。

不願意與成員發生激烈爭吵。如果能夠穩穩找到替換的新血，他們便會認為手下可以用後即丟。多明尼加的幫派以前能夠隨時補充新血，所以拋棄成員時根本不會皺眉頭，也不怕叫手下去跟其他黑幫火拼。如果多明尼加（或其他地區）的監獄能夠關緊黑幫招募成員的水龍頭，幫派將不得不表現得跟耐心十足的荷蘭毒販皮特一樣，必須想方設法維繫現有的聯繫窗口，並且採取和平的手段解決紛爭。

4

Chapter

公共關係與錫那羅亞的狂徒

為何卡特爾要關注企業社會責任

毒梟大手筆資助慈善事業或宗教團體，
使其凶狠暴戾的形象變得柔和親民。
卡特爾針對政府失職的領域提供公共服務，
得以在某些貧困地區被民眾視為足以取代合法當選的政府。
他們確保企業間的暗盤協議可以落實，因此和商業階層搭上線。
毒梟發布廣告、掌握網路媒體和恐嚇記者，
能以最光明的姿態呈現於公眾面前。

墨西哥的錫那羅亞州飽受毒品戰爭侵擾，州首府庫利亞坎（Culiacán）眼下卻沉浸於狂歡的氛圍。男女老幼擠滿了街道，邊遊行邊呼喊口號，背後有人吹奏小號喇叭和伸縮長號助興。這是二〇一四年二月，墨西哥政府剛剛發布許多人認為永遠不會發生的新聞：錫那羅亞卡特爾的大頭目和全球頭號通緝犯古茲曼終於被打入大牢。眾所周知，大毒梟矮子古茲曼長期實施恐怖統治，曾命令手下在錫那羅亞州和其他地區暗殺數千人。他多年來掩人耳目，躲避追緝。不知何故，古茲曼總能在軍隊的武裝直升機抵達之前逃之夭夭。然而，夜路走多了，總會碰到鬼。他原本待在一間安全住所，遭圍捕時立刻從浴缸底下的隱藏門偷溜。庫利亞坎的下水道隨即上演一場驚險的警匪追逐。古茲曼最終逃往馬薩特蘭的海濱度假勝地，不料行蹤洩露，在一家廉價旅館被持槍的警察逮捕。他隨後被帶到墨西哥市遊行示眾，電視臺爭相拍攝，向數百萬震驚的墨西哥人轉播大毒梟落網的新聞。

他的家鄉民眾立即有所反應。不到幾天，有人在錫那羅亞州的各個城市發放傳單，呼籲民眾遊行來回應這件大事。錫那羅亞州人於是踴躍走上街頭。矮子古茲曼被捕之後，上街民眾展現令人吃驚的特點。如果你仔細觀察遊行隊伍（男女老幼，攜家帶眷），會發現人人穿著T恤，揮舞著橫幅，上頭寫著令人驚訝的口號。一面橫幅寫著「矮子比許多政客更受人愛戴和尊敬！」，一件T恤印有「矮子，錫那羅亞歸你管。」，還有人穿著印上701號的衣服。根據《富比士》雜誌最新的億萬富豪榜，這個數字是古茲曼的全球排名。一位年輕女子穿著緊身上衣，衣服印著「矮子，我替你生孩子。」民眾上街遊行並非要譴責匪徒，而是為了頌揚毒梟。遊行隊伍環繞街道而走（警察沒有制止民眾，顯然有其他要事），不斷吶喊：「矮子萬歲！」

矮子古茲曼據說謀殺了幾千人，照理說墨西哥人應該很痛恨他。然而，在他惡勢力最強的墨國地區，人們對他的情感是好壞參半、五味雜陳。毫無疑問，有人是被迫參加庫利亞坎的遊行，但也有人是真正崇拜矮子。墨西哥《改革報》（*Reforma*）做過一項全國的民意調查，發現只有百分之五十三的人認可警察逮捕古茲曼，百分之二十八的人強烈反對。[1]「毒梟民謠」（narcocorrido，又譯毒品歌謠）*頌揚墨西哥毒販。這種民謠生氣勃勃，有長號與手風琴伴奏，訴說毒販英勇無畏且智取警察。喜愛頭戴牛仔帽（Stetson）*的荷西．悠羅西爾．賀南德茲（José Eulogio Hernández）是唱浪漫曲的歌手，外號「錫那羅亞毛小子」（Colt of Sinaloa）。他在向矮子古茲曼致敬的歌曲中高唱：

若從腳到頭來計算，

他的身材有點矮小。
但從他的頭往天空算去，
是我計算他身高的方法，
因為他是巨人中的巨人。[2]

這個矮子巨人其實沒被關多久：他被捕之後只過了一年多，亦即二〇一五年七月，墨西哥政府便宣布古茲曼又越獄了。臉色漲紅的官員後來播放這名毒梟牢房的閉路電視影像，顯示矮子當時四處踱步，然後拐彎走進私人浴室，之後便消失無蹤，從此人間蒸發。獄卒在他的浴缸底部發現一個孔洞，孔洞通往專業人員挖掘的隧道，隧道長一．六公里，配置簡陋的通風管道，軌道上還安置機器腳踏兩用車，用來搬運泥土和碎石。矮子顯然從隧道逃逸，邊跑還邊砸碎通道燈泡，最後消失在荒野。幾個小時之內，首批頌揚他大膽脫逃的販毒民謠便上傳至

＊ narcocorrido 是 narco（毒品）和 corrido（歌謠）的合成字，屬於美墨邊界傳唱的國民歌曲。不時可從地下電臺或在酒吧和街頭耳聞此類頌揚吸毒的歌曲，民眾會聞樂起舞，因此頗受爭議。
＊ 一種寬邊牛仔氈帽。

YouTube。其中一首是魯皮歐．里維拉（Lupillo Rivera）演唱的輕快歌曲：

> 數噸（毒品）已靠水路和空運走私，
> 精心策劃的隧道可以隨處出現。

矮子廣受歡迎，卻不是特例。販毒產業有個奇特的現象，就是大毒梟通常會比多數罪犯享有更高的聲譽，他們其實還比許多政客更受歡迎（美國國會的政客，無不想跟矮子古茲曼一樣受民眾愛戴）。毒販甚至能帶動時尚潮流：毒梟埃德加．瓦爾迪茲．維拉里爾（Édgar Valdez Villareal）人高馬大，卻因為留著一頭金髮而被暱稱「芭比娃娃」。他被逮捕時，身穿鮮明的綠色雷夫．羅倫（Ralph Lauren）馬球衫。墨西哥市賣衣服的攤販馬上向年輕人兜售這款polo衫，因為小夥子們競相模仿這名毒梟的穿著品味。

西方國家也會出現類似情況。西方毒販經常被人塑造成浪漫風流之士，浮誇虛飾的外表遮掩了他們的邪惡罪行。電影《一世狂野》（*Blow*）講述哥倫比亞毒梟巴布羅．艾斯科巴的美德因卡特爾如何崛起，強尼．戴普（Johnny Depp）在片中飾演討人喜愛的哥倫比亞裔美國古柯鹼大盤商。艾斯科巴的兒子胡安．巴布羅

（Juan Pablo）寫過一本講述他的書。胡安在書中說艾斯科巴早期從事犯罪勾當時，曾向他的高中同學兜售假文憑。已遭定罪的英國毒販霍華德・馬克斯（Howard Marks）寫過一本自傳，書名為《尼斯先生》（*Mr. Nice*，尼斯是他的某個假名）*。霍華德四處演講謀生，將他的犯罪生涯描述為人生大冒險。

卡特爾的勾當並不浪漫。錫那羅亞黑幫在矮子古茲曼領導下，只要有人膽敢擋他們的財路，便會慘遭滅口。他們會折磨受害者或燒死他們，甚至公開執行絞刑，不是出於革命鬥爭，而是為了謀取暴利。綽號尼斯的霍華德・馬克斯之流或許沒親手殺過人，但他們會僱請殺手。他們的生意和他們賣的毒品一樣骯髒。然而，無論在國內或國外，毒販絕非全然遭人厭惡，他們是毀譽參半的匪徒。他們在大眾心目中的形象有所改觀，從亂七八糟的惡棍轉變成討人喜愛的流氓，此乃商業界最戲劇化的公共關係（public-relations, PR）轉變。卡特爾是如何辦到這點的呢？

* 本書後來改編成同名電影，中文片名為《壞壞好先生》。

完全以大寫字母書寫的通知劈頭指出：「敬告全體民眾：我想透過這種媒介來澄清一點，就是我沒有命令手下殺害兒童和婦女。我絕不寬恕勒索或綁架。摧毀這個州的人，是『部隊』的成員……。我的原則很清楚：不殺小孩、不殺婦女、不殺無辜的人、不勒索、不綁架。『部隊』才會只為了勒索一千披索（約七十美元）而殺人。」[3]

某天清晨，在華雷斯城繁忙地段的一座天橋懸掛著一大面白色橫幅，上頭的紅黑專業印刷字體傳達前述的訊息。當時是二〇一〇年，矮子古茲曼與當地華雷斯卡特爾及其合夥的獵殺部門「部隊」之間紛爭愈演愈烈。矮子親自簽署的這面布條，乃是在該城如雨後春筍般出現的數十面毒品布之一。隨著這兩個幫派火拼愈發激烈，廣告數量也隨之增加。

毒品卡特爾似乎不在乎所謂的市場行銷（marketing，又譯營銷）。雖然廣告公司主管的聲譽並不比毒販的名聲更好〔英國文學家赫伯特．喬治．威爾斯（H. G. Wells）曾說廣告業是「名正言順的謊話」；英國作家喬治．歐威爾（George Orwell）則說，廣告是「拿棍子攪和餿水桶時發出的咚咚聲響」〕，但搞溝通似乎不是匪徒特別感興趣的事情。其實，毒販非常重視行銷，尤其是公關和廣告。矮子古茲曼之流的逃犯若想繼續躲避警方追捕，不讓人密報其藏匿行蹤，就必須爭取某種程度的公眾支持。因此，卡特爾會想方設法提升他們的公眾形象。

毒梟厚顏無恥，在整個墨西哥北部大打形象牌廣告。他們通常會在高速公路橋梁懸掛布條或塑膠橫幅，然後叫當地攝影師在政府當局剪斷廣告之前去拍攝照片。他們偶爾會叫人隨便在舊床單上寫廣告訊息，但通常都會讓專業人士設計與製作宣傳廣告。打廣告的意圖千奇百怪。在德州邊境的新拉雷多，齊塔斯集團曾經掛出招募廣告，布條上寫著：「無論你是現役士兵或已經退役，我們要你加入齊塔斯集團。待遇優渥、提供伙食、家人也能享受福利。我們不會虐待你，也不會讓你挨餓，更不會餵你吃『好小子』泡麵（Maruchan，一種日本泡麵，熱銷美國與中南美洲）。」毒販更常打廣告攻擊對手，說宿敵的壞話或出言威脅（偶會在布條旁邊懸掛屍體），也可能發出訊息，告訴民眾他們與人民站在一起：他們從事毒品買賣，但不會敲詐勒索來防礙民眾生活。

這種粗糙的戶外廣告可能有用，因為某個卡特爾可藉此向當地居民展示實力，告訴民眾他們多少掌控了當地警察，因此能公然懸掛布條。然而，這種廣告能否奏效，著實令人存疑。環顧世界各地，無論在合法或非法的經濟領域，廣告都曾經歷危機。在好幾代人以前，消費者可能相信麥迪遜大道（Madison Avenue）＊上「名正言順的謊話」，或者相信報紙和雜誌刊登的廣告。如今，免費的網路與實體媒體大量湧現，更難以說服消費者。民眾尤其會懷疑銷售產品者撰寫的付費廣告。一九五〇年代的香菸廣告宣稱抽菸無害健康，現代人看到這種廣告，應該不會買單。矮子古茲曼和齊塔斯聲稱自己是優良的毒販和良好的雇主，但他們的口號聽起來都很空泛。

因此，行銷專家便著眼於其他領域，卡特爾亦是如此。十年以前，品牌建構大師艾爾．賴茲（Al Ries）和蘿拉．賴茲（Laura Ries）認為，傳統廣告已經無效，利用廣告的表親「公共關係」（PR），比較容易改變消費者的看法。[4]最近，社交媒體允許企業利用網路去立即散播公共關係訊息，此乃美國網路行銷策略專家大衛．梅爾曼．斯科特（David Meerman Scott）所謂的「新聞推銷」（newsjacking）＊。從事公共關係與打廣告不同，不是付錢在報紙刊登廣告或透過廣播進行推銷，而是致力於爭奪更為寶貴的社論或評論專欄，或者登上電視新聞節目版面。報紙刊登的推薦文章比對頁的付費廣告更有效。美國商業報紙《每日公關》（*PR Daily*）估計，社論或評論版的價值是付費廣告頁面的三倍。各家企業無不爭先恐後，要讓自家訊息刊登於這類兵家必爭的版面。他們以前所未見的方式遊說記者，請他們在文章中提到他們的客戶。英國從事公關人數（四萬七千八百人）已經超過記者人數（四萬五千人）。[5]

新聞機構已經陷入困境，出售些許評論專欄獲利很吸引他們。此外，記者收入不豐，企業若願意款待他們食宿或贈送禮品，記者當然樂於撰寫美文去稱讚那些公司。報業愈來愈常刊登「原生廣告」（native advertising），亦即報導贊助商的文章，內容介於新聞報導和付費廣告，能讓讀者自然而然讀下去，不易發現正在看廣告。乍看之下，這類報導有點類似普通的故事，其實是廣告商編寫或核准的文案，讓企業得以將本身訊息嵌入神似評論的文章。多數記者會對廣告滲入新聞報導而感到憂心忡忡。然而，這種新的說服手段比廣告更有效，因此廣告商願意為此付更多的錢。讀者可能不會相信廣告口號。假使某家公司能讓報紙或電視頻道不斷重複宣揚他們的話術，的確可以達到宣傳效果。毒品卡特爾也採取此道。近年來，販毒組織已經大幅（經常凶暴地）加強遊說媒體。

＊麥迪遜大道是一條貫穿紐約曼哈頓中央的筆直道路。

＊利用時事或新聞替產品打廣告或提升品牌知名度。

正因為如此，我才會在五月的某個早晨前往墨西哥北部，把記者證藏在行李箱底部的一袋舊襪子裡，在太陽剛從地平線升起時，全力駕車飆速，穿越袤廣的沙漠。烈日尚未高掛、大地還沒蒸騰之前，戶外依舊溫和。我凌晨便甦醒，爾後便一直醒著。我下樓吃早餐時，飯店員工正在揭開大廳金絲雀籠子的夜間遮布*，他們看到我都嚇了一跳。蒙特雷（Monterrey）鄰近美國邊境，是個富裕的大都市，我驅車離開此地，沿著四十號公路往東行駛。由於當地卡特爾要籌集資金來爭搶地盤，只要你的家人看起來付得起巨額贖金，你就很可能變成綁架肉票。我在此地有一位富有朋友，他以前會開著閃閃發亮的嶄新 Range Rover 休旅車四處跑。他稍早開著一輛老舊破車，停在我入住旅館的前面，說道：「時機不好，要低調些。」

眾所周知，蒙特雷暴力事件頻傳。當地報紙的頭條新聞都跟槍戰和殺戮有關，和墨國北方諸多城市的報紙如出一轍。本地有許多商人已經將家屬安置到美國的安全地區，我與他們閒聊時，聽到另一個北方城鎮發生更奇怪且更險惡的事情。在蒙特雷東邊大約一百五十英里之處有一個地方，民眾甚少談論毒品戰爭。那裡就是雷諾沙，與德州的麥克亞連（McAllen，又譯麥卡倫）隔著邊境對望，猶如墨國的邊境城鎮，有加工出口工廠、低價的保健診所，以及一處烏煙瘴氣的紅燈區，名叫「男孩城」（Boys' Town）。此地如同邊境沿線的多數城鎮，也是走私毒品的關卡。然而，墨西哥整個北部地區的暴力事件不斷加劇，卻鮮少有人報導雷諾沙的卡特爾謀殺案件。不知為何，電視或報紙報導毒品戰爭時，似乎未曾提到這座城市。沒人寫過此地的殺人事件，也沒人拍攝過屍體。政客根本不談論它。雷諾沙似乎已經脫節，成為沒有新聞報導價值的地域。我決定前去一探究竟。

清晨時分，路上空無一人。我沿著四十號公路駕車狂飆。沒人會想在這片地區久留，因為這段蒙特雷與雷諾沙之間的路線惡名昭彰，「海灣卡特爾」（**Gulf cartel**）和齊塔斯經常在此相互駁火。這兩個幫派昔日為盟友，如今為了爭搶墨西哥東北部地盤而撕破臉，雙方殺得你死我活。我在半路上經過「教子餐廳」（**Los Ahijados**）。幾個月之前，就在復活節前夕，五十名士兵和四十位卡特爾槍手在此發生槍戰，廝殺了二個小時。槍戰過後，這家色彩鮮麗的餐廳彈痕累累，牆壁猶如起司刨絲器（**cheese grater**）。

雷諾沙的記者飽受恐嚇，當地媒體幾乎完全受到毒販控制。我讀到一些資料，發現在過去二個月裡，一名當地記者被謀殺，五名下落不明。來自墨西哥市的二

*鳥有夜盲症，身處暗處之後會昏昏欲睡，大幅降低對外界的靈敏度。蓋上遮布能讓鳥兒好好休息。揭開遮擋布時，鳥兒會感覺清晨到來，很快便會愉悅地鳴叫。

名記者被綁架並遭到毆打。一名美國記者在街頭打探時，某位不知名的男子趨前，挑明了要他離開當地，這名記者只好識趣地打退堂鼓。

我停好租來的汽車，便朝市政府走去。我挨著樹蔭處走著，步伐盡量輕快，但沒有快到像在慢跑。第一位接受我訪問的人是市政廳員工，沒想到他卻臨時通知要更改時間，因為他的一位同事剛被人謀殺，現在正亂成一團。聽他這麼一說，我愈發緊張。這個人只是資淺員工，沒人知道他為何前一天會遭到殺害。聽說他當時坐在車內，在離市政府五個街區的地方等紅綠燈，一名殺手突然現身，開槍擊斃了他。報紙壓根沒有報導此事。我後來開車路經案發現場，發現當地政府手腳很快，早已把現場整理乾淨。當局老是無法準時收垃圾，但清理殺人現場時，效率卻出奇地高。

沒有人會報導這起謀殺案，因為雷諾沙的卡特爾嚴厲警告過當地記者，要他們不可報導毒品戰爭的新聞。由於壓根沒有任何消息，市政府便建立一個推特（Twitter）的推送（feed），從中提供毒品戰爭的即時新聞，讓民眾確保安全。接受我訪問的員工從他的桌上型電腦輸入 @GobiernoReynosa，這個帳戶不斷向當地居民提供攸關安全的重要消息〔為了確保這位員工的安全，姑且叫他阿爾弗雷多（Alfredo）〕。民眾只要追蹤這條推送，便可看到相關訊息，比如「危險情況。

本城各處已遭封鎖，請小心駕駛。若無必要，請勿外出。」還有「根據報導，前往蒙特雷公路的危險情況已經解除。環形道路上車多擁擠，請耐心等候。」這個帳戶從清晨六點運作到晚上十一點，大約每小時更新一次。如果有突發狀況，更新頻率會加快。阿爾弗雷多說道：「報紙、廣播和電視已經有二年沒有報導了。」他說女兒熟悉網路，告訴他可以設立推特帳戶。當地記者不會署名報導犯罪新聞。其他城市的媒體偶爾會比本地媒體更能提供新消息。阿爾弗雷多指出：「蒙特雷的報紙會報導本地消息，我們的報紙則報導他們的新聞。」

墨西哥的卡特爾投入大量時間與金錢，說服記者別報導他們。毒犯勸說時會採取傳統「要銀子或鉛子」（plata o plomo）做法，意指要接受賄賂或吃子彈。黑幫也會如法炮製，在其他的公眾領域予取予求。記者經常受到威脅。如果他們不妥協，黑幫便會痛下殺手，以此殺雞儆猴。最近發生了數十起命案，讓我們來看看荷西．布拉迪米爾．安圖納（José Bladimir Antuna）的遭遇。他是一名《杜蘭戈時代報》（*El Tiempo de Durango*）*的犯罪報導記者（crime reporter）*，他被人暗

* 杜蘭戈是墨西哥中部杜蘭戈州的首府。

* 通稱社會新聞記者。

殺之後，屍體旁邊留著一張字條：「我向士兵透露消息，又寫了不該寫的東西，所以才被人殺死。提交報導之前，要仔細檢查你寫了什麼。」安圖納生前一直在調查報社同仁為何遭人謀殺，結果誤觸地雷，報導了當地警方勾結犯罪組織。

隨著毒品戰爭愈發激烈，記者也逐漸承受更大的壓力。在二〇〇四年之前的十年期間，局勢相對和平，只有十三名墨西哥記者遇難。然而，從該年到二〇一四年之間，共有六十名記者遭到殺害。刑事調查非常隨便，很難確認殺人動機（有些受害者是在警匪駁火中喪命，並非被歹徒鎖定的目標）。然而，多數記者似乎並非被隨機殺害：根據美國非政府組織（nongovernmental organization, NGO）「保護記者委員會」（Committee to Protect Journalists）的資料，八成喪命的記者報導過犯罪案件。卡特爾的策略已經奏效。二〇一〇年是迄今為止最多人喪命的一年，但五家墨西哥報紙公開宣布不再報導毒品戰爭的新聞，以免報社記者遭人殺害。卡特爾偶爾甚至在媒體植入自己杜撰的故事。千禧（Milenio）電視頻道曾經有四名工作人員被人綁架，後來收到毒販通知，要他們報導其敵對的卡特爾與腐敗的警察沆瀣一氣、相互勾結，否則那些人質就會被撕票。千禧電視台迫於無奈，只好照辦（不過，他們只有在區域頻道播放假消息，沒有在全國頻道報導不實新聞）。

卡特爾念茲在茲的，唯有兩種對象。一是普羅大眾。假使人們被洗腦，誤以為矮子古茲曼領導的錫那羅亞黑幫是比較光明磊落的卡特爾，不會敲詐勒索或謀殺兒童，這樣一來，百姓就不會向警方揭發他們的勾當，反而會告發他們的對手，因為其他人被塑造成更惡毒的匪徒。此外，卡特爾經常會宣稱當地警察或檢察官貪污腐敗，目的是要防止民眾向他們舉報消息。

卡特爾也會在意政府。每當媒體報導暴力事件，政府就會派遣大批全副武裝的警察或士兵前往動亂地區鎮壓局勢。執法人員愈多，卡特爾便愈難做生意。因此，防止媒體報導暴力事件至關重要：如果沒有人報導昨晚的大屠殺，政府下週就不會派部隊前來駐紮，販毒生意便可照常進行。槍戰之後，卡特爾偶爾甚至會拖走死者，一是埋葬他們，二是粉飾太平，免得軍隊大舉壓境。屍體會被丟到井裡、老舊礦坑，或埋在隱密的沙漠墳墓。對當地人來說，對卡特爾的戰爭令人眼花撩亂、不知所措：外頭會傳出槍聲、警報聲與直升機的轟隆聲，隔天出門一看，卻彷彿沒有發生任何事情。當然，報紙壓根不會報導警匪或軍匪槍戰。

那麼，為何卡特爾經常犯下駭人聽聞的屠殺案打響知名度呢？毒販仿效伊斯蘭國（Islamic State）等恐怖組織，使用類似的手法拍攝影片，然後上傳到網路，似乎刻意要讓民眾知道他們犯下了許多殺人案。華雷斯城的一名病理學家（pathologist）告訴我，最危險的出門時間是下午五點四十五分，因為卡特爾會挑那個時候殺人，以便讓謀殺事件登上下午六點晚間新聞的頭條。理由很簡單，因為黑幫打算在宿敵的地盤上惹事生非。如果將十幾具屍體棄置在公共場所，政府通常會派遣一支突擊部隊前來穩定局勢，當地毒販在後續幾週便很難做生意。卡特爾偶爾會故意讓競爭對手的地盤「白熱化」（heat up），亦即眾所周知的「加熱地界」（calentar la plaza，西班牙文 calentar 也可以指「刺激」或「煽動」），這麼做正是為了讓政府出面鎮壓。然而，媒體也得配合演出，偶爾會被迫在評論專欄中大肆報導某起事件。

某個卡特爾會叫記者閉嘴，但另一個則要他們瘋狂報導，夾在中間的記者左右為難。《華雷斯日報》（*El Diario de Juárez*）在兩名報社員工被謀殺之後，於二〇一〇年向全球發布的頭版社論中直接點名當地黑幫。斗大的社論標題寫著〈你們到底想要我們怎樣？〉，該文劈頭便說：「正在華雷斯互搶地盤的各位幫派先生……在此敬告大家，本報會傳遞訊息，但不會讀心術。因此，我們作為訊息工作者，希望各位告訴我們你們想要什麼，要我們刊登或撤下哪些內容，讓我們知道該如何做。各位先生目前是本城的實質主政當局，因為合法成立的權力機構已經無力保護本社同仁，害得他們接二連三喪命。」[6]

毒品卡特爾可鐵腕掌控當地媒體，卻有點控制不了網路訊息。組織犯罪集團與普通公司一樣，也努力在形塑自己的網路形象。GobiernoReynosa 的推特帳號在公告時仍然語帶模糊，描述細節時會用「危險情況」的字眼。然而，某些業餘記者會透過網路，比多數報紙更敢去匿名發表詳細的訊息。「毒品部落格」（El Blog del Narco）之類的網站會發表無法上報的新聞（以及刊登連墨西哥嗜血媒體都覺得過於恐怖的圖片和影片），早已吸引大批網友關注。有些記者指出，他們會向這些部落格提交故事，因為他們若署名發表這種報導，風險實在太大。對卡特爾而言，由於網路會洩漏訊息，他們便無法控制新聞報導。

有些跡象顯示，黑幫已經試圖用以前對付主流媒體的策略來扼殺透過網路報導的記者。二〇一一年出現第一宗使用社交網路的記者遭卡特爾殺害的命案。當時，在墨西哥東北部的邊境城鎮新拉雷多，有兩具屍體被懸掛於一座橋梁，屍身旁邊有個警告牌，上頭寫道，散播「網路流言」（Internet gossips）的人都將慘遭同樣下場。不久之後，一位知名部落客被人殺害，陳屍於電腦鍵盤旁邊。

卡特爾願意支付大筆費用買通記者，連業餘記者也不放過。二〇一三年，塔毛利帕斯州（Tamaulipas，雷諾沙所在地）各地出現傳單，提供六十萬披索（約四萬美元）懸賞線民，要他們挖出主持匿名新聞網站「塔毛利帕斯勇氣」（Valor por Tamaulipas）的版主。隔年，化名「貓女」（Felina）替該網站撰文的女性遭到綁架，其推特帳戶被入侵，第一則推文寫著：「各位朋友和家人，我的真名是瑪麗亞．羅薩利歐．富安特思．盧比歐（Maria del Rosario Fuentes Rubio）。我是個醫生，我的生命今日已經走到盡頭。」陸續上傳幾條推文之後，出現了最後的訊息：「關閉你們的帳戶，別像我一樣讓家人陷入險境，我請求你們原諒。」推文旁邊附上她的陳屍照。令人驚訝的是，儘管危險重重，「塔毛利帕斯勇氣」和類似網站仍在運作。話雖如此，卡特爾透過凶狠無情的公關手段，經常能讓幫派分子及同流合污者不被揭發底細。

•••••••

卡特爾漂白名聲的長期戰略是投資於企業社會責任（corporate social responsibility）的神祕世界。管理術語中，企業社會責任簡稱CSR，被視為一種現代風潮。然而，這種觀念有悠久的歷史。在十八世紀，公民開始聯合起來抵制從事奴隸貿易的公司，某些知道得負責的企業便開始宣傳自己是採取「人道」方式管理員工（當然，有些公司喊得比別人更大聲）。一百年之後，維多利亞時代的廠主替工人建造了「模範村」（model village），要讓員工過安全舒適的生活。我在英格蘭北部長大，家鄉附近有個名叫索爾泰爾（Saltaire）的地方。維多利亞時代的羊毛大亨提圖斯・薩爾特爵士（Sir Titus Salt）建立了這個城鎮，他嚴格禁酒，因此鎮上沒有酒吧。（當地開設了一間名為「別向提圖斯告密」（Do not Tell Titus）的酒吧，這項禁酒規定近年來便逐漸放寬。）這就是CSR的顯著特徵。然而，它在許多層面上啟人疑竇，人們懷疑企業為了追求道德目標和自身利益才願意承擔責任。索爾泰爾不設酒吧，有可能想讓居民更健康，但也可能是不讓工人喝酒，免得他們不準時上班。

一九九〇年代，CSR被視為重要的商業戰略而大行其道。多數大型企業如今會投入大量的時間和金錢來承擔世界公民的責任、尋求永續經營、確保經濟、社會與環境生態「三重底線」（triple bottom-lines）的平衡，以及追求其他感覺要肩負責任的目標（即使很難定義這類目標）。這種觀念並不明確，但做起來鐵定不便宜：儘管二〇一四年的經濟形勢不穩，位列《財星》全球五百大（Fortune Global 500）* 的一百二十八家美國企業，當年總共花費將近一百二十億美元從事CSR計畫。[7]

* 《財星》雜誌每年評選的全球五百大企業。

並非每個人都認為這樣做很值得。許多股東不知道從事慈善事業（保護環境、餵養窮人和拯救鯨魚）到底能夠如何提高公司的價值。愛荷華大學（University of Iowa）的提皮商學院（Tippie College of Business）的一項調查指出，經濟衰退時，花錢從事CSR的企業會比其他公司經營得更好。該調查的作者群認為，這是因為那些企業的客戶比較忠誠，在手頭拮据時不會拋棄他們。但是其他人認為，因果關係可能是顛倒的：穩定成功的公司比搖搖欲墜的公司有更多閒置資金，才能將閒錢投資於非必要的計畫。近年來，管理學家（managementologist）已經稍微冷靜去看待CSR。剩下的支持者感到困惑的是，現今多數成功的企業不看重永續發展或企業公民（corporate citizenship）*之類的目標，卻不會受到任何傷害。瑞安航空（Ryanair）是總部位於愛爾蘭的廉價航空。許多人很討厭瑞安，但這家公司根本不在乎，如今已經稱霸歐洲的航空市場。別家航空公司讓乘客可購買「碳信用」（carbon credit，又譯碳額度）來「抵消」（off set）他們造成的污染，但瑞安航空根本不理睬環保人士。瑞安的老闆邁克爾・奧利里（Michael O'Leary）生性好鬥，曾挑釁說：「我們一有機會，就想惹惱那些王八蛋。要對付環保人士，最好開槍斃了他們。」墨西哥電信大亨卡洛斯・史林（Carlos Slim）拚命從電信特許權（telecoms concessions）擠油水，又比其他億萬富翁更吝於捐款，如此才能當上世界首富。

即使CSR似乎在某些合法行業中不受重視，但它卻在黑社會蓬勃發展。有些匪徒一擲千金，大搖大擺從事慈善活動而聲名鵲起。矮子古茲曼從前喜歡在錫那羅亞最豪華的餐廳裡四處踱步，不時會給服務生數千美元的小費，進而名聞遐邇。巴布羅．艾斯科巴會送美德因的孩童聖誕節禮物以及建造輪式溜冰場，甚至提供窮人住宿。米喬肯家族會提供企業低利貸款與非正式的「解決爭議」（dispute resolution）服務（沒有人會有異議）。許多毒梟都曾出錢興建教堂。墨西哥人甚至有專門的說法：narcolimosnas，意思是「毒品施捨」（drug alms）*。伊達哥州（Hidalgo）的一間小教堂掛著一塊黃銅牌匾，上頭寫著「哈里博爾托．拉茲卡諾．拉茲卡諾捐贈。」後頭引述《聖經．詩篇》（Psalms）的章節。拉茲卡諾外號「劊子手」（The Executioner），曾是齊塔斯卡特爾的領袖，據說喜歡把受害者餵給寵物獅子和老虎搶食。（他在二〇一二年被海軍陸戰隊擊斃，下場稍嫌平淡，死得不夠壯烈。）

---

* 這是表達企業責任的新術語，其核心觀點在於：企業成功與否，與社會能否健康發展息息相關。

* 由 narco（毒品）與 limosna（施捨）組成。

某些神職人員似乎很樂意接受毒梟的捐款。已逝的阿瓜卡連州（Aguascalientes）主教拉蒙・戈迪納思・佛羅雷斯（Ramón Godínez Flores）在二〇〇五年接受當地記者採訪時說道：「當瑪利亞瑪達肋納（Mary Magdalene，又譯抹大拉的馬利亞或瑪麗德蓮）*拿非常昂貴的香油來膏抹（我們的主）的腳時，他有不接受嗎？耶穌沒有問她：『妳在哪裡買到那種昂貴的香油？』耶穌不介意錢來自哪裡：他只是單純接受人敬奉。」驚訝的記者問道：如果神父懷疑錢來路不明，該怎麼辦？戈迪納思神父說，那不成問題，接著向記者保證：「如果捐獻者心懷善意，便可淨化金錢。不必因為錢來路不好便把它燒掉；你必須轉變錢。所有的錢都可以被轉變，就像腐敗的人可以改變自己一樣。」[8]某些毒梟從事慈善事業之後，獲得了幾近聖潔的地位。米喬肯家族的頭目納扎里奧・莫雷諾・岡薩雷斯（Nazario Moreno González）在二〇一〇年被警察擊斃，爾後米卻肯州到處出現記念這位毒梟的神龕。岡薩雷斯「復活」（rose again）之後，更加鞏固其神聖地位，最終才在二〇一四年遭到警方擊斃。墨國政府承認，岡薩雷斯顯然沒在二〇一〇年的槍戰中被擊斃；部長們拍胸脯保證，這一次，他鐵定掛了。

毒販為何如此重視CSR，理由很簡單：通用汽車（General Motors）*捐款資助底特律歌劇院（Detroit Opera House）之後，該公司股東如何能獲利更多，這點並不明顯；然而，毒梟若能當個優良的企業公民，顯然能獲得好處。正如瑞安航空、史林電信帝國與其他許多公司的例子，企業不必受歡迎，也能生意亨通。然而，混黑道若想自由行動，非得博取混跡社區民眾的基本支持。如果錫那羅亞卡特爾倒臺了，該州某些山脈地區每月對老年人發放的生活津貼就會停發。我不是說卡特爾對社會有益：毒梟衍生腐敗、引發暴力且令人恐懼，讓墨西哥的發展倒退了數十年。販毒產生的商機遠遠不及其遏止對內投資的規模。然而，如果愈來愈多毒梟橫行地區的人認為卡特爾垮臺後會蒙受損失，販毒集團便愈不可能被消滅。

毒梟肩負企業社會責任時會直接救濟窮人，或者捐錢興建教堂，讓名字刻在捐款大德芳名錄。他們還會採取另一種更細膩的手段去從事 CSR 來謀取私利。哈佛商學院（Harvard Business School）的塔倫．卡納（Tarun Khanna）和克里希納．帕萊普（Krishna Palepu）已經針對新興市場存在的「制度缺陷」（institutional void）撰寫過大量文獻。開發中國家缺乏富裕國家企業視為理所當然的各種基礎設

＊ 這名天主教聖女與十二宗徒一路跟隨著耶穌傳道。耶穌釘十字架時，她看著耶穌受苦、斷氣和埋葬。耶穌復活後，首先向她顯現。然而，她卻被訛傳為淫亂的妓女。神父舉她為例，暗指她用的是骯髒錢。

＊ 通用汽車的總部位於密西根州底特律市。

施，譬如平坦的道路、可靠的法律制度、優良的學校，以及免費的醫療保健。大型企業為了讓營運更順暢並討好開展業務社區的民眾，偶爾會推出國家尚未提供的服務。

要瞭解販毒暴徒如何爭取普通民眾的認可（或者至少讓人乖乖聽話），我拜訪了一位老太太，姑且叫她羅莎（Rosa）好了。羅莎住在墨西哥市的康得薩（La Condesa），那是個富裕的社區，當地公園現身的某些純種狗甚至穿著名牌狗服。她在一棟通風的現代化公寓迎接我。我離開電梯，走進公寓閃閃發亮的廚房兼餐廳時，聞到一股迷人的香味。羅莎高齡七十歲，體型圓滾，身高不超過四英尺六英寸（約一百三十七公分）。她在煎藍莓煎餅，遞給我一個盤子，上頭擺滿一疊煎餅。這棟時髦的公寓不是她的：我在工作場合認識一名墨西哥商業顧問，公寓是他的。羅莎是顧問的「慕恰恰」（muchacha，指女孩），這是老派的墨西哥用語，表示清潔女工、女廚子或各類幫傭，老婦人或年輕女孩都適用。顧問要我去見羅莎，說她可以告訴我有趣的事情。羅莎的故事是：除了拖地和煎藍莓煎餅，她正在密謀殺人。

羅莎居住在墨西哥州的一處貧窮社區。墨西哥州是包圍首都墨西哥市的廣闊市郊，居民有一千七百萬人。羅莎過得很艱辛，但最近日子變得更難熬，因為警方懦弱無能，犯罪浪潮肆無忌憚地襲捲當地。羅莎有十六個孫子和孫女。三個月之前，一位孫女跟老公回家時，發現兩名竊賊正洗劫他們家。竊賊逃脫後又回頭尋釁，拿斧柄狠狠毆打了她的丈夫，警告這對夫妻不可報警。羅莎說：「他到現在還這樣走路。」她模仿孫女老公走路，動作笨拙，揮動著被打斷的手臂。最近又有一名獨居老人被掠劫。那個老人打電話求救，鄰居出面逮住了竊賊，把他扭送到法庭。但不知何故，匪徒付錢之後就被放了。羅莎不知道匪徒能獲釋，到底是付了保釋金，還是賄賂了法官。幾個月之後，這位老人因心臟病發作而死。羅莎說他是驚怒而死。幾年之前，同一批土匪在搶劫一個養雞場時殺了兩個人，就為了偷幾千美元而已。

羅莎握著小小的拳頭，猛敲廚房桌子，說道：「他們闖進屋子，隨意搶東西，還威脅人。他們恐嚇我們。我們的東西不多，我們很窮。他們拿走電視機、立體聲音響、牛羊和衣服，連電線都不放過。」當地警方根本不聞不問。羅莎說：「老實說，我不相信警察。如果政府什麼都不幹，我們還能怎樣？不能再這樣下去。他們隨時會闖進我們的房子，把我們殺了。」最近發生了某件事情，讓她想到如何去解決問題。羅莎當時正搭巴士回家，車子行經一條荒僻道路，一幫匪徒突然現身，打算洗劫乘客。然而，乘客這一次卻英勇反擊，狠狠給匪徒一頓「高劈殺」

（golpiza，指暴揍）。「但是有一輛警察巡邏車趕到現場。他們沒有機會把這些壞人打死。」羅莎面露失望的表情。

羅莎和鄰居於是想到了一個妙計。他們正在攢錢，請人幹掉威脅他們的劫匪，以求一勞永逸。她說，就是要「高劈殺」壞蛋。就這樣嗎？我問道。「這個嘛……」羅莎一時想不到怎麼描述正在策劃的事。「他們要是出手太狠……那又怎麼樣。」他們想找人在鄰近城市帕丘卡（Pachuca）下手。她想到一個人，這人四十多歲，軍中退役，手上有槍，以前幫人幹過這檔事。羅莎說道：「有人可以幹這種事。他們專門替人『報仇』。」她說出這個字眼時，眼睛微微睜大。

藍莓煎餅的油漬滲透我的餐巾紙，紙上出現深紫色的漬塊。突然之間，煎餅似乎不那麼可口了。我找了藉口告辭，然後返家，沿途想著幫我打掃的清潔女工在閒暇時會想幹啥事。羅莎的故事聽起來令人害怕，但這檔事並非那麼不尋常。國家一旦衰敗，政府無法維繫治安，民眾就會走旁門左道、甚至幹非法勾當解決問題。表示國家失敗*的最初跡象之一，就是民眾開始私自治罪。例如，在中美洲弱小混亂的國家，當地報紙經常報導城鎮居民圍捕盜賊或強姦犯，群眾會毆打匪徒，甚至弄死他們。即使在富裕國家，犯罪組織有時也能提供冷酷的「公共服務」，替民眾幹合法政府不做的勾當。北愛爾蘭的愛爾蘭共和軍（Irish Republican Army,

IRA）過去經常射殺被指控販毒或犯下令人髮指惡行的人。這種做法就跟羅莎的情況如出一轍：犯罪集團聲稱可彌補「制度缺陷」，肩負起扭曲的「社會責任」，進而贏得某些民眾的認可（黑幫的核心業務，就是暴力攻擊武裝的死對頭。幫民眾懲奸除惡，不僅能搏取好感，亦可藉機剷除異己，無疑一石二鳥）。

許多組織犯罪集團提供這種「保護」。毒梟巴布羅．艾斯科巴曾出錢養了一批暴徒幫他幹骯髒的勾當。他把這些人稱為「綁架者的死神」（Muerte a Secuestradores），試圖說服民眾他們只會對付罪犯，但這種說詞很牽強。錫那羅亞卡特爾也依樣畫葫蘆，成立名叫「齊塔斯殺手」（Matazetas）的暗殺小組。他們透過一系列網路影片來宣稱：「我們唯一的目標是對付齊塔斯卡特爾。」頭戴巴拉克拉瓦帽的成員指出，他們的小組「總是會造福墨西哥人民。」

犯罪集團擔起社會責任時，真的有益於社會嗎？美國經濟學家赫素爾．格羅斯曼（Herschel Grossman）建立黑幫提供公共服務的模型之後發現，在某些情況之下，國家與匪徒相互競爭比國家單獨運作更能提供良好的社會服務。[9] 在格羅斯

＊ 所謂失敗國家（failed state），就是國家內部局勢不安並與國際社會脫節。

曼的模型中，黑幫勒索金錢和提供服務的方式，與政府徵稅來資助公共支出的方法大致相同。稅率愈高，國家提供的公共服務愈差，民眾和企業便愈傾向於依靠黑市滿足自身需求。黑幫面臨著同樣的困境：敲詐勒索的金額愈高，提供的回報愈少，愈多人就會轉向政府求助。格羅斯曼認為，這種形式的競爭可能有益於人民，因為這樣可避免政府徵收高額稅金卻不服務國民。格羅斯曼寫道：「根據這種分析，黑幫只會傷害統治階級或當權派，而這些政客的主要收入來源是政治尋租（**political rent**）*。」（不過，這位經濟學家也假正經地承認：「黑幫活動有可能破壞社會。」）

這真是太荒唐了。幾乎沒有社會曾因為組織犯罪而進步，但卡特爾偶爾確實能夠服務某些民眾。典型的組織犯罪就是競爭企業串通勾結。義大利政治家兼經濟學家萊奧波爾多·弗拉凱帝（**Leopoldo Franchetti**）在一八七六年率先研究這種現象。他當年造訪西西里島（**Sicily**），撰寫了一份討論當地「政治和行政情況」（**Political and Administrative Conditions**）的報告。[10] 針對義大利黑手黨的早期研究都是關於食物，美劇《黑道家族》（*The Sopranos*）*的粉絲們聽到這點應該會很高興。弗拉凱帝調查了西西里島首府巴勒摩（**Palermo**）附近的兩處專業磨坊社區。在正常的市場環境下，磨坊主（工人）應該會在麵粉價格和品質上彼此競爭，讓顧客買到最便宜且質量最好的麵粉。然而，磨坊主很快便發現，賺錢可以更輕鬆。他們於是不相互競爭，決定彼此勾結，輪流減少產量讓麵粉缺貨，藉機哄抬價格。換句話說，他們組成了一種典型的卡特爾。這項計畫完美無瑕，但很難確保磨坊主會確實限制產量來維持高價。每家廠商都想增加產量，然後賣得比商定價格略低，藉機獨占市場。壟斷價格是違法的，不能要求法院強迫大家落實暗盤協議。因此，各家磨坊主決定聘請弗拉凱帝所謂的「強大的黑手黨」（powerful Mafiosi）來執行協議。人人都很高興：磨坊主減少產量，卻能賺更多的錢，而黑手黨大概也從中撈了一筆。倒楣的只有消費者。他們付更多的錢卻買到劣質麵粉，必須忍受二流的義大利麵。

此後，組織犯罪集團便一直提供類似的服務，強迫企業去執行合同協議，而這些企業不是銷售非法產品（比如毒品），就是從事違法活動（譬如壟斷價格）。有一篇經典的論文11是基於弗拉凱帝的研究來發揮。這篇論文的作者迪耶戈·甘必

＊壟斷政治特權而獲得租金的尋租活動，而賄賂當權政治官員的錢就是政治租金。因此，有人會設法打進海關，藉機從事政治尋租。

＊描寫紐澤西州北部義大利裔黑手黨的虛構電視影集。

大（Diego Gambetta）和彼得．路透（Peter Reuter）列舉許多案例，從中說明黑手黨如何在義大利和紐約市提供類似的服務。在巴勒摩和那不勒斯（Naples）*，黑手黨監管氾濫的紅綠燈擋風玻璃清洗行業*。在羅馬，黑手黨沒有參與這種行業。兩邊的情況便大相逕庭。在巴勒摩和那不勒斯，黑手黨會要求拿橡皮刮水刀的混混在指定地區作業；反觀羅馬，清洗車窗的混混會打群架，爭搶能在最賺錢的路口討生活。羅馬警察很快就會出面管制，所有幹這檔事的人便更難過活。在黑手黨監管這類混混的城市，洗車勒索行業能夠照常運轉。

在紐約市，黑手黨長期介入垃圾回收行業。這種工作似乎沒賺頭，與國際古柯鹼販毒產業相比，它當然相形見絀。然而，廢棄物處理公司只要相互勾結，壟斷服務價格，便能大幅增加利潤。話雖如此，他們也會遇到類似於十九世紀西西里島磨坊主的問題：如果某家公司降低收費來搶標，暗盤協商就會破局。解決之道就是請黑手黨介入，強迫各方遵守協定。甘必大與路透指出，（對廢棄物處理公司而言）引進黑道勢力還能遏止新的競爭對手打進市場。一九七二年，布魯克林區檢察署（Brooklyn District Attorney's Office）成立廢物收集部門，從中祕密調查黑手黨行徑，明確佐證了前述說法，因為新部門的卡車不久便遭到匪徒破壞。

商人若想賺更多錢，也不介意違反競爭規則，組織犯罪幫派介入，便能迫使大家落實暗盤協議。有證據指出，黑幫會收取合理的價錢：根據證人的說詞，紐約黑手黨幫水泥行業壟斷價格時，只收取合約費的百分之二；據說在西西里島，建築行業得向黑手黨支付合約費的百分之五（黑幫賺百分之三，其餘的百分之二用來向政客行賄）。如果企業壟斷價格之後可以大幅獲利，花錢請黑幫辦事是值得的。（似乎確實如此：美國智庫蘭德公司（RAND Corporation）在一九八〇年代做過一項研究，發現長島（Long Island）居民支付的垃圾收集費用，比在競爭市場中多出百分之十五，商業客戶甚至多付百分之五十的垃圾收集費。）[12] 暗盤協議有強大的約束力，廢棄物收集公司甚至能夠購買和出售「合同」來服務特定的客戶或社區，黑手黨會保證其專屬權利。甘必大與路透寫道：「企業家站穩腳步之後，無不希望抑制競爭。只有少數非政府機構能幫他們實現這個目標，黑手黨正是其中之一。」組織犯罪集團充當企業間腐敗協議的有效擔保人，便可贏得商業界的支持，進而讓更多社會成員與他們休戚與共、唇齒相依。

* 那不勒斯又譯拿坡里，是義大利南部的第一大城。
* 等紅綠燈時，有人會趁機替車主擦洗汽車的擋風玻璃，然後索費。

毒品卡特爾犯下令人震驚的殘忍暴行，全球應該感到憤怒。多數人確實痛恨毒梟。然而，卡特爾引用合法商業界的策略，已經順利在幾個關鍵領域贏得足夠的支持，因此比較不會被人舉發和定罪。毒梟大手筆資助慈善事業或宗教團體，使其凶狠暴戾的形象變得柔和親民。卡特爾針對政府失職的領域提供公共服務，得以在某些貧困地區被民眾視為足以取代合法當選的政府。他們確保企業間的暗盤協議可以落實，因此和商業階層搭上線。毒梟發布廣告、掌握網路媒體和恐嚇記者，能以最光明的姿態呈現於公眾面前。

政府該如何破壞卡特爾的公關機器？要破壞匪徒的「慈善」技倆，國家就得自行做好規劃來提供基本的公共服務。墨西哥市的市郊遭受暴力肆虐，當地的警察與法院若能做好份內工作，年逾古稀的殺手兼女傭羅莎就不會想找人替她解決問題。如果美德因當局多花點錢去興建公園、游泳池或青年俱樂部（youth club）*，哥倫比亞人就不會對毒梟巴布羅・艾斯科巴興建的滑輪溜冰場印象那麼好了。假使墨西哥政府向老年人提供適當的養老金，沒有人會去排隊接受矮子古茲曼幫眾發放的津貼。如果墨西哥銀行不那麼吝於貸款（他們的借貸幅度是巴西銀行的一半，智利銀行的三分之一），[13]墨國家庭與企業就比較不會向黑幫借錢。分析人士談論毒品卡特爾接管權力真空（vacuum of power）*的區域時，認為政府沒有派遣足夠的警察或士兵去駐守那些地區。通常還有另一個問題：政府壓根不想在某些領域（從娛樂到垃圾收集和小額信貸）提供任何公共服務。簡言之，國家愈能負起責任，暴徒便愈無法假惺惺地炫耀自己「肩負起責任」。

該如何不讓卡特爾成為違法協議的擔保人？這種角色有別於其他服務，國家無法照辦，因為操控價格和合約投標違反法律。根據西西里島和紐約市的證據，黑手黨已經逐漸不再插手這些行業。其中一個原因是政府致力於調查市場競爭。紐約的垃圾處理業務現在受到企業廉正委員會（Business Integrity Commission）的監督，該委員會似乎已經遏止黑幫染指紐約市的這個行業（在某種程度上，郊區的情況依舊不變）。另一個原因是全球化。黑手黨可能很容易讓西西里島麵粉廠共謀統一定價，但要讓義大利其他地區（其實是全球）的大型企業接受統一定價卻比較困難。隨著小型的本地公司被大型的國際公司所取代，執行統一定價協議

＊青年社交場所，可讓年青人聚會以及從事各種體育或休憩運動。

就更加困難。

若想干擾卡特爾發布的公共訊息，政府可以做兩件事。首先，應該知道幫派的策略就是要「加熱地界」，亦即讓黑幫領土的紛爭白熱化。如果某地出現威脅性廣告或有人將大批屍體棄置於公共場所，政府的立即反應就是向該城市派遣增援部隊來維持和平。這種做法可以理解，不過卻投其所好，中了黑幫詭計。政府應該改變誘因結構（incentive structure），向「其他」卡特爾掌控的城市派遣增援部隊。如此一來，讓其他卡特爾領土白熱化的伎倆便可能適得其反，因為政府會讓突擊部隊進駐該負起責任的卡特爾自家領土。

其次，若要因應卡特爾陰險的「公關」花招，就得好好保護記者。當然，說來容易，做起來很難。墨西哥前任總統（二〇〇六年到二〇一二年）費利佩·卡德隆的某位助理聽到我提出這種建議時曾嗤之以鼻。他反問我：「我們應該怎麼做，給墨西哥北部的每一位記者提供一名保鏢？」當然不是，謀殺記者目前是非常不可能被定罪的，如果能好好調查記者的謀殺案，任何想殺害記者的匪徒便不可能幻想自己能逍遙法外。各國不妨考慮對殺害記者的人加重刑罰，就像在許多國家，謀殺警察的罪刑遠重於殺害普通公民的刑罰。新聞機構可以使出最後的手段，彼此針對特別敏感的議題發布相同版本的新聞報導，靠著人多勢眾來確保自身安全。

一九九〇年代，哥倫比亞報紙有一段時期便採取這樣的措施。礙於種種因素，這種策略沒有吸引力：消除了報業競爭、減少糾正錯誤的機率，以及可能引進「官方版」的報導。然而，目前在某些卡特爾鬥得火熱的地區，報業都嚇得噤聲不語，有新聞報導總比沉默以對更好。

最後，富裕國家的政府應該好好告訴吸毒民眾，他們買毒品的錢最後會花在哪裡。富裕國家的公共教育影片歷年來都在強調吸毒有害健康。幾十年之後，這種宣導方式似乎難以奏效。這點並不奇怪，因為過量施打毒品而死的機率相當小。其實，購買和吸食毒品可能不會殺死你，但有可能會殺死別人。例如，生產和出口古柯鹼的卡特爾是以謀殺和酷刑作為其商業模式的一環。〔某些毒犯最近透過網路宣傳「公平貿易的古柯鹼」（fair-trade cocaine），這是虛假的謊言。請參閱第八章。〕你若在歐洲或美國購買古柯鹼，就是付錢讓黑幫在雷諾沙之類的地方將某些人折磨致死。大家應該要瞭解這點。每年有數百萬人購買毒品，這些人卻絲毫沒有想過，他們是在資助匪徒，讓無辜百姓飽受難以想像的痛苦。由此可知，卡特爾在漂白自身形象上可謂非常成功。

5

Chapter

離岸委外

在蚊子海岸做生意的好處

販毒產業也深諳離岸委外的優勢。

卡特爾如同普通企業，也想要降低成本。

他們比合法公司更迫切需要尋找最寬鬆的監管環境。

到了中美洲，隨便一看便知為何紡織和汽車製造商要前往當地設廠。

想當然爾，毒犯自然也想去當地拓展業務。

宏都拉斯（Honduras）崎嶇的加勒比海岸岩石密布，位於舊稱蚊子海岸（Mosquito Coast）*的西邊。假使你被海水沖上這片荒野，會誤以為身處蠻荒的失落世界（lost world）。離開海灘，稍微往內陸走去，會進入濃密潮濕的叢林。只見蝴蝶於空中飛舞，灌木叢之間嗡嗡聲不絕於耳，唯有鸚鵡的尖銳刺耳叫聲方能打破這片嘈雜。你幾乎忘了自己身處哪個世紀，更別說位於哪個國家。然而，在離大海十六公里左右之處，你偶然會看到出乎意料的景象：一座巨大的內褲山。聖佩德羅蘇拉（San Pedro Sula）*是一座熱帶城市，邊緣地帶設置大型工廠，工人在此縫製成千上萬的內衣，從拳擊手短褲到緊身的三角褲和寬鬆的長內褲，各種款式應有盡有，全部堆放於板條箱（crate），準備出口到全球各地。宏都拉斯目前是美國最大的棉襪和內衣供應國。該國勞動力低廉（人均收入大約每週四十五美元），企業為了降低成本，紛紛跨國來此設廠。如今，位於北部叢林的工廠生產多到令人眼花繚亂的產品，準備運往世界各地供消費者購買。

---

* 歷史地區名稱，包括現今尼加拉瓜和宏都拉斯東海岸。蚊子海岸最早被納入尼加拉瓜，但國際法庭後來將蚊子海岸北部劃給宏都拉斯。
* 宏都拉斯的第二大城，位於西北地區，乃是宏國的經濟中心。

所謂「離岸委外」，便是將業務轉移到外國，偶爾是指將業務外包給別家公司，此乃二十世紀後期最重大的商業趨勢之一。國際運輸益發快捷便宜，國際通訊也日漸更為方便。隨著自由貿易的國際風潮興起，各國紛紛簽署大型協議來開放經濟邊界，加拿大、墨西哥和美國簽署的北美自由貿易協定（NAFTA）於一九九四年正式生效，歐盟緊接著在二十一世紀初期東擴*。貿易壁壘破除之後，組裝產品的歐美公司發現：在幾百英里以外的國度，無論工資、地產與其他層面都更為低廉，何必支付富裕世界的薪資給本國工人，並且以富裕世界的租金來租用本國廠房與土地。因此，製造業開始大規模遷移至拉丁美洲、北非和遠東地區。從二〇〇〇年到二〇〇三年，外國企業光在中國就設立了六萬家工廠。在聖佩德羅蘇拉，紡織工廠旁邊就有汽車零件生產線、水果包裝倉庫，以及有空調的客服中心（call center），會講英語的當地人在此接聽美國客戶的詢問電話。

離岸委外大行其道之後，造福了西方消費者，因為他們能夠買到便宜的宏都拉斯製襪子與中國製電腦。（有些西方勞工卻很惶恐，因為他們的工作機會已經被遷到南國或東方。）前美國聯準會副主席艾倫．布蘭德（Alan Blinder）曾經預測，離岸委外將成為「下一波工業革命」（the next Industrial Revolution），美國有三千萬到四千萬的服務業職缺最終將被外包到海外。[1]隨著開發中國家的工資逐漸趕上西方世界的工資，這種委外浪潮稍微趨緩。然而，變化早已非常巨大：如今，至少將近四分之一的美國企業已將部分業務轉移到海外。[2]

販毒產業也深諳離岸委外的優勢。卡特爾如同普通企業，也想要降低成本。他們比合法公司更迫切需要尋找最寬鬆的監管環境。到了中美洲，隨便一看便知為何紡織和汽車製造商要前往當地設廠。想當然爾，毒販自然也想去當地拓展業務。中美洲國家有低廉的勞工且政府治理不善，而他們近年來逐漸發現，某些墨西哥跨國企業已經移入境內。在聖佩德羅蘇拉四周叢林中，襪子並非唯一靠廉價勞工生產的商品。

• • • • • • • •

北美洲和南美洲由一處狹窄地峽（isthmus）相連，地峽最窄處僅四十八公里寬，

＊二〇〇二年，歐盟十五國外長會議決定邀請十個中歐與東歐國家加盟。爾後，十國在雅典歐盟領袖會議上簽署入盟協定，最終於二〇〇四年正式加入。此後，歐盟成員增為二十五國，總產值由九兆多美元增為十兆多美元，經濟總量可與美國抗衡。

總讓人覺得它隨時會斷裂。中美洲比德州還小，卻擠了七個小國，多數國家政變頻傳，會為了爭奪一小塊沼澤地而大動干戈。這個地區確實騷動不已：只要搭乘飛機越過中美洲，便可看見二十多座活火山，其中幾座蠢蠢欲動，不斷冒出滾滾蒸氣，偶爾甚至會噴出熔岩。

中美洲人將自家地區稱為「蹦床」（trampoline），因為毒梟曾以此地為跳床，讓毒品從南美洲「彈跳到」廣大的美國市場。美國國務院估計，在走私到美國的古柯鹼之中，高達百分之八十在北運時會在這條地峽的某處中轉。毒品通常是靠船隻或輕型飛機從哥倫比亞或委內瑞拉出口，然後運送到墨西哥。自從加勒比海的走私路線在一九八〇年代被封鎖之後，中美洲這個「蹦床」的負荷便逐漸加大，迫使毒販尋找其他的走私途徑。近來出現了一種新模式，墨西哥毒販不再從中美洲中轉毒品，而是逐漸在此落地生根。

毒販不斷洩漏蛛絲馬跡。二〇一一年，宏都拉斯警察首次查獲大型古柯鹼加工實驗室。警方推估，這間實驗室每週能將四百公斤的古柯膏轉化為純粉狀古柯鹼。根據調查人員收集的證據，這間煉毒廠由矮子古茲曼掌管的錫那羅亞卡特爾經營。幾個月之後，瓜地馬拉（Guatemala）*發生一件更駭人聽聞之事：該國北部有一處鄰近墨西哥的牧場，名叫「椰子」，竟然有二十七人在牧場上被斬首，頭顱四散在周圍田地。有人甚至拿著遇害者的腿於農場牆壁上寫了血淋淋的警告訊息，下方署名為Z200，這是齊塔斯集團當地領導人的代號。

如同在聖佩德羅蘇拉生產內衣和汽車音響的公司，卡特爾發現離岸委外的業務部門有很多優勢。首先可充分獲取廉價的勞動力。我在瓜地馬拉市（Guatemala City）市中心的一棟破舊的大型建築內遇到一位年輕人，姑且叫他荷西（José）。他只有十八歲，有一張娃娃臉和一頭蓬鬆黑髮。然而，他卻猶如三十、四十歲的人，目光凶狠但眼神疲憊。這位小夥子已經替當地幫派幹過好幾年的殺手（hit man）了。不該稱荷西是殺手，要說他是殺「孩」（hit boy）才比較準確，因為他年僅八歲便入行。有個黑幫想殺他的父親，於是在街上行刺他。當對方得知沒有殺死他父親時，又再回頭幹掉他。荷西宰了先前殺他父親的人，從此展開犯罪生涯。他面無表情，說道：「我很喜歡這種生活。」

我們碰面的這棟舊建築搖搖欲墜，乃是「木棉樹」（La Ceiba）的總部。這是個非政府組織，專門替瓜地馬拉市命運坎坷的青年提供庇護和培訓。在其中一個

＊宏都拉斯的北方鄰國。

房間裡，一些青少年正在學習如何彙整 PowerPoint 演講投影片；在某一條走廊旁的房間裡，他們可以向輔導顧問傾訴心事。一名工作人員說道：「就像教堂的告解室（confessionals）。」荷西試圖在此改變他的人生，但他說很難脫離黑道：幫派的人口出威脅，如果他不再混黑道，他們就會殺掉一名木棉樹的成員。荷西殺過許多人，個子卻很矮小，身高不滿五尺（約一百五十公分），身材削瘦，臉色蒼白。瓜地馬拉的孩童長期營養不良，通常發育較為遲緩。荷西外表天真無邪，與他描述的現實人生格格不入。他講到父親如何被人殺害、描述他被子彈擊中胸部的情況（他秀出鋸齒狀的傷疤），以及說他幾乎無法移動被挨打過的右手臂。他穿著有魔鬼氈的童鞋，一邊講話、一邊拖著步伐走路。

荷西遺失了青春歲月，耳聞其生平故事，令人不寒而慄。然而，對於毒品卡特爾的招聘分子而言，此乃悅耳的飄飄仙樂。他們猶如企業家，喜歡在中美洲廉價的勞動力市場上招募新血。瓜地馬拉跟其他中美洲國家一樣，有大量的貧困年輕男子和男孩。這些人遭到邊緣化，比富裕鄰國的青少年更容易被慫恿去犯罪。瓜地馬拉的人均年收入僅有三千五百美元；尼加拉瓜的人均所得一年不到二千美元。墨西哥的人均年收入則超過一萬美元。服裝製造商在中美洲提供的工資低於他們在墨西哥提供的薪資，毒品卡特爾亦是如此。販毒集團更重視瓜地馬拉的特種部隊成員，他們俗稱「凱必依」（the Kaibiles）*，這個名稱源於一位智勝西班牙征服者（conquistador）的土著頭目*。一九八〇和一九九〇年代，瓜地馬拉爆發可怕的內戰，出現嚴重的侵犯人權惡行，而凱必依難辭其咎。瓜地馬拉的母親要嚇唬小孩時，會謊稱恐怖的突擊隊員要來抓他們，因為這些人據說會殺人、吃人，還會把活雞的頭咬斷。如今，某些失業的前特種部隊成員已經加入販毒集團。

在中美洲總統府之中，瓜地馬拉的總統府（Palacio de Gobierno）*可謂最為宏偉，卻也最為醜陋。一名負責反擊毒梟前來落戶生根的人就在此上班。這棟建築被設計成洋溢新殖民時代風格的宅邸兼堡壘（neocolonial mansion-cum-fortress），由當地石頭打造，呈現古怪的綠色色調，卻很適合用來比喻瓜地馬拉大多腐敗的公共機構。我進入總統府時，不得不從側門的一群山羊之中擠進屋內，當天有農民到此抗議。那是二〇一一年，我入城面見當時的總統阿爾瓦羅·柯洛姆（Álvaro

* 這個部隊善於叢林作戰與暴動反制。
* 十六世紀的馬姆族（the Mam）領袖凱必爾·巴拉姆（Kaibil Balam）。
* 直譯為「政府宮」，是政府總部所在地。

Colom）。他非常瘦弱，臉色相當灰暗，說話時非常溫和，用介於低沉沙啞與喃喃低語之間的音量與我說話。柯洛姆外表沉穩低調，桌子旁卻擺了一隻令人眼花繚亂的咬鵑（quetzal）標本，這種鳥是瓜地馬拉的非官方吉祥物（mascot），屬於一種小型的熱帶孔雀，有亮麗的綠色和藍色尾羽。咬鵑外型鮮豔亮麗，任何生物皆難望其項背；不幸的是，柯洛姆卻想與其一爭長短。

他在總統任內*試圖掌控這個逐漸被掏空的國家。瓜地馬拉的內戰破壞甚鉅，終於在一九九六年結束，其後軍隊大幅縮編。若能讓民警取代士兵，裁撤軍隊確實是個好主意。但是，情況並非如此。柯洛姆指出，該國的「安全體系已經逐漸崩壞。」目前的軍隊人數為一萬人，以前則有三萬多人。首先，這就表示有兩萬名士兵要另謀出路，而卡特爾很樂意提供他們飯碗。此外，瓜地馬拉的國防也極度空虛。該國與墨西哥的邊境長達六百英里，曾經只有三十二名士兵負責巡邏其中的二百英里邊界。柯洛姆總統說道，卡特爾已經在瓜地馬拉北部建立基地，而且「像國際機場一樣來運用這些據點。」他的一位助理指出，該國北部有一塊稱為蒂格爾潟湖（Laguna del Tigre）的荒野，當地有一座三十到四十架輕型飛機的「墓地」（cemetery）。毒販開過這些飛機，現在已經棄置它們。

瓜地馬拉政府無力控制大片領土，顯露出卡特爾視為資產的特徵，亦即它是絕望的弱國。墨西哥偶爾似乎沒有法治，但跟某些中美洲國家相比，簡直跟瑞士一樣美好。美國在瓜地馬拉市的大使館與我入住的旅館很近，大白天走路穿過市區只要十分鐘，但一名外交官建議我參觀使館後直接搭車回旅館。這聽起來似乎很荒謬。然而，幾天之後，一家大銀行的經濟學家告訴我，他的同事曾在餐廳被捲入槍戰而喪命，此後銀行便禁止造訪員工徒步走回飯店，即使銀行與飯店僅隔一個街區也不行。我曾在一個昏暗的街區拿出閃閃發亮的iPhone，結果被一個男人抓住衣領，強行拖到街底，幸好他改變主意，我才順利掙脫而僥倖脫險。有位記者朋友如此描述瓜地馬拉：「這個國家和華雷斯城一樣混亂。」他說的沒錯。柯洛姆總統指出，毒品卡特爾大約犯下瓜國百分之四十的謀殺案。

從西方標準來看，瓜地馬拉很貧窮，但是國際貨幣基金（International Monetary Fund, IMF）卻將它列為「中所得國家」（middle-income country），當地人大約比隔壁的宏都拉斯國民更富裕百分之五十。儘管如此，該國政府總是無法滿足人民的最基本需求。許多孩子跟少年殺手荷西一樣日日挨餓：在五歲以下兒

＊二〇〇八年至二〇一二年。

童之中，有一半長期營養不良，這種挨餓比率居全球第四高。其他拉丁美洲國家的情況都沒有這麼嚴重：在這個地區，海地（Haiti）最能被稱為失敗國家，但是它的幼童挨餓比率只有瓜地馬拉的一半。瓜國政府稅收少得可憐，無力解決飢餓和其他問題。公共支出僅占國內生產毛額（gross domestic product）的百分之十二左右，在拉丁美洲各國之中最低，這個地區的平均水準是超過百分之二十。[3]歷屆總統都曾試圖提高稅收，但每次稅改都遭到私營部門阻撓或掣肘而變調，而該國的私營企業似乎不想繳交應該支付的稅金。瓜地馬拉已經變成一個DIY（do-it-yourself）*的經濟體，國內的公共服務逐漸消失，改由私人承包商取代。

甚至連公共安全也不例外。我入住酒店的守衛是個性格開朗的男人，鑲了一顆金光閃閃的假牙，還配備一支更加閃亮的泵動式霰彈槍（pump-action shotgun）*。旅客來來去去，而這位警衛替人開門時，會把槍舉起來靠在肩膀上。到了街上，可看見一名少年在一家花店外站哨，揮舞一支來福槍（rifle），而槍齡似乎比他更大。瓜地馬拉的犯罪率極高，卻少有警察巡邏，連首府都不例外。舉目所見皆是全副武裝的私人警衛。離我入住旅館幾個街區之外有間槍枝販賣店，名叫阿姆薩（Armsa）*。店家立起大幅廣告牌宣傳店內武器，廣告牌上有一把大型克拉克手槍（Glock handgun）*，直接指著隔壁一間彩繪明亮的幼稚園，而就讀幼稚園的是二至六歲的幼童。在瓜地馬拉全境，私人警衛多過警察，比例為五比一。只要有錢，便可購買足夠的武器，擁有比政府更強大的火力。

卡特爾逐漸在瓜地馬拉擴增勢力，有人擔心毒梟會將魔爪伸進政治領域。我與柯洛姆總統會晤時，該國即將舉行大選。當時局勢出現奇怪的轉折，亦即柯洛姆總統剛剛宣布與妻子離婚，以便讓她參選總統。瓜國憲法明文禁止總統的近親繼任總統*，於是柯洛姆和妻子姍卓拉．托雷斯（Sandra Torres）決定分手。柯洛姆深知，姍卓拉外型亮麗且充滿活力，比他更能激起選民的熱情。他面帶微笑承認：「我不太能激起民眾的熱情。」除了鬧出總統離婚的肥皂劇情節，選舉期間還充斥販毒資金挹注到選舉各個層面的謠傳。柯洛姆是否擔心毒梟已經滲入他的黨派？他思索了一下，然後說道（小聲到幾乎聽不見）：「所有的政黨都得小心。毒梟已經滲透到

＊自求多福或自謀出路之意。
＊泵動式是一種槍的運作方式。射擊者利用移動護木，通過傳動杆直接驅動槍機前後運動，以此完成射擊迴圈。
＊西班牙文的陰性名詞 arma 表示「武器」。
＊奧地利武器製造商克拉克生產的手槍，廣受全球的執法單位與軍方喜愛。
＊根據該國憲法，總統的第四代以內血親和兩代以內的姻親不得競選總統。

這個國家。」[4]

• • • • • • • •

對於尋找美洲離岸委外基地的罪犯而言，瓜地馬拉是一塊寶地。然而，瓜國面臨南部鄰國宏都拉斯的激烈競爭。瓜地馬拉的優勢在於它有疲軟的勞動力市場*且國家失能，但宏都拉斯具備一個或許讓組織犯罪集團更重視的因素：易於勾結、肯予通融的政府。

一九九四年，美國商人艾倫．羅森（Alan Rosen）前往宏都拉斯旅遊時聽到極不尋常的一個商機。他從朋友口中得知，一名從宏國軍隊退役的上校在兜售一塊月球岩石，喊價到一百萬美元。羅森離開宏都拉斯時，對這個「機會」仍然有所困惑，但是卻很感興趣。他回美國之後幾經研究，發現月球岩石可賣到遠高於前述的價格，因此隔年又前往宏都拉斯，敲定與上校會面，而上校似乎很想做成這筆交易。這塊石頭其實很像一顆鵝卵石，重量不超過一公克。一九七三年，時任美國總統的理查．尼克森（Richard Nixon）為表示善意，將它贈與宏都拉斯國民*。這塊岩石被包在壓克力塑膠（acrylic，丙烯酸聚合物）球體內，安置於一塊木板上，下方有一面宏都拉斯國旗。上校直說他有權出售月球岩塊。羅森最終將售價從一百萬美元砍到只剩五萬美元。不僅如此，他還說服上校，讓他僅支付一萬美元的頭款和提供一輛宣稱價值一萬五千美元的冷藏貨運卡車（refrigerated truck）便將岩石拿走。

羅森返美之後，請一名哈佛大學教授檢測岩石，教授確認這塊石頭來自於月球。有了專家認證，羅森便開始尋找願意收藏的買家。他在報紙上刊登措辭謹慎的廣告，幾年之後終於找到了買家，但是他前往邁阿密會見這位買家時，卻發現對方竟然是警方密探。這塊石頭被扣押並交還給宏都拉斯政府。這個古怪的故事被詳細記錄於美國法律史上名稱最奇特的案例之中：《美利堅合眾國與一個包含月球物質（一塊月球岩石）的路賽特球體和一個寬十英寸、長十四英寸的木板》〔*United States of America v. One Lucite Ball Containing Lunar Material*（*One Moon Rock*）*and One Ten Inch by Fourteen Inch Wooden Plaque*〕。*

---

* 指市場暫時飽和，供過於求。
* 一九七二年，美國太空人發現極為重要的月球岩塊，希望將其分送各國替人類祈求和平。這塊岩石被標成「70017 號月球玄武岩」，亦稱為「友善石」。這塊月岩被帶回地球之後，便被切分成許多小碎塊。尼克森總統在一九七三年作為友好的象徵，贈送給世界各國和美國的各州與屬地。

宏國部隊的高級官員竟會出售月球岩石，那麼只要價格談得妥，他們還有什麼不敢賣的？毒品卡特爾考慮離岸委外地點時，最看重當地政府對他們這種海外直接投資的開放態度。卡特爾若想要建立穩妥的據點，結交政府高層人士至關重要。如果能串通國防部官員，確保士兵不會巡邏某個地區，或者雷達會在某段時間關閉，在農村周圍建立工廠、清理登陸帶或移動一群全副武裝的準軍事組織人員便容易得多。因此，與政府保持良好關係對非法企業而言比對合法企業更為重要。

只要談到公共部門的腐敗，很少國家比宏都拉斯更墮落。該國是最正牌的「香蕉共和國」（banana republic）*。之所以有這種稱號，乃是因為在十九世紀時，前往當地從事貿易的外國水果公司很容易賄賂當地政客並對其發號施令。一九七四年，宏國總統被指控收受美國聯合果品公司（United Fruit Company）*一百二十五萬美元的賄賂而降低某些出口關稅，因此遭到罷黜。近幾十年來，貪污腐敗牽涉的是毒品而非水果。各種高階軍官因走私毒品而被定罪，政府高級官員被指控對毒品走私視而不見（偶爾甚至參與販毒）。一九八八年，宏都拉斯駐巴拿馬大使在邁阿密國際機場遭到逮捕，因為他攜帶將近十二公斤的古柯鹼。

政治不穩定會助長這類政治犯罪。在過去的半個世紀裡，宏都拉斯歷經三次軍事政變，每回政變後都得成立新的臨時政府，某些官員便會販毒、剽竊社會保障基金或出售月球岩石來快速撈錢。從卡特爾的角度而言，這是勾結政府官員的大好國度。

宏都拉斯首都德古西加巴（Tegucigalpa）充滿錯落雜亂的房舍。我在某個悶熱的日子裡前來此地拜訪龐培伊歐・博尼利亞・雷耶斯（Pompeyo Bonilla Reyes）。他是宏國公務過於繁忙的安全部長。德古西加巴建在古老的銀礦場上，城區街道狹窄而密集，社區散落於山坡，攢聚於深邃的溝壑。我進入總統府（casa presidencial）之後，穿過一群衣著鮮豔的加利福納（Garifuna）女人（她們來自宏都拉斯通用英語的加勒比海岸），接著經過一處樹影婆娑的庭院，進入一個房間與博尼利亞碰面。他穿著西裝而非軍裝，但身姿英挺，猶如閱兵場的士兵。博尼利亞下顎方闊且鼻子扁平，但是眼神嚴肅，知道必須勝過卡特爾才能存活，坐這個位子更得如此才能夠保命。幾年之前，宏都拉斯的毒品沙皇胡利安・阿里斯蒂德斯・岡薩雷斯（Julián Aristides González）送女兒上學之後，被兩名騎摩托車的

＊ 中南美洲小國的稱號。

＊ 如今改名為金吉達品牌國際公司（Chiquita Brands International Inc.）。

男子槍殺。他原定於兩個月之後退休，正打算把家人遷到加拿大的安全地區。據說除掉他的是錫那羅亞卡特爾。

我與博尼利亞會面之際，宏都拉斯警察正進行另一輪「淨化」（depuración），亦即審核（vetting），以便清除腐敗警員。該計畫的代號是「閃電行動」（Operation Lightning），但是進展緩慢：清除數個月之後，僅從一萬四千人之中評估了五百七十名警官。在被審核的警員之中，有一百五十人被解職，壞蘋果的比例之高，高到令人絕望。宏都拉斯怎麼會如此腐敗？博尼利亞部長解釋：「這是因為我們的地理位置。」宏都拉斯恰好位於中美洲的中部，夾在南美洲古柯鹼生產國和需索無度的美國消費者之間。他說道：「我們位於吸毒者與製毒者之間。從邏輯上來講，我們是一個貿易廊道。」

如果沒有當地警方包庇，最近被查獲的古柯鹼實驗室根本很難運作。萬一有大型製毒工廠在他們的眼皮底下設立，這些警察應該會留意（然而，這點可能無望）。宏都拉斯組織犯罪之所以猖獗，其中一項原因是警察薪水極低，罪犯可以買通警察，將他們納入麾下。匪徒發現行賄收買墨西哥警察比賄賂美國警察更便宜，而收買宏都拉斯警察又比行賄墨西哥警察更容易。宏都拉斯警察每個月的收入不到三百美元，卡特爾可以輕易彌補他們薪資的不足，使警察對他們運毒或製毒行徑視而不見。

如果警察或士兵能夠抵擋誘惑，謀殺他們也很便宜。墨西哥人委外之後，已經不向當地承包人支付現金，而是改用毒品付錢。承包人可將毒品賣給當地的「潘迪亞」（pandilla），亦即街頭幫派。昔日羅馬士兵所獲得的「工資」是鹽，這種高價值物品易於運輸，跨國界的外國人也都知道鹽的價值。同理，毒販如今也發現用古柯鹼支付薪水很方便，這跟上述的道理是相同的。這種現代薪資（或許應該稱它為可卡麗（cocary）*已經衍生出充斥暴力的當地零售市場，因為幫派會在街角兜售毒品。當地的「潘迪亞」冤冤相報而互相砍殺時（根據西班牙文的商業短語，這就是「調整他們的帳戶」（adjusting their accounts）*，謀殺率便跟著飆升。根據聯合國的統計，在二〇一三年，每一千名宏都拉斯人就有將近一人被殺，這是高居全球第一的謀殺率。暴力氾濫的程度令人難以置信：我推算該國男子在一生中被謀殺的機率之後，發現估算數字超過《經濟學人》研究部門的數字，因

* 由cocaine（古柯鹼）與salary（薪資）合創的字。

* 此為會計術語，意思是列出特定時期的全部貸項與借項，過帳時便可清楚知道債務人和債權人的總數。作者應指黑幫火拼時會記仇，有冤報冤，有仇報仇。

此懷疑自己算錯了。然而，事實證明我算的沒錯：按照目前的謀殺率，一名普通的宏都拉斯人終其一生遭到謀殺的機率是九分之一，真是令人吃驚。[6]被殺的人數太多，多到警探無法調查清楚許多的謀殺案。

博尼利亞堅信他的政府會打贏這場戰役，而且宏都拉斯還沒墮落成一個「失敗國家」，而如今愈來愈多人用這個術語稱呼這個國家。他說道：「這裡沒有控制好犯罪局勢」。幫派「在某些地區經營得非常好，但我國政府沒有喪失任何一個城市的主控權。」

這點與瓜地馬拉的情況一樣值得商榷。根據美國國務院的估計，在二〇一二年，從南美洲走私古柯鹼的飛機有四分之三降落於宏都拉斯。[7]宏都拉斯上次發生政變是在二〇〇九年，當時該國總統*在凌晨被軍方強迫離開寓所，還穿著睡衣就搭上飛往哥斯大黎加（Costa Rica）的單程飛機。宏國政變之後，運毒航次便急遽增加。民眾隔天抗議政變時，該國警察被命令緊急前往首都以維持秩序。如此一來，原本防務空虛的蚊子海岸就更乏人管轄，讓毒販得以潛入該區。

某些古柯鹼是靠船運。當地漁民使用全球定位系統（GPS）技術去收集近海的「白龍蝦」（white lobster，海岸民眾對古柯鹼的戲稱）藏匿物。其他毒品則是由輕型飛機（通常是賽斯納征服者號（Cessna Conquests）或是豪客比奇公爵號

（Beechcraft Dukes）〕運送，飛機會停在原始的叢林空地上，當地農民收取一些錢之後會不斷整理與隱藏這些空地。[8]美國的空中運輸數據指出，二〇〇九年的宏國政變之後，大批的輕型飛機便開始從委內瑞拉起飛，前往宏都拉斯荒涼的加勒比海岸。由於著陸地帶崎嶇不平，飛機經常墜毀。一架飛機要價數十萬美元，這種損失似乎很嚴重。然而，古柯鹼的經濟利益龐大，這種損失算不了什麼。如同在安第斯山脈銷毀古柯樹幾乎不會衝擊美國的毒品零售價格，偶爾摔掉一、二架飛機也不會影響卡特爾的財務狀況。要價五十萬美元的輕型飛機可攜帶五百公斤左右的古柯鹼，而飛機折損之後，走私每公斤毒品的成本會提高一千美元。這些毒品一旦抵達美國，售價便可超過十萬美元。因此，即便卡特爾每回走私時都得摔掉一架飛機，毒品的零售價也只會上漲不到百分之一。[9]

一項針對瓜地馬拉的有趣研究透露出這種祕密空運走私毒品的範圍。貝登（Petén）*是瓜地馬拉最靠北的省分，乃是一大片叢林荒野，卡特爾最常在此地出沒。瓜地馬拉弗朗西斯科．馬羅金大學（Francisco Marroquín University）的米

---

* 即賽拉亞。
* 貝登省是瓜國面積最大的省分，約占整個國土的三分之一。

格爾・卡斯帝洛（Miguel Castillo）研究貝登省的土地所有權之後發現，有人（不確定是誰）正以驚人的速度購買貝登省的土地。從二〇〇五年到二〇一〇年，貝登省轄下的薩亞斯切市（Sayaxche）有百分之九十的土地易手。附近聖荷西（San José）的易手比例為百分之七十五，在拉利伯塔德（La Libertad，「椰子」牧場大屠殺慘案的發生地點），數字為百分之六十九。[10]購買大片土地，不但可鋪設飛機跑道、設立精煉毒品的實驗室以及開闢訓練營地，還能便於洗錢。在這個區域，大部分的土地都被農民占據，但這些人卻沒有合法法律文件可證明其土地所有權，因此說服農民出售土地並不困難——甚至在使用「椰子」牧場的恐怖手段之前，便能有效說服他們。

・・・・・・・・

由於離岸委外盛行，各家執行長徹底改變了對本身企業的看法。曾幾何時，企業只會鎖定某個國家（或某一洲），企業如今願意到經商環境最好的地區投資。通用電氣的前執行長傑克・威爾許（Jack Welch）曾經幻想，一家公司若能將工廠設置於大型平底船上，工廠便能環繞世界，隨時停靠於具備最佳經商環境的國家。

陶氏化學（Dow Chemical）前董事長卡爾．葛斯道（Carl Gerstacker）也有過類似想法，曾經說道：「我一直想買個沒有國家管控的小島，在這種真正中立的島上設立陶氏化學的全球總部，不欠任何國家或社會的（人情）債。」對於大膽思考、格局宏大的執行長而言，國家疆界是屬於二十世紀的陳舊觀念。

當然，毒品卡特爾在這個領域領先普通企業一步。毒販不認為國際邊界有何意義，其商業模式完全無視於這種限制。卡爾．葛斯道幻想擁有一個私人小島，不受國家法律或政府控管，而毒梟巴布羅．艾斯科巴的美裔哥倫比亞人同夥卡洛斯．萊德早就落實了葛斯道的夢想。他曾買了巴哈馬群島的某個小島*，從一九七八年起便以該島為基地，利用飛機將古柯鹼走私到美國。即使離岸委外尚未大行其道之前，毒品貿易也代表早期全球化的標竿。隨著世界貿易於十九世紀開啟，古板的維多利亞時代的英國人（Victorian）便在交易茶和香料時順道販賣毒品。英國曾與中國開戰兩次*，藉此維繫國際鴉片貿易。與此同時，西方消費者開始嘗試進口

* 諾曼礁。

* 第一次鴉片戰爭發生於一八三九年，當時欽差大臣林則徐奉道光皇帝聖旨於廣東東莞收繳鴉片，先於虎門銷煙，英國因此發動戰爭，最終擊敗清朝而迫使清廷簽訂《南京條約》。第二次鴉片戰爭發生於一八五六年，英法兩國欲謀取更大利益，以亞羅號事件和西林教案為導火線而入侵中國。

的毒品。據說英國作家查爾斯．狄更斯（Charles Dickens）喜愛抽鴉片；在維也納（Vienna），西格蒙．佛洛伊德（Sigmund Freud）一口接一口吸食古柯鹼，才會給他的女友瑪莎．伯尼斯（Martha Bernays）寫荒唐輕挑的情書（我的小公主，當我來時，妳就遭殃了。我會吻到妳面紅耳赤，把妳餵到豐滿圓潤。妳若能洞燭機先，便知道誰更強壯：是飯吃不夠而溫柔纖細的小女孩，或者體內有古柯鹼的壯碩狂野女人。）[11]

長期以來，毒梟一直認為機會無窮。然而，他們如何確定要在哪裡販毒？正如我們所見，他們可在瓜地馬拉與宏都拉斯等國上下其手。儘管如此，在這兩國之間抉擇，或者在它們的中美洲鄰國之間抉擇，其實並不容易。

普通的跨國公司也得作出同樣的決定，而企業會仔細逐一研究各國的分析報告後作決策。各地官僚和商人焦急等待的最具影響力報告，或許是世界銀行（World Bank）每年發布的研究資料。〈經商環境報告〉（Doing Business）是一份長達三百頁的文件，充滿表格和圖表，看似枯燥無味，實則能讓全球的董事會和財政部門興高采烈或深感絕望。在〈經商環境報告〉之中，世界銀行的專家會對近二百個國家進行排名，指出他們讓企業經商的難易程度。例如，報告會指出註冊新公司需要多久（紐西蘭只要半天，委內瑞拉則要一百四十四天），以及企業若想進口某項產品，必須填寫多少表格（愛爾蘭只要求企業填兩種表格，但是中非共和國卻要求公司填寫十七種表格，真是令人頭痛）。國家若能在〈經商環境報告〉取得好成績，便能吸引大批外國投資，反觀若是積分不佳，外國企業就會撤離。各國政府都喜歡吹噓自己的國家超越相同地區的競爭對手：如果你出差訪問墨西哥，很可能有人會在你離開機場之前，告訴你墨西哥的排名高於巴西。這份報告催生了許多類似報告：例如，世界經濟論壇（World Economic Forum，WEF）會公布它的〈全球競爭力報告〉（Global Competitiveness Report），而這份報告是以類似方法提供更加詳細的世界排名。

跨國公司決定下一步應該在哪個地方投資時都會仔細研究前述指數。假使美國內衣大亨準備開下一間工廠，他知道中美洲工資低廉又鄰近美國。然而，他應該選擇哪個國家？大亨從〈經商環境報告〉中得知，若要設立工廠，在瓜地馬拉需要一百五十八天，在薩爾瓦多需要一百一十五天，而在宏都拉斯只需八十二天。在薩爾瓦多報稅一年要花三百二十小時，在瓜地馬拉要花二百五十六小時，而在宏都拉斯要花二百二十四小時。根據某些考量之後，在宏都拉斯做生意比較容易，這就是為何外資工廠正迅速蠶食聖佩德羅蘇拉附近的叢林。

當然，毒品卡特爾偶爾的優先事項是不同的，比如他們並不在意要花多少時間報稅。然而，奇怪的是，世界銀行和世界經濟論壇製作的指數能夠提供有用的線索，指出毒梟可能會在哪裡拓展勢力。只要反向思考，便能看出箇中端倪。

舉〈全球競爭力報告〉為例。該報告計分卡的第一部分專門評估公共機構。對於普通企業而言，投資國最好具備強大的國家機構（法院、警察和議會等）。如果公司每次申請計畫許可都得不斷行賄，業務就會受阻而放緩。假使競爭對手可以祕密買通法官，使其作出對他們有利的判決，企業便無法履行合約。對卡特爾而言，情況恰恰相反：公共機構薄弱的國家正是擴展地盤的理想地區。世界經濟論壇的排名真是替販毒集團設想周到，其分析師評估各國時，會考慮行賂的接受度、法官有多麼腐敗，以及警察可不可靠，甚至會指出該國現有的組織犯罪情況。毒品卡特爾只需參考指數，便能知道在哪裡最容易讓自身武力勝過當地警察、賄賂法官，以及讓商業團體幫他們洗錢。

我決定做個小實驗，利用世界經濟論壇的數據來編纂臨時的〈卡特爾競爭力報告〉（Cartel Competitiveness Report）。我挑選了組織犯罪集團最感興趣的九種特質：公共資金的轉移、對政客的信任、賄賂、司法獨立、政府決策的偏好、犯罪和暴力的商業成本、組織犯罪的情況、警察的可靠度，以及公司的道德行為。在這些類別中，世界經濟論壇會給各國一到七分的分數。七分通常是最好的，一分就是最差的。對卡特爾而言（毒販喜歡賄賂政客、恐嚇法官與智取警察），分數要倒過來看。

將這種分析應用於中美洲，便可明顯看出巨大的落差（請參閱下頁圖5.1）。組織犯罪集團最難開展業務的地區是哥斯大黎加（Costa Rica），因為該國素以法官獨立和警察可靠而著稱，令毒販厭煩。鄰國巴拿馬（Panama）也是讓匪徒難以施展的國度：它也有令毒販討厭的優良警力，而且很難買通當地企業。尼加拉瓜（Nicaragua）同樣無望，據說該國的私營部門不必花費太多錢來自我防衛。瓜地馬拉和宏都拉斯應該是讓犯罪企業感覺最溫暖的地方，兩國的平均得分低於三分。瓜地馬拉因為有全球最不值得信賴的政客而脫穎而出，而宏都拉斯的企業指出，他們因為犯罪和暴力而付出巨大的代價。墨西哥卡特爾若想設立海外基地，首先應該進駐這兩個國家。

能否從經驗來證明這一點？很難準確評估各國的毒販委外運作情況。然而，犯罪活動的另一種衡量標準是暴力。只要卡特爾進駐，暴力情況往往會加劇。從謀殺率來看，在幫派最容易拓展勢力的國家，犯罪案件確實增加。根據中美洲的標準，哥斯大黎加、巴拿馬和尼加拉瓜的謀殺率相當低，表示卡特爾在這些國家較不活躍。相較之下，薩爾瓦多、瓜地馬拉和宏都拉斯的暴力發生率要高得多。[12]

圖5.1 卡特爾競爭力報告

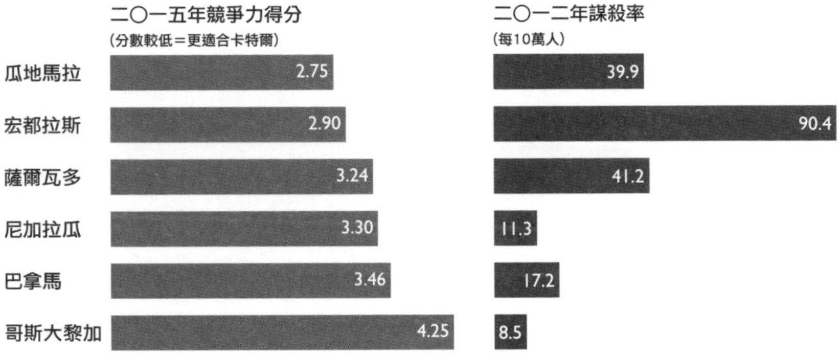

註解：不包括人口僅三十萬的貝里斯（Belize）。世界經濟論壇不收集該國數據。
資料來源：二〇一五年世界經濟論壇數據；聯合國毒品和犯罪問題辦公室（UNODC）二〇一二年數據。

販毒集團的離岸活動很難遏止，而且顛覆世界經濟論壇的數據可能稍嫌不妥。然而，這樣可表露一種嚴肅的現象。世界銀行〈經商環境報告〉之類的指數提供了簡單、低廉且可實現的指南，同時獎勵遵循這些原則的國家，進而深刻影響了各國的運作方式。為何不在安全領域做類似事情呢？某些組織已經進行了類似研究：例如，國際透明組織（Transparency International）會公布年度「腐敗感知指數」（corruption perceptions index）*，該指數要羞辱各國，迫使其更努力去打擊貪污。然而，這個指數是基於商人的調查結果，無法清楚指出各國該如何做才能有所改善。相較之下，〈經商環境報告〉評估具體事實（比如為了取得電力，需要填寫多少表格），並且提出簡單可行的建議。

仿效〈經商環境報告〉並在安全領域上多做一些事並不困難。這種指數可以記錄人均警察數、警察薪資與全國平均水平的百分比、是否通過允許引渡和監聽的法律，以及槍支管制法規的嚴格程度。只能逐步解決中美洲吸引犯罪分子的某些因素，例如龐大而廉價的勞動力市場，但其他的因素卻更容易處理。長期以來，宏都拉斯禁止引渡其公民，最近卻放寬限制，因此罪犯要面對的不是當地柔弱的檢察官，而是美國嚴厲的司法審判和恐怖的監獄。瓜地馬拉招聘警察時已開始使用測謊儀（polygraph，又稱為多頻道生理記錄儀），這是遏止腐敗的一小步。仍有許多輕而易舉便可獲取的成果，比如該國多數地區的槍支管制法規仍然非常寬鬆。記錄、添加和公布前述的指數訊息可鼓勵各國政府改進績效，同時替他們提供有用的待辦事項清單。

＊又稱「清廉印象指數」，乃是就各國民眾對於當地腐敗情況主觀認知的排名。清廉印象指數評分愈高，表示認知腐敗程度愈低。

與此同時，國際販毒集團肆虐中美洲等地，當地有愈來愈多民眾呼籲政府採取新措施去解決毒品問題。我與瓜地馬拉總統柯洛姆會面一年之後，又面見了他的繼任者奧托．佩雷斯．莫利納（Otto Pérez Molina）。柯洛姆說話柔和、舉止溫吞，而佩雷斯．莫利納截然不同，他是退役的軍事情報機關頭目，昂首闊步且說話清晰響亮。在總統競選期間，莫利納的鮮橙色海報張貼於全國各處，海報中的他用犀利的目光俯視芸芸眾生。他承諾要用「馬諾杜拉」（mano dura）*打擊犯罪，我發現這個詞適合用來描述他與人握手的方式。莫利納就職之後不久，我便在墨西哥世界經濟論壇的某個會議上看見他。他發表了令觀眾震驚的演講。

莫利納以馬諾杜拉口號競選，許多人誤以為他會嚴厲打擊毒品交易。令人訝異的是，他擔任總統之後，態度卻出現一百八十度的轉變，宣布他其實贊成使所有毒品合法化。他曾是軍人，多年來努力以武力剷除毒販，他對停火的呼籲確實有影響力。莫利納對世界經濟論壇的聽眾說道：「二十年前，我擔任瓜地馬拉的情報局局長……。我們非常成功。查扣了大批古柯鹼，剷除了大麻種植園。當時有許多毒梟被逮捕。二十年之後，我擔任瓜地馬拉的總統，但我發現販毒組織的勢力更龐大了。」他後來告訴我，西方政策制定者必須承認，目前以武力鎮壓毒販，卻讓許多不吸毒的人傷亡。莫利納指出：「如今，美國有人因為吸食古柯鹼而喪命，但有更多人則因為販毒及其衍生的暴力而在中美洲死亡。」他的呼籲得到鄰國的響應：哥斯大黎加已經將大麻合法化，同時呼籲國際社會重新考慮打擊毒品的做法。佩雷斯．莫利納在二〇一五年因身陷貪汙醜聞而辭職下台，但顯然與毒品無關。然而，他在中美洲引發的毒品爭論卻持續良久，表示無論右翼或左翼都有人呼籲重新檢討毒品戰爭。

卡特爾離岸委外到中美洲，短期內可利用當地廉價的勞動力和寬鬆的監管環境來有效降低成本。然而，如同在合法經濟中的離岸委外一樣，毒梟此舉正影響中美洲政局。在新的受災國度，暴力事件飆升，因此更多人呼籲西方以新的方式處理毒品問題。有一群新聯合的國家（某些國家的政府直言不諱）正徹底改變監管販毒的方式。此外，由於組織犯罪集團能夠輕易從墨西哥轉移到中美洲，倡導毒品戰爭的人甚至被迫承認，在某個地方壓制毒品交易，就會讓毒販流竄到其他地區。然而，從長遠來看，販毒產業的離岸委外做法有可能會重創卡特爾。

＊ mano dura 直譯為「鐵拳」（iron fist）亦即鐵腕手段。

6
Chapter

加盟連鎖的好處與風險

犯罪集團如何仿效麥當勞

讓犯罪品牌連鎖加盟，向來是毒品卡特爾的成功戰略。
某些犯罪組織可藉此迅速擴張，同時多角化經營，
不僅可販毒謀利，亦能從事各種非法行徑賺錢。
地區支部能夠立即獲得品牌認知，
因此更容易敲詐或恐嚇得手，撈取更多黑心錢。

「王八蛋，我跟你把話挑明了說。」

這條來自他女兒帳號的訊息閃現於里卡多（Ricardo）的臉書頁面，但發簡訊的顯然另有他人。

匪徒繼續威脅，寫道：「我們一直盯著你的小公主。我們知道她住哪裡，也知道她什麼時候上學。」細節清清楚楚，表示這傢伙和同夥不斷監視里卡多女兒的一舉一動。簡訊最後要里卡多把二萬披索（約一千三百五十美元）匯到墨西哥的銀行帳戶。匪徒警告里卡多，他若敢不從，「我就叫正在路邊車內監視你女兒的人進去擄走她，你就再也見不到她了。」[1]

匪徒以前會寫「惡意匿名信」（poison pen letter），趁著夜深人靜把信偷偷塞到門縫底下勒索；爾後改變犯罪手法，開始打匿名電話恐嚇。如今，歹徒通常會透過社交媒體，不僅同樣能匿名勒索，還能竊取受害者親友的個資與照片，著實令人厭惡。

無論是寫信、打電話或透過網路威脅，策略始終不變。受害者知道歹徒有可能虛張聲勢，卻也害怕可能確有其事。墨西哥每年有一千多起綁架記錄案，另有數千起未向警方報案。[2]包括里卡多在內的多數民眾會保持冷靜並向警方報案，然後再也不會接到勒索訊息。但是，有些人並不那麼勇敢。

勒索這行蓬勃發展，因為威脅別人的成本極低，即使回應率（response rate）不高，也照樣能活下去。傳送簡訊不用錢，撥打電話很便宜，而歹徒通常會僱用囚犯，叫他們用走私的手機從監獄打電話威脅民眾。此外，遭起訴的風險微乎其微（里卡多向墨西哥市警方報案，告知警察勒索者的銀行帳戶，但警察仍然抓不到匪徒）。因此，即使回應率很低，勒索還是有賺頭。

如此一來，勒索便類似於發送垃圾郵件。只要收到郵件，說要分享一位死去奈及利亞人的遺產或便宜的威而鋼（Viagra），一般人通常都會按下刪除鈕。但是，少數人就是會上當。加州大學柏克萊分校（University of California–Berkeley）和加州大學聖地牙哥分校（UC–San Diego）的電腦專家曾經攔截（hijack）一個運作中的垃圾郵件網路，從中瞭解歹徒如何犯案。他們發現，發送垃圾郵件販售「草本催情劑」（herbal aphrodisiacs）假貨，每發送一千二百五十萬封電子郵件才能得手一次：回應率為百分之〇．〇〇〇〇一。每筆銷售的平均金額不到一百美元，看起來似乎不好賺。不過，發送電子郵件極為便宜且容易（詐騙者會綁架某個網路，利用殭屍電腦免費發送垃圾郵件），所以垃圾郵件發送者（spammer）還是能大撈一筆。研究人員發現，這些歹徒每天發送數億封電子郵件，一天大約可賺取七千美元，等於每年可賺二百五十萬美元。[3]

勒索者的成本略高於垃圾郵件發送者的支出，面臨的風險也更大（雖然根本無法靠墨西哥警方逮住他們），因此回應率必須比較高，才能夠賺到錢。回應率要高，就必須搞得有模有樣：民眾要怕勒索者，才會被迫給錢。因此，為了向受害者展現他們是來真的，敲詐勒索的騙子總會想方設法讓自己聽起來更令人恐懼。

組織犯罪集團就會在此時介入。本地歹徒需要公認的犯罪品牌，以便讓受害者心生恐懼，然後乖乖付錢。與此同時，野心勃勃的毒品卡特爾也在市場上尋找廉價而快速的方法來擴張帝國版圖。兩者剛好一拍即合：本地歹徒可以狐假虎威，打著卡特爾的名號犯案，卡特爾也可獲取幫手從中獲益。有些人發現，小咖匪徒與大型組織犯罪集團若要結盟，最好簽訂特許加盟協議（franchise agreement）＊。

• • • • •

最早的加盟連鎖「權利金／使用費」（royalties）其實是支付給君主。英文 franchise

＊原指製造商或企業給予經銷商在某個地區分銷其產品的特許權，從中獲取部分收益，作為允許該特許權的報酬。

源自於法語 franche，意思為「不受約束」（free）或「豁免」（exempt）。中世紀的國王授予經營特許權，允許臣民從事某項事務（譬如開闢道路、設置市場或徵收稅金）並命其上繳錢銀作為奉納。如今所謂的加盟連鎖於十九世紀的商場名噪一時。當時勝家縫紉機（Singer）給予旗下銷售人員在美國特定地區販售產品的專營權，以換取部分的銷售金額當作收益。這種構想在一九五〇年代大行其道，麥當勞（McDonald's）與漢堡王（Burger King）等大型連鎖企業紛紛運用特許加盟來快速拓展市場，以便擷取二戰後經濟繁榮的果實。如今，美國約有五十萬家連鎖加盟的企業。在連鎖加盟產業中，最龐大的是汽車經銷商、加油站和零售商店，當然旅館也不例外。[4]

我們現在可以把組織犯罪集團加入前述清單。犯罪集團運作時通常採取迥異於加盟企業的原則。販毒集團以往堅持從上到下嚴格管理，老大只有一個，手握大權，顧盼自豪，睥睨唯命是從的屬下。然而，某些墨西哥卡特爾近來將權力徹底下放。墨國毒梟猶如二戰後的漢堡連鎖店，在過去二十年大肆擴張勢力版圖。一九九〇年代，墨國毒販只是哥倫比亞卡特爾的小弟。後者僱用前者將毒品從墨西哥走私到美國。然而，哥倫比亞在一九九〇年代大舉打擊犯罪，加上該國像是巴布羅·艾斯科巴之流的諸多毒梟身亡，墨西哥毒販便趁機掌握大部分的販毒價值鏈。他們不會只聽命於哥倫比亞人，反而監督從生產到分銷的整個過程。

版圖擴張最快的是齊塔斯。在二〇一〇年之前，人們幾乎不把他們視為毒品卡特爾，認為這個幫派只是準軍事（paramilitary）集團，專門替「海灣卡特爾」執法。然而，齊塔斯在二〇一〇年與海灣卡特爾分道揚鑣之後，便持續以驚人速度成長，勢力遍及墨西哥東部，沿著中美洲加勒比海沿岸掠奪版圖。根據近期的報導，他們已經與義大利黑手黨「光榮會」（'Ndrangheta，納拉何塔家族）搭上線。齊塔斯確實是組織犯罪界的麥當勞，在某些地區的每個城鎮都有分支機構。

齊塔斯猶如裝了渦輪引擎而迅速拓展版圖。為了籌措擴張資金，他們採用一種特許加盟模式。聯合國毒品和犯罪問題辦公室（UN's Office on Drugs and Crime, UNODC）的區域負責人最近提出一項分析報告[5]，指出齊塔斯決定不派代表進駐新市場來從頭開始設立犯罪前哨站，而是吸收當地匪徒，使其進入俱樂部，作為加盟商。齊塔斯的偵察兵會前往新地區，找到當地最管用的罪犯。這份聯合國報告寫道：「母細胞（mother cell）會向這些歹徒提供某種特許加盟權，允許他們使用齊塔斯的名號。」此外，齊塔斯的中央指揮部提供「加盟方案」（affiliation package）時，還會替入夥匪徒提供軍事訓練，偶爾甚至提供武器。加盟匪徒要向中央組織上繳部分收入，並且要締結「團結協定」（solidarity pact）。假使齊塔斯與其他卡特爾起衝突，他們就得出手相助。

兩造雙方撈取的好處類似於普通商場加盟業主（franchiser）和加盟者（franchisee，業界俗稱加盟主）獲得的利益。加盟企業可讓加盟主自籌資金，藉此快速成長。麥當勞要求加盟主購買他們經營的速食店，並且規定業主至少必須有七十五萬美元的可運用資金，他們才有資格購買特許經營權。如此一來，麥當勞就可快速擴大營收，無須替新資產付出成本（麥當勞在全球有三萬五千家分店，其中百分之八十五是加盟主持有，而非麥當勞的資產）。對齊塔斯而言，這項原則更為重要。他們是地下幫派，很難獲得信貸，因此特別希望加入麾下的匪徒能自籌資金。

此外，加盟業主能夠利用加盟者的創業動態（entrepreneurial dynamism）。齊塔斯的加盟匪徒不僅是一名員工（或者一臺龐大機器的一顆齒輪），必須負責從分配的地盤盡量榨取錢財。加盟的幫派分子承擔了這項責任，便具備了「管理態度」（managerial attitude）。最有影響力的管理大師彼得．杜拉克（Peter Drucker）曾描述這種態度，認為它比薪酬或技能更為重要，「能夠讓個體從經理的角度看待其職位、工作與產品，亦即從他與整個團體和產品的關係去切入。」[6]加盟者也能引進當地知識，而這對犯罪集團和漢堡企業有同等的價值。黑幫或許更看重這點，因為幫派能否興旺，端賴他們能否與執法者沆瀣一氣，而當地匪徒比較容易勾結該區的執法單位。同理，加盟匪徒也能借助於母組織的專業知識。加盟的部分協議是加盟業主要將它的成功「祕訣」傳給加盟者，無論是炸薯條的訣竅或製造汽車炸彈的方法。

最重要的加盟因素或許是品牌。麥當勞並非烹調最美味的食物來征服全世界：這家速食店能夠打遍天下無敵手，只因為能提供味道一致的速食。麥當勞的總部位於美國伊利諾州（Illinois）的奧克布魯克（Oak Brook），當地賣的大麥克漢堡（Big Mac）和曼谷或北京的大麥克漢堡幾乎一模一樣。在這些城市能吃到的最好餐點，肯定不是這款漢堡，而且它甚至不是最物超所值的；但消費者知道，只要掛著金色拱門的麥當勞連鎖店都能夠提供達到基本品質的速食。加盟主想要的，正是他們原本得辛苦經營的聲譽。麥當勞贊助奧運會或請美國創作歌手賈斯汀．提姆布萊克（Justin Timberlake）打廣告時，每個特許經營店都能從中獲益。

若想瞭解黑社會如何運用這點（黑幫品牌），不妨去參觀墨西哥市富裕郊區一間名為羅克西（Roxy）的「內北利亞」（nevería，冰淇淋店）。這是墨西哥的老牌冰店：它成立於一九四六年，似乎從成立至今，店面裝潢都沒有太大的更動，有旋轉的酒吧椅和糖果條紋的遮陽篷。不久之前，羅克西遭人勒索。一名男子搭計程車到這家冰店，遞上一個裝有錄音機的信封，錄音機錄有一段勒索店家二十五萬披索（一萬七千美元）的訊息。錄音的人指出，如果不付款，經理的家人會受害，或許還會發生更糟的事。這段錄音由「胡安．巴列斯特羅指揮官」（Comandante Juan Ballesteros）背書，他自稱是墨西哥毒品卡特爾米喬肯家族的當地代理人。如果沒有這位仁兄出面，可能沒有人會認真看待這段警告訊息（或者墨西哥市的報紙根本不會報導此事）。

錄音帶提到米喬肯家族，立即便展現威脅力道。勒索者或許並非特別凶狠或是會攜帶半自動步槍（assault rifle）耀武揚威。然而，米喬肯家族惡名昭彰，曾在墨西哥米卻肯州的一間夜總會舞池拋擲五顆被砍斷的人頭，因此羅克西的店員知道他們面對的是狠角色。勒索者與米喬肯家族的出名招牌掛勾，就是要提高回應率，以便撈更多不義之財。（在羅克西的案例中，這項威脅適得其反：店長非常果敢、勇於報警，警察後來圍捕了涉嫌勒索的匪徒。）

從加盟連鎖模式來看，也能解釋齊塔斯為何特別喜歡從事令人髮指的野蠻行徑。他們比其他墨西哥黑幫更喜歡拍攝和錄影從斬首到吊死人的罪行。齊塔斯在墨西哥北部從事過一樁恐怖的謀殺案，讓人們對其全球的加盟分子印象更為深刻，這便猶如麥當勞在巴西世界杯的宣傳廣告一樣，足以提升各地連鎖店的魅力。

話雖如此，搭便車當然有危險。許多劫匪和勒索者即便與齊塔斯、米喬肯家族或其他卡特爾根本無關，卻也都聲稱自己與這些黑幫結盟。要使加盟制度發揮作用，犯罪集團必須跟合法公司一樣努力保護其商標。上述的聯合國報告指出，「新細胞（new cell）得負責捍衛齊塔斯的『好名聲』，必須用暴力（殺人）懲罰未經授權就使用齊塔斯商標的歹徒。」所謂的「商標」與「品牌」並非比喻。卡特爾通常都有專屬標識，發給加盟者的制服與裝備上都會印上這些圖案。齊塔斯的標識是一面分為三等份的盾牌，分別印著墨西哥地圖、該黑幫的家鄉塔毛利帕斯州，以及字母Z。在墨西哥和中美洲齊塔斯加盟分子的藏匿處，有人曾搜出印著該集團標識的棒球帽和背包。成為加盟者有另一項好處，就是能以更低價購買各種裝備（從防彈背心到武器、彈藥、車輛），也能大量取得這些物資。麥當勞可以一次訂購數千台烤箱、油炸鍋、收銀機和桌椅，齊塔斯也能夠添購或竊取大量設備，然後分配給旗下成員。若非如此，這些加盟分子可能得花更多錢去購買劣質的國產裝備。

我曾在某個炎熱的日子前往墨西哥北部某座城市，在當地一間緊鄰高檔購物中心的餐廳與某個人碰面。這個人曾經加盟錫那羅亞卡特爾。姑且叫這位仁兄米格爾（Miguel）。他已經五十多歲，個子矮小但精瘦結實，住在山區，一輩子都瞇著眼睛看太陽，因此總是皺著眉頭。我們坐在餐廳外頭的桌子旁，邊吃午餐邊聊天，米格爾話不多，卻小心翼翼地掃視餐廳客人。他來自錫那羅亞州，年輕時成為當地卡特爾的「夥伴」（associate）。米格爾很專業，面帶驕傲，強調自己沒有直接聽命於那個黑幫，他是獲得主要組織的許可辦事。錫那羅亞卡特爾長久以來便是如此，因此不被冠名為卡特爾，而被稱為「錫那羅亞聯邦」（Sinaloa Federation）。米格爾會在半夜起床，徒步前往山區向農民收購大麻，然後把貨帶回錫那羅亞州首府庫利亞坎。他會以液壓泵（hydraulic pump）壓縮大麻，用塑膠袋（polythene，聚乙烯）包裹大麻後把它浸於蠟中，藉此掩蓋大麻的強烈氣味。毒品備妥之後，就等人將其走私出境。

米格爾和走私同夥透過特許經營可自由選擇如何辦事、與他們喜歡的農民打交道、自訂交易數量和價格，而且通常以自己喜好的方式工作。目前在墨西哥南部格瑞羅州（Guerrero）的毒販似乎也有類似的安排。當地種植與處理鴉片罌粟來提煉海洛因*的業務已經移交給獨立的企業家，他們以類似於加盟的方式替卡特爾種植小面積的罌粟。近來，這些團體似乎不斷在爭執。米格爾說，從他那時起局面就已經改觀了，當年競爭的走私犯幾乎不會發生衝突。他指出：「幹這檔事總得冒風險，可能會被警察或軍隊逮捕。」（米格爾曾經失風被逮，蹲了一陣子苦窯，出獄後便退出江湖）。他把某些食物沿著盤子周圍推，說道：「然而，在錫那羅亞，我們與其他卡特爾之間沒有問題。跟他們合作比殺死他們更容易。他們到今天都不明白這一點。」

自從米格爾在馬德雷山脈走私大麻之後，興盛的加盟連鎖制度已經導致販毒產業重組。販毒組織以往只控制供應面，將毒品從甲地走私到乙地，無論怎麼幹都行，只要能成事即可。齊塔斯採用不同模式：他們並非控制路線，而是掌控領土。一旦他們在特定區域（可能是一個小城鎮或整個州）授予特許加盟權，他們都希望當地代表能夠掌控該區的全部犯罪活動，將部分掠奪的戰利品送回齊塔斯的中央指揮部。除了走私毒品，齊塔斯的「細胞」還會在掌控領土上利用當地的關係從事其他犯罪行徑。勒索有利可圖，綁架也很好撈錢。然而，當地的毒品交易占他們收益比例愈來愈高。這種做法衍生一種奇特的副作用，就是卡特爾會聘僱計程車司機。計程車是私人汽車，可自由移動，到處停車載客，極為適合運送毒品

＊將未成熟的罌粟蒴果劃開，流出的乳汁凝固後即為鴉片。由鴉片可提煉出嗎啡這種鴉片生物鹼。海洛因則是由嗎啡與無水醋酸加熱反應後製成。

或載著綁架肉票四處移動。控制城市的計程車值得一試，因此計程車司機經常被人恐嚇。普拉亞德爾卡曼（Playa del Carmen）*的某個計程車司機工會的男廁最近被人張貼了一張字條，上頭寫道：「你可以跑掉，但你無法躲藏：我們會找到你和你的家人。」錫那羅亞黑幫顯然想警告加盟齊塔斯的司機。

在墨西哥的東北部，加盟齊塔斯的匪徒已經在推銷Z牌威士忌，他們會強迫當地酒吧販售這款酒品。這幫惡棍也插手盜版DVD市場，把很黏的Z標籤貼在光碟上打造品牌。耶魯大學（Yale University）管理學院的墨西哥籍教授羅德里戈·卡納萊斯（Rodrigo Canales）認為，這種多角化經營表示齊塔斯在國際販毒產業上沒有頂級人脈（走私毒品的管道）。羅德里戈指出，這幫匪徒背叛了前東家海灣卡特爾，乃是在「背叛」的基礎上成立的。因此，齊塔斯欠缺美國毒品市場的聯繫窗口，不得不另闢財源。[7]

格瑞羅州最近發生墨西哥最嚴重的暴力事件。這個貧窮的州從墨國塵土飛揚的中心地帶一直延伸到鬱鬱蔥蔥的太平洋沿岸，長期以來一直是粗莽簡陋之境，政府權力根本鞭長莫及。西班牙單字guerrero表示「戰士」（warrior）；格瑞羅州的州旗描繪一名前哥倫比亞（pre-Columbian）武士，身披美洲豹皮，揮舞著狼牙棒（spiked club）。近年來，該州的強悍民風得到了印證。在過去十年，謀殺率增加了三倍[8]，阿卡普科的海灘偶爾會出現被海浪沖上岸的頭顱，早已把遊客嚇光。登記在案的被謀殺人數甚多，卻還可能低估當地暴力肆虐的慘況，因為交戰的幫派會設法藏匿屍體。二〇一五年，有人向警方報案，指出某個廢棄火葬場發出惡臭。結果警察在該處找到六十一具腐屍。格瑞羅州近期最受關注的暴力事件，乃是四十三名實習老師在二〇一四年於伊瓜拉（Iguala）鎮失蹤。這件懸案至今未破，真相恐怕永遠成謎*。

有證據指出，格瑞羅州最近陷入混亂，可能是犯罪特許加盟協議破裂。在普通商業世界，加盟主最常投訴的原因是他們必須和同家企業的連鎖加盟者相互競爭。如果對手在附近開店，普通企業通常會提高產品品質或降低售價來迎擊。在特許經營下，這種情況不可能發生：如果一家麥當勞速食店因為是某地的唯一麥當勞分支而生意興隆，但母公司突然宣布要在當地再開兩家連鎖店，原本的速食店將會被新店分食客戶，因為這些分店是以相同價格販售相同產品，毫無競爭可言。

---

* 普拉亞德爾卡曼是位於墨西哥東南部的城市。
* 二〇一八年三月，墨西哥當局宣稱他們已經逮捕涉及這起失蹤事件的關鍵要角，嫌犯是販毒集團 Guerreros Unidos 的成員。據說案發當天，與黑幫勾結的不肖員警把師範大學的四十三個學生交給這名殺手，他在作案後火化遺體，試圖煙滅證據。

一家加盟店要能成功或失敗，關鍵在於領域問題以及附近是否有其他同品牌分店，然而，對加盟業主而言，這點並不重要。母品牌是收取加盟店的部分銷售額（不是利潤）來賺錢。增設加盟店之後，每家店都會分食既有市場，但總銷售額卻能增加。由此看來，加盟業主和加盟店的利益並不一致，使得領域問題會導致衝突。區域經理經常將他們的老闆告上法庭，因為新的特許加盟者「侵犯」（encroachment）了他們。漢堡王、麥當勞、喜來登酒店（Sheraton hotel）與美國美味炸雞公司〔America's Favorite Chicken Company，它擁有大力水手炸雞（Popeyes）〕等連鎖企業都曾被特許加盟者控告，因為這些加盟店不滿新分店過於靠近本身領域。[9]法官在不同的案件下做出不同的判決，有時會承認加盟業主不得在附近增設分店的隱含協議，偶爾則說加盟店得自立自強去賺錢。

當然，在罪犯的特許加盟領域，黑幫沒有訴諸法院的權利。當某個卡特爾過度擴張特許經營權時，匪徒就會訴諸傳統方式解決爭端，譬如拿狼牙棒或其他武器打打殺殺。這種事情或許已經在格瑞羅州爆發。四十三名實習老師失蹤的案件依舊真相不明，但犯案的可能是名叫「聯合戰士」（Guerreros Unidos，又譯「戰士聯盟」）的黑幫。多數分析師指出，這個幫派起初是貝爾特蘭·萊瓦組織（Beltrán Leyva Organization）*在當地的加盟團體。貝爾特蘭·萊瓦是大型卡特爾，在國際間走私多種毒品，其高層是外號「大鬍子」（The Beard）的阿圖羅（Arturo）*所帶領的貝爾特蘭．萊瓦家族。他們在自家領土（集中於格瑞羅州地區）僱用好幾個幫派賣命，但似乎讓太多人加盟。除了管理格瑞羅州北部「熱點地區」（tierra caliente）的「聯合戰士」，貝爾特蘭．萊瓦集團還僱用「紅色」（Rojos）黑幫，使其掌控該州的中部，同時委託自稱「阿卡普科獨立卡特爾」（Independent Cartel of Acapulco）的匪徒管理港口。他們偶爾也會請犯罪組織「松鼠」（Ardillos）與葛拉納多斯（Granados）幫忙。[10]

這些貝爾特蘭．萊瓦的加盟幫派都在格瑞羅州活動，彼此似乎過度競爭。大鬍子阿圖羅去世之後，旗下組織的實力被削弱，加盟黑幫便開始起衝突。聯合戰士、紅色與阿卡普科獨立卡特爾近來不僅激烈互鬥，也與隸屬其他犯罪集團的幫眾火拼，格瑞羅州才會掀起這般腥風血雨。這也可能是四十三名實習教師失踪的原因：有人推論，「聯合戰士」誤以為乘坐失竊巴士去墨西哥市參加示威的老師乃是該

---

* 分裂自錫那羅亞卡特爾，由萊瓦兄弟成立。
* 全名是阿圖羅．貝爾特蘭．萊瓦（Arturo Beltrán Leyva），二〇〇九年去世。

州其他小型幫派的成員，而且他們是用巴士偷運海洛因。由於特許經營權過度擴張，墨西哥中部的販毒效率已經遭受影響，因為敵對的加盟幫派忙著相互砍殺（同時傷及無辜），反而沒空從事販毒活動。

這並非連鎖加盟的唯一缺點。根據地域發展的本地加盟幫派與從上而下領導的團隊相比，前者遠不如後者靈活機動。齊塔斯與錫那羅亞卡特爾紛爭不斷，但錫那羅亞集團通常比較能夠直搗黃龍，痛擊齊塔斯的心臟地帶。有一次雙方劍拔弩張，爆發激烈衝突，錫那羅亞卡特爾便派遣一支名為「齊塔斯殺手」的暗殺小組前往維拉克魯斯州（Veracruz）殲敵，結果他們不負這項稱號，硬是宰殺了許多齊塔斯的成員。齊塔斯採取吸納地區性匪徒的模式，遠遠不能跟對手一樣機動回應局勢。

最後一點，雖然分權化領導方式（decentralized leadership）有其好處，但是卡特爾這樣做就無法管控地區領袖，而這些人有可能會犯錯。如果地區分支犯下嚴重錯誤，可能會衝擊黑幫的整體品牌。讓我們再討論一下普通加盟主在這點所面臨的危機。麥當勞大約有三萬家加盟店，而這些分店完全依照手冊來培訓且遵守規則，但是他們營運時仍有彈性處理的迴旋餘地。這個連鎖企業非常成功，足以證明加盟模式可行。然而，放寬管理偶爾卻會導致品質管控不良，進而損害整體品牌的形象。

二〇一四年，日本的一家麥當勞出包，賣出的薯條竟然摻有人類牙齒。爆出這樁醜聞之後，全球光顧麥當勞的人在大口咬下大麥克之前都會有所遲疑。

卡特爾面臨同樣的風險。分權化的管理體系不如從上而下的管理體系，因為地區頭目比較可能欠缺經驗或管理不當而犯錯。地區分支犯錯可能會給整體品牌帶來毀滅性的災難。舉美國移民與海關執法局（US Immigration and Customs Enforcement）特工傑米．札帕塔（Jaime Zapata）為例。札帕塔在二〇一一年於墨西哥被卡特爾的殺手槍殺。他當時與一名同事駕駛防彈雪佛蘭 Suburban 休旅車從蒙特瑞（Monterrey）開往墨西哥市，不料被武裝的黑幫分子逼迫而停靠路邊，那裡位於聖路易斯波托西市（San Luis Potosí，又稱聖路易斯）的南方。這輛價值十六萬美元的防彈車應該能夠抵擋卡特爾成員對它發射的近九十發子彈，但是札帕塔停車時誤將車子切進「停車」（park）模式，導致車門自動解鎖，匪徒於是打開車門，對這兩名特工開槍，造成札帕塔身亡。

後來發現槍手是齊塔斯在當地的成員，這些歹徒可能先前在札帕塔與同事停車買三明治時便盯上他們。這些黑幫分子誤以為這兩名魁梧的拉丁裔男性是敵對卡特爾的成員，渾然不知他們是美國特工。該集團的一名成員後來告訴美國當局，他和同夥接受「齊塔斯領導階層的現行命令，要竊取對卡特爾有價值的車輛。」

然而，槍殺札帕塔打破了墨西哥卡特爾的不成文規定：絕不殺美國人，尤其不能殺美國警察。墨西哥暴力肆虐，美國特工又積極介入墨國事務，但札帕塔據信是從一九八五年以來首位在該國執勤時被殺害的美國執法官員*。

這幫匪徒真是嚴重失算，槍殺案在美國引起軒然大波。札帕塔被槍殺一週之後，聯邦特工在美國各地聯手出勤，逮捕了一百多個販毒嫌疑犯。殺害札帕塔的黑幫領導人在墨西哥被捕，然後引渡到華盛頓特區接受審判。這只是開端而已：二〇一二年，齊塔斯的頭目哈里博爾托·拉茲卡諾被墨西哥海軍陸戰隊擊斃。隔年，新任領袖米格爾·特雷維諾（Miguel Treviño）又遭到逮捕。這個卡特爾依舊存在，但勢力已大不如前。他們少數無能的加盟成員犯錯，高層領導卻得付出沉重代價；某家旗下餐廳的廚房一出錯，整間餐飲公司便可能賠上全球聲譽。一小撮齊塔斯的成員犯下嚴重錯誤，竟然重創集團領袖，使其幾近滅頂。出租品牌有可能伴隨巨大的風險。

• • • • • • •

讓犯罪品牌連鎖加盟向來是毒品卡特爾的成功戰略，但所有人都得因此承擔風險。

某些犯罪組織可藉此迅速擴張，同時多角化經營，不僅可販毒謀利，亦能從事各種非法行徑賺錢。地區細胞能夠立即獲取品牌認知（brand recognition）*，因此更容易敲詐或恐嚇得手，撈取更多黑心錢。此外，加盟成員也更容易取得裝備，而且批量購買時價格更低，能比原先單打獨鬥時獲取更好的配備。只要集團幹下一項暴行，所有加盟匪徒都會水漲船高，打著集團旗纛辦事更有恫嚇力。然而，地區分支機構之間若因為搶地盤而爭鬥，暴力事件便會更加頻傳。

加盟可帶來這些好處，難道就沒有缺點嗎？好消息是，連鎖加盟的組織通常不像專心販毒的卡特爾那麼專業。齊塔斯之類的幫派會向地區加盟匪徒收錢，卻無法跟其他卡特爾一樣擅於賄賂或威脅政府高官。華雷斯卡特爾在鼎盛時期可買通墨西哥的毒品沙皇。美德因卡特爾對哥倫比亞政府執行恐攻計畫時，曾經擊落一架客機，造成一百零七人死亡。前述組織足以威脅國家生存，但齊塔斯之流的

＊一九八五年，美國緝毒特工安立奎・卡馬雷納（Enrique Camarena）遇害，曾經引起不小的風波，墨國各大犯罪集團自此心照不宣，不去招惹美國官員。

＊指顧客認識品牌並有所記憶。消費者熟悉品牌的階段分成品牌拒絕（brand rejection）、品牌未知（brand non-recognition）、品牌認知（brand recognition）、品牌偏好（brand preference）和品牌堅持（brand insistence）。

烏合匪幫即便能犯下暴行，卻萬難撼動國家根基。

從長遠來看，政府可能更容易擺平他們。錫那羅亞之類的老牌卡特爾無處不在，卻也不露行跡，因為他們只走私毒品，不搶占地盤。把他們趕出墨西哥，他們就在中美洲開店；讓他們在哥倫比亞混不下去，他們便會逃往祕魯邊境。相較之下，齊塔斯之類的加盟制集團一旦丟失地盤便會滅亡。迫使他們放棄特定領土，他們就無法從該地剝削金錢。截至目前為止，墨西哥的地方警察還無法辦到這點。然而，把一幫匪徒驅離城鎮，至少比瓦解複雜的國際販毒組織更簡單。

採取加盟體制通常會導致內鬥，因此齊塔斯的擴張勢力模式可能會讓它瓦解。加盟主並非連鎖企業百分之百的成員，無論他們做的是販毒或是煎漢堡，他們都不會跟正職員工一樣忠於品牌。美國《企業家》（*Entrepreneur*）雜誌指出，採取特許加盟的企業與從上而下管理的組織相比，前者通常有較弱的員工「核心群集」（core community）。犯罪集團亦是如此。齊塔斯最早是以海灣卡特爾的武裝保鏢發跡，沒有人比他們更瞭解這點。他們的角色不重卻野心勃勃，不到幾年便與頂頭上司反目成仇，而且幾乎摧毀對方。然而，隨著愈多匪徒加盟，齊塔斯便承受愈來愈大的風險。水能載舟，亦能覆舟。這個犯罪集團靠特許經營模式成長，卻有可能走向毀滅。

7

Chapter

創新變革，超越法律

「合法興奮劑」產業的研究與開發

卡特爾經常藐視政府禁令而恣意妄為。

合法興奮劑的現象則點出了一個新的問題。

打擊毒品時通常難在追查和起訴違法者。

然而，在毒品經濟的這個特殊角落，販賣興奮劑的人根本不違法；

他們反而走在法律的前端。

該如何監管這個產業呢？

倫敦北部有一條繁忙的公路，夾在路邊美容院和炸魚薯條店*之間的是一間小商店，起霧的窗戶散發朦朧的淺綠色燈光，店內播放輕柔的迷幻背景音樂，令人神情恍惚。牆面有一排明亮的櫃子，陳列著販售商品。有各種奇形怪狀的菸斗（pipe）和水煙筒（bong）：一支槍、一個防毒面具，一對大型瓷製乳房。一根橫桿掛滿以大麻為主題的T恤。有個櫃子擺著各種看似無害的容器，包括啤酒罐和品客（Pringles）洋芋片包裝桶，櫃子半遮半掩，露出後頭隱藏的隔間，可用來藏匿「毒品」（stash，商店並不建議這樣做）。要藏東西的人也能購買內含微小保險箱的可用電腦滑鼠。

多數國家允許這類毒品用具店（head shop）營運，因為店家販售的「生活用具」（lifestyle accessories）理論上不會跟毒品一起使用。這家公司在官網表示，他們販售各種水煙筒與菸斗，因為「這些物品不會被拿去吸食違禁毒品。」店長認為，消費者應該會穿著印上大麻葉圖案的T恤，用有大麻圖案的打火機，替印有巴布·

＊炸魚薯條（fish-and-chip）是油炸的裹麵糊小魚搭配炸薯條，同時附上調味醬，屬於英國傳統的街邊小吃。著名的左翼作家歐威爾曾說，炸魚薯條是勞工的「重要家常菜」。

馬利（Bob Marley）*圖案的水煙筒點火，而水煙筒裝的只是……菸草（tobacco）。

毒品用具店不兜售毒品，政府當局不會大驚小怪。然而，如今情況正在改變。無論是網路購物或在各大城市（從倫敦到洛杉磯），民眾都能買到新型精神作用物質（psychoactive substance），名稱不一，可叫「合法興奮劑」（legal high），亦可稱為「特製致幻藥」（designer drug，又譯設計毒品或策劃藥）*。這些合成藥物（synthetic drug）並非產於安地斯山脈的山坡或阿富汗的罌粟田，而是在實驗室煉製，旨在讓吸食者體驗類似於主流毒品的迷幻效果。某些合成藥物是搖頭丸／快樂丸（MDMA，ecstasy）的近親，某些則能提供類似於大麻的迷幻效果。這種改變簡直翻天覆地，因為在大多數的管轄區域（jurisdiction）*，這類快速變遷的化學興奮劑完全合法，可以販售、持有和吸食。

櫃檯後面有位年輕人，留著鬍鬚，長滿雀斑，表情友善。我問他能否購買合法興奮劑。這個小夥子說道：「嗯，它們不是『興奮劑』，因為它們不是給人吸食的。」一臉神祕莫測的樣子。「但是，」他稍微揚起眉毛，「我有一些芳療香品（aromatherapy incense），你想瞧的話，我拿給你看。」我想見識一下，這位店員便從櫃檯下面拿出五包最受歡迎的產品（他說：「我當然不能在此推薦任何產品」）。這些塑膠包發出光澤，大約等於一包棒球卡（baseball card）*的大小和厚度。每包要價十英鎊（十五美元），內含一克的「香品」（incense），名稱隨便你取。其中一包名為「詼諧者潔明」（Jammin'Joker），印著蓄留長髮的笑臉，戴著太陽眼鏡且頂著拉斯塔法里教派風格（Rastafarian-style）*的帽子；另一包叫「賽克隆」（Psy-clone），印著漩渦狀彩圖，字母雜亂無章。還有一包叫「發條橘子」（Clockwork Orange）*，印著一個鐘面形狀的橙色眼球，惡狠狠地瞪人。

這位店員不肯透露各包的品質如何，他叫我自行上網搜尋。我快速瀏覽網頁之後，發現消費者褒貶不一。有個傢伙給了發條橘子五顆星評價，寫道：「太太

* 牙買加唱作歌手，雷鬼樂鼻祖，信奉拉斯塔法里教派（Rastafari），認為大麻是神聖的植物，乃是與神溝通的媒介。巴布·馬利一輩子吸食大麻，最終罹患癌症而死，年僅三十六歲。
* 特製致幻藥是一種化學藥品，化學結構或功能雷同於管制藥物，但經過特別設計，旨在避免吸食者在正規的藥物測試中被查出曾吸食毒品，藉此逃避管制。
* 實施法律的地區或國家。
* 卡片型藝術作品，通常用紙板或塑膠片印刷，主題為棒球選手、球隊體育場館或棒球界名人。
* 拉斯塔法里教是一九三〇年代起自牙買加興起的黑人基督教宗教運動。信徒崇拜前埃塞俄比亞皇帝海爾·塞拉西（Haile Selassie），認為他是重臨人間的彌賽亞。在阿姆哈拉語中，Ras 為首領之意，Tafari 則是海爾·塞拉西即位前的名字。雷鬼樂深受這項運動影響，隨著雷鬼音樂風靡全球，拉斯塔法裏運動也因此廣泛傳播。
* 導演庫柏利克（Stanley Kubrick）曾經執導同名電影，內容涉及性愛與暴力，相當引人爭議，號稱暴力美學巔峰之作。

太爽了……我嗨了七十六小時！！！！！」另一個人也用了同樣的東西，卻說他「走了地獄一遭，最後得對著馬桶嘔吐，只能暗自垂淚，苦等頭部不再抽痛。」無論如何，多數買家似乎沒把這類物品當作芳療劑。

合法興奮劑產業可能會顛覆毒品產業。這種新型致幻毒品（narcotic）為何能規避查禁，興起後又將如何衝擊走私別種毒品的匪徒呢？

• • • • • • • •

想要瞭解合法興奮劑如何迅速成為國際毒品市場的寵兒，得先從紐西蘭看起。這座哈比人（Hobbits）嬉戲的美麗太平洋群島似乎最不可能成為全球的毒品貿易中心*。如果你是古柯鹼或海洛因的國際走私販，是否願意把毒品送到紐西蘭？該國人口僅有四百五十萬，大小約等同於美國的肯塔基州（Kentucky）。紐西蘭位於澳洲南端外海一千六百公里處的偏僻地區。離此地最近的古柯種植國為祕魯。假使要從祕魯走私古柯鹼到紐西蘭，運送里程將超過九千六百公里。紐西蘭最大的城市為奧克蘭（Auckland），但從古柯鹼製造國到奧克蘭沒有直飛航班，因此在當地極難買到走私毒品。過去一年之中，當地每兩百名成年人只有一人回報曾吸食古柯鹼，這在富裕國家是很低的比例（美國大約為四十五分之一）。紐西蘭也很罕見海洛因：當地民眾的吸食比率僅有美國的六分之一，英國的八分之一。

然而，紐西蘭人只是凡胎肉體，也跟外國人一樣喜歡吸毒。他們若能獲得毒品，吸食量其實非常驚人。茲舉大麻為例。紐西蘭跟摩洛哥或墨西哥一樣，允許人民在蔥鬱的郊野栽種大麻。當地人會種植且吸食大麻：根據聯合國的數據，過去一年，紐西蘭有七分之一的成年人曾吸大麻吸得飄飄然，因此該國的人均大麻吸食率高居全球之冠。紐西蘭人不只吸大麻：他們的安非他命（amphetamines）消耗量高居全球第二[1]。紐西蘭的島嶼遍布小型實驗室，專門生產這種管制藥品。紐西蘭人口不多，每年卻會關閉許多甲安（crystal meth）*實驗室，數量之多，僅次於美國與烏克蘭（Ukraine）。[2]把毒品走私到這個國家可能很難，紐西蘭人只好自行生產致幻毒品。

---

* 紐西蘭導演彼得．傑克森（Peter Jackson）的巨作《魔戒》（*The Lord of the Rings*）將紐西蘭塑造為神祕的中土世界。哈比人是作者托爾金（Tolkien）虛構的民族，體型嬌小，在電影中扮演重要的角色。
* 又名甲基安非他命、冰毒或窮人的古柯鹼，此乃白色結晶體毒品，可藉由鼻子吸入或以針筒注射來服用，會營造快樂的幻覺。

紐西蘭人在進入千禧年之際開始迷上合成藥物，當時甲基安非他命（全名methamphetamine）首度流行起來。甲安是利用從中國走私的前驅物（precursor，又譯先質）來製成，據說這些化學物質原本用來生產感冒和流感藥物。亞洲的古柯鹼相對缺稀，但前驅物取得容易，因此甲安在亞洲廣受歡迎。〔泰國甲安氾濫，當地人稱其為「亞霸」（yaa baa），意指「瘋狂藥物」（madness drug）。〕紐西蘭政府發現國內的成癮率（rate of addiction）飆升，於是取締甲基安非他命，查獲更多前體藥物並突襲製毒「廚房」。不久之後，紐西蘭人便開始另設他法。

當時，名叫麥特．鮑登（Matt Bowden）的年輕毒品企業家便趁勢而起*。倘若世界頂級國際毒梟能夠舉辦會議，亦即某種毒品達弗斯（Davos）會議*，鮑登必能脫穎而出。首先，他有一頭金色長髮，吹得蓬鬆，輕盈如羽毛，完美到連美國影星珍妮佛．安妮斯頓（Jennifer Aniston）都會嫉妒不已。他另有特殊的服裝品味，愛穿黑白豹紋印花套裝和軍裝風格大衣，搭配閃亮的銀色超大肩章。為了讓外型更出眾，他常常化妝：厚厚的黑色眼線，偶爾會被精美的白色或銀色圖案包圍，並戴著彩色的隱形眼鏡。充滿男子氣概的拉丁美洲「納可特拉飛坎特」（narcotraficante，毒販）若是看到鮑登的裝扮，可能會翹起留鬍嘴唇，露出厭惡的表情。然而，鮑登曾經經營價值數百萬美元的毒品交易帝國。

鮑登是土生土長的紐西蘭人，他賺的是毒品交易中最奇特的錢。他向全球成千上萬喜愛出入社交場合的人販售毒品，收入達數百萬美元。他這一陣子已經從毒品業務收手，不斷用藝名「星星男孩」（Starboy）舉辦全球巡迴搖滾音樂會。他表演時將迷人場景與哥德派風格（Gothic）*融為一體，明亮的燈光和穿著羽毛圍巾的舞者在背後跳波普舞（bop）*。鮑登以「星星男孩」之名，推出了一首在紐西蘭前十名的流行曲，同時根據所謂的「蒸汽龐克*搭配滑稽劇與馬戲表演的演出手法」（Steampunk Burlesque Circus Express）設計一系列奇裝異服。他在推特上如此自述：「跨維度旅行者，重新定義迷幻搖滾音樂的界限，倡導先進的毒品政策（an interdimensional traveller, redefining the boundaries of psychedelic rock music and progressive drug policy）。」由此可見，鮑登絕非典型的毒梟。然而，最奇怪

＊麥特．鮑登是紐西蘭搖滾音樂人，積極倡導娛樂性麻醉藥品合法化，曾經風光一時，但現已破產。

＊達弗斯是瑞士的滑雪度假勝地，世界經濟論壇（World Economic Forum，WEF）每年一月底會在此舉辦會議，乃是最著名的富國俱樂部會議。

＊中世紀怪誕淒涼的陰鬱風格。

＊波普是一種爵士樂，特色是和聲複雜、音域多變。

＊蒸汽龐克屬於一種超現實的復古機械風格，是八〇年代至九〇年代的熱門科幻題材。

的是：雖然星星男孩帝國是建立於販毒暴利之上（賺取大把鈔票），鮑登卻沒有犯法。

鮑登因為吸毒而踏進毒品產業，過去吸食過各種毒品，而他的某位家人曾經因為吸食過量搖頭丸而暴斃。鮑登看到毒品會傷人，決心要找到更安全且合法的藥物來取代毒品。他選定的藥物是苄基哌嗪（benzylpiperazine, BZP），這是一種不起眼的白色粉末，最初是在一九四〇年代開發出來，當作牛隻的驅腸蟲藥片。然而，該藥物經過測試之後，發現有讓人瞬間狂喜的副作用，類似於安非他命提供的亢奮效果。鮑登開始透過他的公司星門國際（Stargate International）販售這種「派對藥丸」（party pill），把產品稱為「社交補品」（social tonic）。鮑登和星門國際成為最傑出的毒品大使，將數百萬顆合法的娛樂性藥物（recreational drug）賣給在紐西蘭夜店狂歡的年輕人。

這種藥丸廣為流行。有些人估計，摻有BZP的派對藥丸每年在紐西蘭銷售量高達五百萬顆，等於該國每人平均吞了一點多顆藥丸。調查顯示，將近四分之一的紐西蘭人曾試過這種藥物。BZP在其他國家很快也風行起來，從二〇〇四年左右便開始在歐洲流行（美國比較退流行，因為它在二〇〇二年起就成為禁藥）。正如鮑登先前承諾的，有些人確實改吸食BZP，以此替代較不安全的甲基安非他命：其實，某項學術研究指出，這種藥物不是更強毒品的「入門毒藥」（gateway drug），而是可讓某些人「戒除毒癮」。我趁著鮑登巡迴演出的空檔訪問了他。鮑登指出，有了新的合法興奮劑產業，迷幻藥品就不會牽扯組織犯罪、也比較不會受到污染，並且可以洗刷成癮或不良反應的負面觀感。他認為管制藥物好過單純禁止藥物，因此說道：「要傳遞的訊息是『遠離岩石』，而非『不要游泳』。」

雖然幾乎沒有爆出醫療問題，但有人擔心民眾會將這種藥物與其他物質混合吸食。嘗試BZP的人經常也會飲酒作樂，這便會產生眾所周知的酗酒問題。倘若缺乏適當的監管，派對藥丸會在各地販售，特別是在紐西蘭，連街角商店和加油站都能買到這種藥物，不僅沒設購買的年齡限制，包裝也沒有印上明確的有害健康訊息。非政府組織「紐西蘭藥物基金會」（New Zealand Drug Foundation）的成員羅斯．貝爾（Ross Bell）說道：「這就是一種販毒產業，派對藥丸跟糖果和冰淇淋擺在一起賣。」雖然沒有發生過吸食BZP而死亡的報導案例，紐西蘭政府依舊對這波新熱潮起疑，於是在二〇〇八年禁止派對藥丸。當時仍然允許販賣這種藥丸的國家也立即群起響應。下令禁止BZP似乎替合法興奮劑敲響了喪鐘。如今回頭檢視，禁令顯然開創了這種產業。當BZP變成違禁品之後，當地的毒品產業便立即著手研發新的合法興奮劑。幾天之內，三氟甲苯哌嗪（trifluoromethylp henylpiperazine, TFMPP）和甲基己胺（methylhexanamine, DMAA）之類的替代藥物便已上架。它們跟原先的BZP一樣完全合法（應該說還沒有被禁止），而且誰也無法禁止消費者購買這些興奮劑，只是它們的名稱詰屈聱牙，根本念不出來。接下來又出現更多禁令，但新合成藥物又輪番上市。自從政府禁止BZP之後，藥品製造商與政府當局便一直在玩貓捉老鼠的遊戲。新的合成興奮劑會被開發出來，然後再次流行，政府發現之後，又會下令禁止；此時，毒品化學家又開發出略為不同的變種，然後立即上市銷售。興奮劑變遷迅速，不斷發展的新型合成藥物仍然領先法律一步。

新一代的合法興奮劑已經傳播到紐西蘭之外。在美國和歐洲，它們偶爾被當作「浴鹽」（bath salt），偷偷地上架販售。如同前述販售「芳療香品」的毒品用具店，製造商認為透過這種手段販售藥物，萬一販售不知道已被禁止的藥物時，便可自保免受起訴。類似的產品已在網路上銷售，其免責聲明（disclaimer）指出，這些藥物將當作「肥料」（plant food）、「化學藥品」（chemical supply）或「新奇商品」（novelty item）。有個名叫 OfficialBenzoFury.com 的網站用小字印刷體指出產品「不是給人吸食的」（not for human consumption）。它把所有產品稱為「研究化學品」（research chemical）。在網站留言的消費者也跟著附和，說他們的藥物是被拿來從事科學研究。某條給甲氧基二苯胺（methoxphenidine）*粉末五顆星評價的訊息指出：「在實驗室鼠籠中，老鼠非常亢奮」，賣方宣稱這種藥物「鐵定是非常受歡迎的研究化學品。」其他供應商甚至懶得隱瞞事實，直說這些藥物能讓人興奮。服務英國市場的網站「草本快遞」（Herbal Express）掛保證：「現在想飄飄欲仙，將不必擔心得坐牢了。如果你要合法的大麻、合法的安非他命或是合法的搖頭丸，為何不線上購買以研究化學品、派對藥丸與草本香品為名來販售的合法興奮劑？購買這些物質很安全，不妨體驗新的生活。」

新藥正以非比尋常的速度大量生產。聯合國毒品和犯罪問題辦公室聲稱，他們在二〇一三年發現九十七種新的合成藥物。他們正監測三百五十種合成藥物，也在計算全球的這類「新型精神作用物質」（new psychoactive substances）。這個機構通常樂觀看待毒品戰爭的進展，卻承認「改變『新型精神作用物質』化學結構的方法成千上萬，因此新藥品的衍生速度極快，快到無法在國際上加以控管。」[4] 英國政府的禁用物質清單已經擴展到六百多種藥物。[5] 海洛因和古柯鹼是家喻戶曉的毒

＊一種解離類毒品（dissociative），原本被用於治療神經毒性損傷。

品，目前也有數十種跟它化學結構稍微不同的合成化學品，包括α—甲基苯乙基羥胺（alphamethylphenethylhydroxylamine）、入眠順（zaleplon）*、潔比普洛（ziperol）與佐匹克隆（zopiclone）*。

警察必須能夠區分不同的白色粉末，但這不是什麼好差事。毒品市場不斷變化，警方很難控管得宜。政策制定者亦是如此，他們要負責監督、測試並禁止不斷衍生的新毒品。英國國會議員大衛・阿彌斯（David Amess）曾被挖苦諷刺的電視節目*欺騙，於是在議會上對一種綽號「蛋糕」*的駭人新藥表達擔憂〔他當時向觀眾表示，這是一種「雙倍癲狂顱骨合成代謝的類安非他命」（bisturbile cranabolic amphetamoid），俗稱「慢性巴休敦甜甜圈」（chronic Basildon donuts）*〕。它從頭到尾就是虛構的毒品。[6]

「合法興奮劑」聽起來比非法毒品更安全，但它們往往更危險。吸毒者使用老牌的植物性毒品時（比如大麻或古柯鹼，甚至海洛因），至少大概知道自己吸食了什麼。抽一條大麻菸捲比吸食快克更安全，而吸食快克又可能比吸食海洛因更安全。相較之下，合法興奮劑可能只有上市幾天，很難預測其危害程度。這種神祕的白色粉末可能藥效極強或極弱，服用之前根本無從得知。服用合法興奮劑而受害的案例逐漸增多。二十六歲的英國男子理查・菲利普斯（Richard Philips）

服用了一種名為「核彈」（N-Bomb，化學家通稱為$C_{18}H_{22}INO_3$）的迷幻劑之後左腦受損。幾週之後，來自曼徹斯特（Manchester）的二十一歲年輕人傑克．哈里斯（Jake Harris）拿刀刺穿自己的脖子，他顯然也吸食了同樣的藥物而產生幻覺。核彈當時在英國是合法的；哈里斯去世幾天之後，英國政府便禁止了這種藥物。

讓我們回到倫敦的毒品用具店，我試著從店員打探一些消息。我問他，他拿給我瞧的暢銷品是否都效果相似呢？他口氣堅定：「不是。它們效果不同。」表示這些商品確實彼此迥異。他聳了聳肩，說道：「礙於法律規定，我不能明說。如果我可以講的話，對大家都好，但就是不行。」我上網查詢這些藥物，結果有點沮喪。有個波爾頓（Bolton）的男子吸食賽克隆之後幾分鐘便死亡。來自諾森伯

---

* 入眠順是健保管制藥品，可提供鎮靜、骨骼肌鬆弛、抗痙攣的效果。
* 商品名為宜眠安，可助眠與維持睡眠時間。
* 此處應指電視節目《火眼金睛》（*Brass Eye*）。
* 蛋糕大小的鮮黃色藥丸。
* bisturbile 可能是由 bi（雙倍）加 disturb（干擾／焦慮）與~ ile（形容詞字尾）組成，cranabolic 則由 cranium（顱骨）與 anabolic（合成代謝的）組成，而 amphetamoid 是由 amphetamine（安非他命）與~ oid（如……狀的東西）構成。這是電視編劇胡謅的字眼，不料大衛．阿爾斯卻當真。巴休敦是英國二戰後的新市鎮。吸毒者用鼻子吸入毒品粉末以後，鼻子周圍會沾上一圈白粉，故有甜甜圈的戲稱。

蘭（Northumberland）的三名十五歲少年吸食發條橘子之後吐血，然後住院治療。某些販售這些藥物的人甚至都對其戒慎恐懼。店員指著他拿給我看的商品，說道：「外頭有比這些更好的東西。這些東西合法，只因為還沒發現讓它們不合法的理由。你知道我的意思嗎？」換句話說，因為它們還沒有被證明可以殺人；然而，這些東西就算可能比違禁的搖頭丸危害更大，目前仍然可以販售。

荒謬的是，管制合法興奮劑市場可能會鼓勵人開發益發危險的興奮劑。在普通的市場環境下，商人會願意生產既能讓人興奮且安全的藥物。若有更安全且效果相等的替代品，沒人會買有害的興奮劑。有了彼此競爭，通常可鼓勵創新，每家公司都會調整配方，直到生產出讓消費者愉快的安全藥物。在毒品以外的市場，基本的情況如下：在飲料行業，讓人宿醉的酒往往賣不贏更清淡溫和的酒；近年來，標示「低焦油」（low tar）和「淡味」（light）的香菸逐漸搶占市場，不過這種宣稱卻令人起疑。

合法興奮劑產業卻反向發展。製藥商和警察之間一直在玩貓捉老鼠的遊戲，因此前者的首要任務是不斷調整產品，使它們和已經被禁的藥物有所不同。製藥商實驗室的研發團隊並非努力讓產品更良好或更安全，只著眼於設計能夠上市的新藥物。如果新藥物會傷害消費者，那也沒關係，因為有人發現這點時，新藥早就被禁止了，到時就該推出最新款的產品了。由於有這種荒謬的激勵因素，藥商在研發合法興奮劑時愈來愈不將藥品安全列入考慮。如今，多數新藥物都是「合成大麻素」（synthetic cannabinoid），聲稱可提供類似於大麻的效果。幾年之前，這種說法還算準確。但是，眼見一代又一代藥物遭到禁止，製藥商生產的藥物已經一代一代更迭，而且效果也逐漸與普通大麻愈離愈遠。製藥商不斷變更藥物的化學成分，結果創造出紐西蘭藥物基金會羅斯．貝爾口中的「科學怪人藥物」（Frankenstein drug）*。貝爾認為，目前合法興奮劑的化合物比以前更容易引起焦慮、使人心率加快、產生幻覺，以及導致憂鬱。

有些國家想藉由立法全面禁止合法興奮劑，自動禁止所有上市的新型精神作用物質。二〇一五年，英國宣布實施此類禁令，此乃仿效愛爾蘭幾年前的做法。然而，這種禁令和舊體系具有相同的弱點：必須先證明新產品是「精神作用」藥物才能加以取締，而在這段期間，製藥商便可快速撈一筆。愛爾蘭全面禁止合法興奮劑

＊《科學怪人》（*Frankenstein*）是一部科幻小說，書中的瘋狂科學家想靠自身力量創造生命體，於是從墳場挑選屍塊，將其拼湊成人型，最後電擊屍塊賦予其生命，不料卻創造出一隻怪物。

之後，順利減少了毒品用具店的數量，但這樣似乎讓商家轉向網路銷售。根據歐盟委員會（European Commission）的一項調查，自從實施禁令以來，愛爾蘭年輕人使用合法興奮劑的比例略微上升。[7]

合法興奮劑的製藥商可以輕鬆獲取暴利。多數的紐西蘭製藥商從中國的實驗室進口化學品，每公斤的成本介於一千至一千五百美元。這些製藥商會在紐西蘭的實驗室將化學品噴灑在乾燥的植物上，使其看似有點像天然大麻或菸草的可吸食產品，藉此掩飾其合成來源。然後，灑滿藥物的植物會被切分為幾公克的分量，裝入顏色鮮豔的包裝後便可出售。一公斤的純化學品（基底）足以用來生產大約一萬包的產品。每包以大約七．五美元的價格賣給零售商，零售商又以每包十五美元的售價賣給消費者。根據紐西蘭財政部（New Zealand Treasury）的一項分析，製造每包商品的總平均成本介於七十五美分至一．五美元，表示製藥商的毛利超過百分之五百。如果透過網路直接賣給消費者（許多人確實這樣做），他們的獲利又可翻一倍。[8]

他們如何能夠一直享有這麼高的利潤？如果某個產業很好賺，自然會有新的競爭者加入，最終促使價格下降。合法興奮劑的產業確實可容納更多的商家。紐西蘭財政部估計，僅該國的國內市場，每年的價值就超過一億美元，年銷售量達到七百萬包。然而，紐西蘭只有九家有競爭力的製藥商，其中兩家掌控了大部分的市場：麥特．鮑登的星門國際與名為「光年之外」（Lightyears Ahead）的公司。

若要瞭解市場為何如此集中，請看其近親製藥工業（pharmaceuticals industry）。製藥工業不僅市場龐大，利潤也很驚人。根據世界衛生組織的數據[9]，這個產業的利潤率平均約為百分之三十，不比紐西蘭合法興奮劑商家高，但按照傳統商業界的標準，這種毛利相當不錯。有人可能認為，還有廠商能夠加入戰場。然而，製藥工業卻由不到十幾家的人企業主導。

首先，製藥要成功，必須投入巨資研發。藥廠若想開發一款新藥並通過必要的試驗，通常大約得耗費十億美元以上（美國塔夫斯大學（Tufts University）在二〇一四年做過研究，得出的數字高達二十六億美元，真是驚人）。[10]此外，無論研發成功與否，藥廠都得撒錢。輝瑞大藥廠（Pfizer）曾經投入八億美元研發名為Torcetrapib的膽固醇新藥，最終於二〇〇六年宣布停止開發計畫*。[11]此外，藥廠若能同時在數個新領域開發藥物，便能在某一項計畫失敗時還能穩住陣腳。要投資研發藥物，口袋需要很深；小公司很難籌到資金去參與競爭。

其次，製藥公司需要瞭解極其複雜的法規。製藥大廠偶爾也會觸犯為保護患者而制定的複雜法規，因此陷入苦海。二〇一二年，葛蘭素史克（GlaxoSmithKline）

承認違法，誤將一種抗憂鬱藥標示為適合未滿十八歲的人使用，而且沒有透露關於某項治療糖尿病的安全訊息，因此同意賠償三十三億美元。此乃美國歷來規模最大的醫療保健欺詐和解案。嬌生公司（Johnson & Johnson）和輝瑞近期也被迫達成類似的和解案，慘賠了數十億美元。[12]大公司擅長於掌握法規（犯法後也能承擔後果），這點並不讓人意外，而且大廠也比初創企業或小企業更有雄厚資本繳納罰款。

合法興奮劑產業反映出這兩種特徵。從中國進口新的化學品並不貴，但是新藥物也許賣幾個月之後就會被查禁，表示製藥商要能快速轉手（銷售）大量藥物才有利可圖。再者，某些藥物是毫無效用，因此製藥商要能同時投資數種藥物來多方下注，才能夠在遭遇失敗時存活下去。然而，這樣做所費不貲。兜售合法興奮劑的人如同製藥公司，必須時時掌握變化迅速的監管法規。已被禁止的藥物達到數百種，倘若不慎販售其中一種禁藥，不僅得繳巨額罰款，還可能鋃鐺入獄。大公司擁有法律資源，足以跳過監管限制，他們也手握龐大資金，出事之後依舊能夠存活。

這一切都表示，大企業比小公司更能在合法興奮劑產業存活，因此這種產業迥異於第三章討論的傳統毒品市場。在治安良好的國家，毒品市場非常小，毒販才比較不會失風被逮。合法興奮劑產業的情況正好顛倒，非得不斷創新且掌握法律規範才可以存活下來。

• • • • • • • •

即便在最好的情況下，試圖壓制毒品產業也很困難。卡特爾經常藐視政府禁令而恣意妄為。合法興奮劑的現象則點出了一個新的問題。打擊毒品時通常難在追查和起訴違法者。然而，在毒品經濟的這個特殊角落，販賣興奮劑的人根本不違法；他們反而走在法律的前端。該如何監管這個產業呢？

監管機構遇到善於創新的產業時總是束手無策。谷歌和臉書提供的新式服務和發明都會引發隱私和資料保護層面的法律與道德困境，而法院總是慢半拍，無法即時監管。此外，二〇〇七年金融危機爆發之前，銀行業的金融創新極為

＊輝瑞最暢銷的降膽固醇藥立普妥（Lipitor），其專利期於二〇一〇年屆滿。他們原本對 Torcetrapib 寄予厚望，不料有八十二名病人在新藥的臨床試驗中死亡，迫使輝瑞放棄這項研發計畫。

迅速，政府當局很難察覺信用違約交換（credit-default swap）*、擔保債權憑證（collateralized-debt obligation）*與其他的創造性商品紛紛出籠之後，將會爆發金融危機。時至今日，監管機構仍遠遠落後於金融創新者。〈多德—法蘭克法案〉（Dodd-Frank Act）是一大型法案，旨在防止銀行家冒險而再度引爆類似於二〇〇七年幾乎傾覆全球經濟的金融風暴。該法案在二〇一〇通過，由前美國總統歐巴馬簽署頒布，但過了五年之後仍未全面實施。與此同時，華爾街的有為人物（whiz kid）已呼嘯而過，將法律甩在後頭，推出了複雜的新型金融商品，個中風險有多大，無人知曉。

若能在創新商品上市之前而非事發之後便能加以評估，監管機構的日子就會更加輕鬆。然而，這在現實中很難辦到：如果法院必須先批准谷歌的每一項發明，這些發明才能上市，科技產業將會以牛步發展；假使監管機構禁止銀行推出沒有事先核准的新商品，金融產業將會陷入停滯狀態。然而，在其他產業，由於相關產品對公眾的潛在風險甚大，監管機構便是如此運作。製藥公司銷售新藥之前，必須詳細測試藥物，直到獲得政府機構的批准，比如美國的食品藥物管理局（Food and Drug Administration, FDA）或者歐洲藥物管理局（European Medicines Agency）的核可。當然，偶爾仍會出錯；但總體而言，上市前測試藥物可以讓潛在的有害藥物在傷人之前就會被篩除。

為何不對合法興奮劑採取這種措施？在現行體制下，監管機構得苦苦追趕製藥商。監管機構要忙著左邊看看新藥劑資料，右邊瞧瞧劑量過量報告，注定無法事前發現有害藥物。倘若成立了毒品的FDA，情況會變得如何？

二〇一三年，紐西蘭便打算這樣做。該國議會通過了〈精神作用物質法案〉（Psychoactive Substances Act），顛覆了合法興奮劑產業的邏輯。政府不再允許製藥商自行讓藥物上市，查出藥品有害之後才下令禁止，他們反轉攻守之勢，建立了一套系統，要求製藥商必須證明商品安全無虞之後才能販售。新成立的精神作用物質監管局（Psychoactive Substances Regulatory Authority）會評估製藥商的產品宣稱，而該監管局與藥品管理機構一樣具備類似的權力。其實，這項改革扭轉誰得肩負舉證的責任：政府不再追查已經上市的新商品，而是迫使製藥商去證明自己的藥物符合基本標準之後，才允許他們把商品賣給消費者。

＊ 信用衍生性商品。在這種交易中，甲方若向乙方支付定額費用，一旦出現違約，甲方將有權利將債券以面值賣給乙方，從而將原本要承擔的違約風險轉嫁給乙方。

＊ 一種由債權組合構成的證券化商品，包含不同類型的債務資產證券，按照不同的風險程度切分，出售給投資者。

此舉足夠明智，卻備受爭議。這就表示紐西蘭要建立全球第一個依法監管合成藥物的市場。精神作用物質監管局不會禁止能讓人興奮的藥物，前提是它們不會危害人體。令人驚訝的是，這項法律順利通過，幾乎沒人反對（只有一位議員投票反對，不過是因為他反對在動物身上測試興奮劑）。

某些有用的法規立即在合法興奮劑產業中實施。禁止將藥物售予十八歲以下的年輕人，銷售據點也不可打廣告。公司必須獲得許可證才能銷售興奮劑，因此零售店從三千多家銳減至不到二百家。製藥商必須註冊產品，讓使用者更清楚他們吸食了什麼。例如，民眾會知道吸食一劑「幻覺鑑賞家」（illusion Connoisseur），每公克藥劑中就有四十五毫克的PB22-5F活性成分。假使他們不想吸食那麼多活性成分，便可嘗試「幻覺山巒」（illusion Massif），這種藥物含有相同成分，但濃度較低。總體而言，上市的產品從二百多種減到少於五十種。[13]製藥商必須列出姓名和地址，可從中窺探這個產業如何運作：有些商業地址只是普通民宅，其他的則位於時髦的商業園區。

這項新措施起步時跌跌撞撞。一方面，監管機構疲於奔命，必須處理龐大的業務，結果做得比外界預期的更慢且更糟。在最初的過渡期，政府還在敲定新認證制度運作的細節時，現有的合法興奮劑仍可繼續銷售，因此有害藥物便能在市場流通更久。人們愈來愈擔憂，政府在推行新體制時，其實允許了廠商販售危險藥物。

更大的問題在於，改革來得太晚。危害最小的興奮劑早在幾年前就被禁止了，仍在銷售的才是「科學怪人」藥物，這類拼裝藥物被反覆調整成分來規避先前禁令，因此許多藥物對吸食者是弊多於利。紐西蘭政府似乎陷入了信任危機。二〇一四年，隨著大選將至，他們倉促通過一項修正案，撤銷所有先前核發的臨時許可證。讓興奮劑下架，直到適當評估之後再允許其販售，這可能不是個壞主意。然而，這項修正案包括一項奇怪的條款，亦即不准在動物身上測試藥物。沒有這種測試，任何興奮劑都不可能被允許販售給人類使用。因此，我在撰寫本書時，改革其實已經暫停：精神作用物質監管局隨時準備向證明安全的藥物頒發許可證，但法律禁止製藥商進行必要的實驗。二〇一五年五月，最早推行合法興奮劑的企業家麥特．鮑登宣布星門國際破產。鮑登向紐西蘭媒體《三號消息》（3 News）說道：「這是我一生中最艱難的時刻。處理這個問題比戒除甲安毒癮更難。」他甚至被迫賣掉奧迪來支付帳單。[14] 幾個月之後，我去採訪鮑登，他當時正忙著搬家，因為他拖欠貸款而讓三棟房產被收回。鮑登匆匆透過電子郵件告訴我：「我可能要離開紐西蘭。」

很難使用傳統方式管制新一代的合成藥物。儘管紐西蘭的改革狀況百出，卻指出另一種管制這類新藥的方法。化學家每週都能研發出新的「合法興奮劑」，想要跟上他們的腳步，簡直難如登天。在藥物銷售之前對其進行檢測（以及允許傷害最小的藥物上市）是極具爭議的，因為這樣做便是讓政府去替興奮劑背書。然而，各國逐漸瞭解，先前的做法只會促使益發危險的新藥物問世。

這種監管的額外效果是能夠改變製藥商的生產誘因。他們目前需要不斷合成新藥物來規避現有法規，根本不在乎產品是否安全。在監管的市場機制下，製藥誘因會有所不同。製藥商將有極強大的動機去改善藥物（並對其申請專利），使其危害更小，而且讓消費者更滿意。有些商家已經在思考這些問題。鮑登指出，如果他能夠東山再起，他想開發替代另一種毒品（亦即酒類）的產品。鮑登認為自己的藥理學家能夠研發出替代物，跟酒精一樣能讓人喝醉，卻不會讓人成癮、導致肝硬化或造成宿醉。這是一種對現行毒品法律的怪異想法，因為在現行體制下，這種商品會立即被禁止。

作者的司機「賓拉登」正從「死亡公路」的路緣向下瞧。當時他正要驅車前往玻利維亞安第斯山脈的一處古柯種植園（請參閱第一章）。
圖片來源：湯姆．溫萊特

錫那羅亞卡特爾首領「矮子」華金·古茲曼。二〇一四年，他潛逃一年多之後遭到逮捕（請參閱第四章）。
圖片來源：法國新聞社（Agence France-Presse）

薩爾瓦多「十八街黑幫」頭目卡洛斯．墨西卡．萊酋迦在科胡特佩克監獄與同夥一起拍照（請參閱第二章）。

圖片來源：埃德加多．阿亞拉（Edgardo Ayala）

一名聯邦警察在墨西哥海港阿卡普科巡邏。卡特爾近年來在當地爭搶地盤，火拼日漸激烈（請參閱第六章）。

圖片來源：基思．丹納米勒（Keith Dannemiller）

綽號「恐怖海盜羅伯茨」的羅斯·威廉·烏布里希特使用的各種假身分證。他曾經營號稱毒品亞馬遜的暗網「絲綢之路」（請參閱第八章）。

圖片來源：《紐約時報》／Redux／Eyevine

墨西哥前任總統費利佩·卡德隆的卡特爾頭目獵捕名單。他讓半數毒梟倒臺，但暴力事件反而增加（請參閱第二章）。

圖片來源：湯姆·溫萊特

紐西蘭人麥特·鮑登販售「合法興奮劑」而發大財，如今專門以藝名「星星男孩」巡迴表演，走華麗金屬（glam-metal）風格（請參閱第七章）。
圖片來源：詹姆士·尼蘭德（James Niland）

隔離墨西哥提華納與加州的圍牆。卡特爾已經多角化，原本只走私毒品，如今插手人口偷渡（請參閱第九章）。
圖片來源：Getty Images

技術人員在隸屬「藥劑師」（Medicine Man）的種植場檢查大麻。「藥劑師」是科羅拉多州丹佛市的合法大麻店（請參閱第十章）。
圖片來源：「藥劑師」

8 Chapter

網路訂購古柯鹼

網路購物如何改進毒販的顧客服務

毒販和普通零售商一樣，也能夠透過網路販毒來降低成本。
吸毒者如同一般消費者，亦能享受線上瀏覽及送貨到府的便利。
有沒有安非他命的亞馬遜（Amazon）？
或是搖頭丸的電子灣（eBay）？
倘若真有其事，它將如何改變毒品產業？

一九九四年，有人首度透過全球資訊網（Worldwide Web）*購物。究竟是誰開創先河，網路上爭論不斷。有人認為，第一次網路購物是透過「網路市場」（NetMarket）網站以十二．四八美元加運費購買英國歌手史汀（Sting）的專輯《十個故事》（Ten Summoner's Tales）*。必勝客（Pizza Hut）提出另一項說法，聲稱他們稍微更早便透過網路向一位線上客戶出售搭配紅辣椒豬肉乾香腸（pepperoni）、洋菇和乳酪的一塊大披薩。必勝客的現今官網還替後人保留舊的披薩訂購網站「披薩網路」（PizzaNet），這個版面單調的網站隱藏於官網角落。[1]

這些可能是有史以來的首次網路購物。然而，如果追溯至網路的早期階段，亦即連全球資訊網都尚未誕生之時，據說有人便已透過網路交易商品。早在一九七一年或一九七二年（確切日期已不可考），史丹佛大學（Stanford University）人工智慧實驗室（Artificial Intelligence Laboratory）的學生曾使用現

---

* 建構於網際網路之上的資訊系統，萌芽於一九八〇年代到一九九〇年代，透過超連結整合全球多媒體資料。
* 史汀靠這張九三年專輯榮獲葛萊美「最佳流行男歌手獎」，並且囊括「最佳唱片」與「年度最佳單曲」兩項提名。

代網路的鼻祖「高等研究計畫署網路」（Arpanet）*與美國東岸的麻省理工學院（Massachusetts Institute of Technology）學生達成交易。交易的物品應該是一包大麻。

從披薩網路及類似網站首次達成交易以來，網路零售業便開始蓬勃發展。隨著家家戶戶與民眾手機逐漸享受寬頻服務（或許，不久之後，透過眼鏡與手錶也能高速飆網），富裕世界的國民便習於上網搜尋和購買任何商品，包括購置房產與預訂旅遊住宿，而新興經濟體的民眾也快速跟隨這種風潮。多數報告指出，電子商務（e-commerce）如今占已開發國家零售額度的十分之一以上，而這種比例正逐漸上升。在某些成熟產業〔好比圖書交易（book trade）〕，網路銷售額即將超越實體店面的銷售額。與此同時，網路經濟正往更多市場推進，逐漸顛覆這些市場的樣貌：從一九五〇年代以來，宅配雜貨首度重新風行，優步（Uber）等應用程式業已經撼動計程車產業（至少在計程車司機工會無力阻撓這項服務的國家）。

網路已顛覆了諸多產業，毒品產業也可能隨後入列。自從史丹福大學的學生上網購買大麻以來，網路購物革命總會閃現非法藥物的身影。隨著電子商務的發展，網路毒品交易也隨之成長。利用傳統的瀏覽器會留下電子版紙本痕跡

（electronic paper-trail）和刷卡記錄，這些都是無法磨滅的資料，因此更難從網路上購非法產品，但有人正在設法克服這些障礙。二〇一三年十月，美國聯邦調查局（Federal Bureau of Investigation, FBI）宣布逮捕了「絲綢之路」（Silk Road）的幕後主腦。該網站銷售價值高達數億美元的毒品與各類違禁品，規模極其龐大，販賣整本藥典列出的數千種藥品，而且可將貨品寄送至全球各地，令人大開眼界。傳統產業的網路零售蓬勃發展，如今連非法產業也不遑多讓。毒販跟普通零售商一樣，也能透過網路販毒來降低成本。吸毒者如同一般消費者，亦能享受線上瀏覽和送貨到府的便利。有沒有安非他命的亞馬遜（Amazon）？或是搖頭丸的電子灣（eBay，又譯億貝）？倘若真有其事，它將如何改變毒品產業？

* 全名 Advanced Research Projects Agency Network，是世上第一個封包交換網路，由美國國防高等研究計劃署（Defense Advanced Research Projects Agency）開發。這個雛形網路連接哈佛大學、史丹佛大學與麻省理工學院等四十多所院校、軍方單位與政府機構，同時制定了遠端服務（Telnet）協定與檔案傳輸（FTP）。

• • • • • • • •

即使對毒蟲而言，購買毒品也從未輕鬆愉快。交易時通常緊張而匆促，大夥忙著算錢，不是在夜店黑暗的角落，就是在人煙稀少時於公園遞交裝有毒品的骯髒塑膠袋。交易毒品是非法的，無論對買家或賣家而言，交易毒品風險極高，有可能被警察盯梢，或者遭人毆打、搶劫或敲竹槓，但無法報警處理。此外，毒販的客戶服務非常糟糕。美國搖滾樂歌手盧．里德（Lou Reed）*在一九六七年推出首張專輯時唱過〈我在等這個男人〉（I'm Waiting for the Man），歌詞描述在哈林（Harlem）褐砂石房屋（brownstone）內購買二十六美元海洛因的經驗。盧．里德透過歌曲抱怨：「他從不早到，老是遲到。要學的第一件事，就是得耐心等待。」對於上街買毒品的人而言，情況從那時起便沒太大的改善。

然而，上網購物有截然不同的體驗。我坐在客廳，喝著茶和吃著巧克力餅乾，悠閒瀏覽針對數十種略有差異的海洛因評價。一位顧客對「神龍小子」（dragoncove）賣家以每公克二百美元出售的一批「阿富汗高品質海洛因」稱讚不已：「簡直棒極了。我吸的量遠比平常還少，卻爽到上天堂！」自稱「優等紳士」（GentsChoice）的傢伙以每半克七十美元販售「第三號超強效亞洲海洛因」。他刻意打廣告，貼出一位滿意買家的評價：「總能隔天出貨，聊起來很愉快。兄弟，謝啦！」產品旁邊還付上賣家的簡短描述，許多人會設計看起來很專業的標誌，比如非寫實的神龍或舊時中國鴉片館（opium den）的圖案；提供的產品以高解析度照片展示：不是類似粉筆的白色粉末，就是褐色結晶物質，看似浸泡於咖啡的糖塊。寄送選項與交易條款位於顧客回饋分數（customer feedback score）旁邊。若撇去不看出售的商品，這個網站與電子灣網站一模一樣。

我瀏覽的就是「演化市場」（Evolution Marketplace），來自世界各地的賣家透過這個暗網用匿名交易非法商品和服務，而目前最受歡迎的就是毒品。絲綢之路下線之後，有段時間感覺網路毒品交易似乎將受重創，因為這個網站曾經身居霸主地位。絲綢之路閉站時，上架毒品高達一千三百種，乃是迄今為止最大的線上販毒市場。神祕的經營者自稱「恐怖海盜羅伯茨」（Dread Pirate Roberts），沒想到被揪出來時竟然是身材瘦弱的年輕人羅斯．威廉．烏布里希特（Ross William

＊ 盧．里德是「地下絲絨」（The Velvet Underground）樂團主唱，曾入選搖滾名人堂，為多產的搖滾巨星，生前爭議不斷，多次被指控家庭暴力、濫用藥物與種族歧視。

Ulbricht），他是德州大學物理系的畢業生。二〇一五年，前童子軍烏布里希特被指控從舊金山的電腦上經營該網站而被判處終身監禁。然而，他被逮捕和定罪之後，網路的毒品交易依舊猖狂。自從絲綢之路閉站以來，模仿者紛紛湧現，使販毒網路黑市更加蓬勃。多數暗網壽命都不長，我瀏覽演化市場之後，這個地下網站不到幾個星期便消失；然而，舊暗網一下線，新暗網便即刻遞補。非營利組織「數位公民聯盟」（Digital Citizens Alliance）持續追蹤數十個這類地下網站。我撰寫本書時，最大的暗網市場是「安哥拉」（Agora），其標誌是手持半自動步槍的蒙面人。其他殿後的大型暗網包括「核子」（Nucleus）、「湯姆」（TOM）、「中土」（Middle Earth）與「暗黑銀行」（Black Bank）。二〇一五年的年初，數十個大型暗網總共上架了四萬多種毒品，數量為恐怖海盜羅伯茨仍在營業時的兩倍之多。

透過網路購買毒品似乎對相關人等都很危險。瀏覽記錄會被保留下來，信用卡公司也會警覺這類違法線上付款。然而，詐欺技術已飛躍成長，早已克服障礙，讓買賣雙方得以掩蓋行蹤。首先，演化市場之類的網站隱藏於所謂的暗網，暗網屬於網際網路的一部分，卻沒有被普通的搜尋引擎列入索引，只能用特殊瀏覽器才能造訪，而最受歡迎的軟體是「洋蔥瀏覽器」（TOR browser）*。它使用最初由美國海軍研究實驗室（US Naval Research Laboratory）研發的技術來執行所謂的

「洋蔥路由」（onion routing）。這種技倆會讓網路流量在伺服器之間互傳，像洋蔥一樣將訊息層層加密，故有此稱號。（暗網的地下網站有很有趣的尾碼 .onion，而不是更常見的 .com 或 .net。）「洋蔥路由」能讓用戶的網路瀏覽記錄無法被人追蹤。假使你是政治異議人士、間諜、調查記者（investigative journalist），甚至是毒販，這種上網手段確實很方便。

再來是付款問題。比特幣（Bitcoin）恰好派上用場。比特幣是全球最重要的數位貨幣（digital currency）系統，不依靠中央銀行運作，而是仰賴電腦網路在「挖礦」（mining）過程中執行複雜的數學運算來產生新的「硬幣」。設立比特幣帳戶有點麻煩，但並沒有特別複雜，而且和洋蔥瀏覽器一樣，使用這種貨幣完全合法。比特幣的價值起伏很大：二〇一三年初，它的價格不到十五美元，當年十一月底時就飆漲到將近一千美元，然後在二〇一四年底跌回到三百美元。但是網路購物者願意忍受比特幣暴漲暴跌，因為這種數位貨幣如同洋蔥瀏覽器，能讓他們隱藏身分。

＊TOR是The Onion Router（洋蔥路由器）的縮寫。

無法追蹤的瀏覽方式與匿名付款相互結合，使得網路犯罪市場蓬勃發展。暗網不僅賣毒品，也販售各種令人生厭的東西。數位公民聯盟估計，銷售清單中大約三分之二是非法麻醉品。其餘三分之一的物品或服務則更加邪惡。較大的暗網通常都不會販售非法的色情影片與殺人合同，據說有人會在暗網更陰暗的角落偷偷提供暗殺契約。然而，多數地下黑市網站會毫無顧忌地銷售武器，從（打架用的）指節銅套（brass knuckles）、手槍到槍械的3D列印藍圖。被盜竊的信用卡資訊、偽鈔與假身分證也賣得嚇嚇叫。暗網還賣一些奇奇怪怪、不甚起眼的小東西。我瀏覽了演化市場的「吸毒用具」（drugs paraphernalia）區塊，發現用來吸食冰毒的玻璃菸斗*（美國製造！！！完全不含鉛和添加劑，不像中國製造的垃圾）以及電子包裝袋封口機（製造商展示如何用它在開封的奇多（Cheetos）玉米棒包裝袋之內密封一批大麻）。最奇怪的是，有一家供應商專門針對需要通過藥物測試的人，兜售「乾淨的合成尿液」（synthetic clean urine）。供應商「包你驗尿過關」（CleanU）最務實，販售名為「掩護陰莖」（ScreenyWeeny）*的商品，號稱是「全世界最好的假陰莖，採用按壓即尿的技術。」假陰莖有五種顏色可選，包括「北歐白」（NordicWhite）*和「拉丁棕」（LatinoBrown）。顧客評價都不錯。

這些暗網目前成交了多少毒品交易量？吸毒者年度報告「全球毒品調查」

（Global Drug Survey）指出，某些國家的民眾已經習慣透過網路購買毒品。這項報告是選擇加入（opt-in）的調查，表示全球大約八萬名參加最新一輪調查的人無法代表普遍人口。然而，這份報告足以顯示，經常吸毒的人逐漸習於上網購買毒品。總體而言，只有十分之一的人說他們曾上網買毒品。美國的比例為百分之十四；英國的比例最高，達到百分之二十二。[2]（可見毒品產業類似於合法的零售業：英國人也最愛上網買普通商品。）

即便這些數字也或多或少低估了網路經濟扮演的角色，因為有證據指出，暗網的許多客戶就是經銷商，他們透過這些網站來批量購買商品。許多供應商替大量購買的客戶提供折扣，後者購物顯然不是為了個人消費。在演化市場網站，名叫「荷蘭專家」（DutchMasters）的賣家接受了想購買半公斤以上古柯鹼的人詢問。如果按公克銷售，這麼多的量足以賣到數萬美元。針對原先絲綢之路銷售商品的一項學術研究估計，該市場大約有五分之一的商品是針對經銷商。從價值來看，

---

* 冰毒燃燒後會發出刺鼻氣味，吸毒者曾用水煙斗形式的冰壺，利用水來過濾嗆人的氣味。
* screen 意為藏匿包庇，weenie 意為小陰莖。
* 具有北歐日耳曼民族外貌的人，指身材高、黃頭髮和藍眼珠。

這類「企業對企業」（business-to-business）交易占了該網站買賣的百分之三十一至百分之四十五之間。[3] 倘若如此，即使是從經銷商或朋友「離線」（offline）購買毒品的人，也可能買了在供應鏈早期階段透過網路交易的毒品。

很難估計網路毒品經濟的總價值，尤其因為比特幣的幣值會巨幅波動。FBI最初估計，營運兩年半的絲綢之路促成了十二億美元的交易額，但後來又下調這項粗略估算：先前估計時，比特幣的幣值接近高點，但是絲綢之路的多數交易是在比特幣幣值較低時所進行。FBI根據每筆交易進行時的波動比特幣幣值來估算，修正後的數字比原先低了許多，只剩二億美元。全球毒品市場的總值約為三千億美元，前述數字與其相比，無疑小巫見大巫。然而，僅兩年便有這種交易量，實乃非比尋常。反觀一九九七年，當時電子灣已經上線兩年，即將在股票交易所上市，每年的營業額也只有大約一億美元。如今，這個交易平臺每年大約經手八百億美元的商品。絲綢之路的暗黑繼任者已經壯大不少，若能跟傳統網路企業一樣以相同的速度成長，可能在十到二十年之間便會分食一大部分的毒品交易。

他們的前景仍然堪憂。絲綢之路已經垮臺，表示暗網界的市場仍然無法逃過恢恢法網。只要營運者決定黑吃黑騙錢，包括演化市場的其他暗網也會下線。（演化市場於二〇一五年神祕消失時，人們認為該網站的管理員騙取了大約一千五百萬美元的比特幣託管金（escrow）。」暗網都仰賴比特幣和洋蔥瀏覽器來運作，各國政府只要禁止這兩項服務，便可拆了這些地下網站的臺。

目前沒有任何禁令跡象。德國財政部已將比特幣視為一種貨幣，表示可以對它徵稅。美國的溫克沃斯雙胞胎（Winklevoss twins）幾乎掀起了網際網路熱潮（dotcom boom）。這對兄弟曾控告臉書（Facebook）創辦人馬克・祖克柏（Mark Zuckerberg）竊取他們的臉書構想，爾後投資金錢創立比特幣交易所。到目前為止，多數民主政府都不願意取締洋蔥瀏覽器，因為它雖然會被非法誤用，卻仍有合法用途。英國的「國會科學與技術辦公室」（Parliamentary Office of Science and Technology）便反對禁令，指出民眾在二〇一一年的「阿拉伯之春」（Arab Spring）期間廣泛使用洋蔥瀏覽器，西方檢舉人和祕密記者亦是如此。如果匿名網路市場被視為真正的威脅，或者被更多人用來計畫或資助恐怖主義，各國政府的態度可能會改變。然而，試圖禁止洋蔥瀏覽器的政府（包括中國）卻發現窒礙難行。絲綢之路倒臺之後，新的暗網便迅速興起，表示各國即使聯手打擊暗網，不久之後也會出現替代瀏覽器與新的數位貨幣。網路零售業不會消失，無論販毒市場或合法經濟皆是如此。警察可能不樂見這點。然而，某些已經站穩腳步的毒梟備受網路革命的威脅。這些毒販相當痛苦，警方只是傷點腦筋，根本不算什麼。

隱藏市場在幾個重要層面與開放市場不同。想像一個普通、開放的市場，人們在此買賣合法產品，比如蘋果，這是經濟學教科書常舉的標準商品。有蘋果的人會把蘋果拿去市場販售，想買蘋果的人會去找這些賣家。買家會看看有什麼貨色。如果賣家訂價太高，買家就會去別處找貨。假使買家出價過低，賣家也會把蘋果賣給別人。買賣雙方都滿意交易條件時，價格就會定下來。這是價格機制的基礎，神奇匹配了全球市場經濟的供需。

現在來看非法商品（例如毒品）的市場。商品是非法的，必須祕密進行交易。除非法治不彰，開放的非法商品的市場根本不存在，讓買家可以比價，賣家能夠兜售商品。買家只能透過關係或其他方式從認識的經銷商購物。同理，經銷商通常只能把商品賣給他們認為願意付錢且不會舉報他們的客戶。

由此可知，毒品市場無法高效率運作。消費者可能以每公克二百美元的價格從可靠的經銷商買到品質不好的古柯鹼，卻不知道另有賣家會以一半的價格提供更好的毒品。買方若能充分打進吸毒圈子，最終還是會找到其他賣家。然而，消息要傳開，還得花一段時間。如果沒有好的聯繫人，買家仍將以高價購買劣質毒品。反過來說，經銷商也面臨同樣的問題：可能有潛在顧客願意以更高價購買他們的產品，但他們很難找到這些人。賣家愈用力宣傳自己高價值和高品質的毒品，愈有可能失風被逮：販賣非法產品，能打的廣告有限。[1]這種結果被稱為網絡經濟（network economy）。玩家不會參與公開市場，只會與屬於自身網絡的人來往，這些人可能是親朋好友或以前的獄友。

在這些條件之下，老牌經銷商就很穩妥。網絡市場有個重要特徵，就是非常有利於現有企業（賣家），因為這些人有時間建構最強大的人際網絡。讓我們想想多年來一直在同一座城市販毒的人。他知道向誰批購毒品，手頭也有很多客戶。他也可能買通了警察，讓他們睜一隻眼、閉一隻眼。現在再想一個年輕剛起步的毒販。他發現當地市場缺乏競爭力，毒品被人摻水卻賣得很貴。這個小夥子應該很容易打進市場，分食一些客源。然而，進入毒品市場（屬於一種網絡經濟）並非易事。想大量購買毒品，需要有高層的聯絡人，但很難建立這種管道。以較少的數量出售毒品又得找到第二批且更多的潛在買家。新賣家若沒有購買和銷售毒品的網絡，可能經營不下去（這還沒把老牌經銷商有可能對侵犯地盤的人不客氣這件事考慮進來）。因此，即使現有賣家服務不周且高價賣貨，也能在競爭有限的局勢中存活。盧．里德必須「等這個男人」，因為他找不到其他賣家；而「這個男人」心中有數，所以老是遲到。

網路毒品交易顛覆了前述情況。上網購物時，要學到的第一件事，就是不必等待。我瀏覽了演化市場，匿名註冊便能用網站內建的傳簡訊系統向賣家發送訊息。不到二十五分鐘就有人回覆我的問題。每個人都在一到兩天之內回覆，語氣和善，悉心回答我對於劑量和包裝的問題。我故意向一位外號「殘酷86」（vicious86）的甲安菸斗賣家提出煩人的問題，問他是否願意接量身訂製菸斗的禮品訂單。這個人很客氣地回信，說他不接這種訂單，並且祝我好運，希望我能找到願意提供客製服務的賣家。在網路的其他領域，網友在匿名發文時通常會比在現實生活中更無禮，但在毒品交易的世界，網路賣家卻比街頭毒販更為友善。

其實，當「這個男人」上網販毒時，他得精通各種形式的客服。網路毒販不同於街頭賣家，必須明確說明交易條款。如果產品未能到貨，多數賣家都會提供某種形式的補償。有人甚至聲稱他們賣的是「公平交易」（fair trade）或「非衝突」（conflict free）古柯鹼：這種說法過於浮誇，純屬虛構，因為全球的古柯鹼供應掌控於一群殺人的卡特爾手中。然而，有趣的是，毒販正在模仿一般零售商的策略。在匿名環境中，玩家都是壞蛋，所以你可能認為很難去建立信賴關係，但暗網卻彷效電子灣來建構「回饋」系統，讓玩家得以累積信賴感。買家可以給賣家正面、負面或中性的評價，還可以留言評論。賣家能夠查看買方的交易完成數。跟電子灣一樣，參與者跟有一連串正面評價的用戶交易時會更有信心，也可能避免與記錄不多的人進行高額交易。德國的搖頭丸銷售商「平檐帽」（Snapback）在銷售頁面聲稱：「我們要建立忠實的客戶群。唯有如此，才能永續經營，買賣雙方也才會快樂。」平檐帽表示，如果貨物丟失，至少已達成十筆交易的客戶可獲得百分之三十的退款，或者付半價便可重新出貨。顧客若已經達成三十筆交易，則可退款一半。多數賣家都提供類似的交易條款。

能夠說服壞蛋相互信任，似乎難以置信，但回饋系統似乎讓這群壞蛋產生一種榮譽感。舉個最怪異的例子，請看遭竊銀行帳戶的線上廣告。某些毒販替自己的行徑提出偽道德（pseudo-moral）辯護（宣稱別人有權決定要吸食什麼，或者禁毒行不通；藉口很多，不一而足），但掏空別人的儲蓄，可就編不出什麼道德理由了。即便如此，賣家也急於推廣公平交易的標準。有個人兜售「遭監聽的」（sniffed）信用卡資訊（亦即從網路購物網站竊取的信用卡），替他的產品提供保險。八美元便可買到被竊盜的卡。如果買家願意付十美元，而且在購買後八小時內就使用（一旦持卡人發現不對勁，會立即取消被盜取的信用卡），只要卡號失靈，他會再提供新卡。客戶對這位賣家的評論很棒。有個傢伙說道：「第一張卡沒效，他就送了第二張卡。我沒有唬爛，我從 Apple 直營店買了一支 iPhone 6 ！我一定會再光顧！」有趣的是，一旦有人質疑買家或賣家是否誠實時，他們都會大動肝火。「我要求換卡之後，就被叫做騙子。買了三張卡，只有一張能用。」某位顧客語帶憤怒，抱怨別人稱他為騙子，因為他只想購買被盜取的信用卡好好過活。

為何毒販如此認真看待網路的客戶服務，回到現實世界時服務卻如此糟糕？原因是絲綢之路或演化市場這類暗網更像傳統市場，而非網絡經濟。賣家會公開宣傳，買家可自由比價。買賣雙方皆能與市場的人交易，不僅只能與認識的人交易商品，因此「網絡」（network）需求消失了——反過來說，老牌經銷商不再具備優勢。賣家被迫在價格、質量和客服方面更加認真和對手競爭，無法僅靠以前建立的關係便能經營下去。此外，新賣家進入市場相對容易，因為進入障礙（barrier to entry）極低。要批量購買毒品，不再需要與國際走私集團有掛勾，而且要賣毒品也不必在街頭蹓躂或在夜店鬼混。像 Etsy 這樣的網站協助業餘珠寶商出售商品，使其不必耗費精力去市場擺攤。有了暗網，願意冒險的人就能夠用筆電開設販毒企業。

老牌經銷商仍然比新進賣家更有優勢。新供應商通常必須先降價求售，直到建立足夠的交易記錄之後，才能說服別人他們不會捲比特幣而逃。（這種情況並非少見：網路供應商偶爾會「捲款詐騙」（exit scam），積攢數個訂單資金之後沒發貨便人間蒸發。有了長期記錄，客戶便能安心，知道賣家搞詐騙划不來。）[5] 同理，沒有購物記錄的新客戶通常得預先付款，等他們進行了一些交易之後才不用付訂金。話雖如此，線上交易系統的本質是開放的，老牌經銷商在實體世界享有的優勢幾乎不存在。暗網嚴重威脅到大型販毒組織，因為成千上萬的新賣家能夠從中分食客源，如同優步讓沒有商業執照的駕駛從計程車公司搶走客戶*。

針對經銷商談論了這麼多。網購毒品對消費者意味著什麼？人們以往是透過人際網路取得毒品，可以稍微確信自己吸食的東西不會搞壞腦袋。然而，這種確信偶爾卻隱藏風險。從朋友的兄弟的女朋友的室友那裡買到強力致幻物質，未必能夠保證安全無虞，因為賣家也可能從當地酒吧偶遇的男子購買到這些毒品。網路的回饋機制能夠提供更可靠的品質認證。幾千條評論，其中百分之九十九都是正面的，這可能是好產品的質量指標，或許勝過在酒吧四處打探的小道消息。透過

* 臺灣的情況是，要成為計程車司機，除了要有汽車駕照，還必須考取職業小型汽車駕照並申請計程車執業登記證。然而，優步司機只要有汽車駕照便可上街攬客。

網路銷售的毒品，其品質似乎非常良好。《分析毒理學雜誌》（*Journal of Analytical Toxicology*）對合成大麻產品的研究發現，「從網路供應商獲得的化學品純度，足以比擬傳統研究化學品供應商的產品純度。」[6] 在破獲絲綢之路之前，FBI試著從該網站購買一百次產品，發現這些毒品通常符合網站聲稱的「高純度」物質。或許正是如此，相對危險的藥物似乎在網路上特別受歡迎。絲綢之路遭到破獲之後，「絲綢之路2.0」便立即上線（但不久後也被關站）。有人調查這個非法網站販售的物質之後，發現賣得最好的是搖頭丸。這點完全合理：搖頭丸通常相當安全，但某批藥丸若遭到污染或特別強烈，一顆藥丸便能致人於死。因此，保證搖頭丸的質量至關重要。這點有別於大麻，各種大麻產品的強度雖有不同，但從未聽說有人吸食大麻過量而暴斃。

網路交易有另一項優勢，可提供不同類型的人身安全。在虛擬世界移動，瞬間便消除領土的重要性。提到零售毒品市場，就讓人想起血腥的地盤戰。一九八〇年代，蘇格蘭最大城市格拉斯哥（Glasgow）的毒販用冰淇淋卡車販毒，引發聽起來很古怪的「冰淇淋戰爭」，因為冰淇淋卡車經常被人縱火或遭飛車射殺（drive-by shooting）。《疤面煞星》（*Scarface*）與《天人交戰》等描繪毒品戰爭的電影，主題都圍繞在毒販彼此火拼以掌控街角地盤。然而，隨著網路販毒與起，街角地盤變得不那麼重要了，如同實體零售店也對普通的零售企業不那麼重要。在美國電視影集《火線重案組》（*The Wire*）中，具備商業頭腦的毒販斯丁格．貝爾（Stringer Bell）*在策劃謀殺案的空檔還會去夜校攻讀經濟學。貝爾說道：「我們已經不用逃命或用槍打殺了……我們可以經營比街角更大的地盤。」到了一九九〇年代，行動電話和呼叫器甚為普及，毒販便不再那麼需要爭搶地盤，因為販毒地點從街道與室內，轉移到民宅或其他可透過電話相約碰面的地點（某些犯罪學家（criminologist）認為，紐約市的暴力事件在一九九〇年代下降，部分原因是匪徒用手機販毒）。如今進入網路時代，毒品可上網訂購再透過郵件寄送到府，使得這個過程更上一層樓：毒販甚至不需要出門了。

然而，並非都只有好消息。透過網路販毒之後，毒品價格可能會下降。毒販和網路開店的企業一樣可節省成本：亞馬遜不必支付高額費用開設實體店面，網路販毒的人也不必請人站在街角兜售商品，或者甘冒風險去親自交付毒品。此外，由於新賣家更容易進入市場，競爭會因此加劇，進而迫使毒品價格下滑。各國政

＊劇中販毒集團巴克斯戴爾（Barksdale Organization）的軍師。

府都想遏止毒品氾濫，當然不想看到毒品價格日益低廉。

網路購物非常簡便，毒品市場可能會吸引到新客群。截至目前為止，購買毒品很困難，過程也令人不舒服，要接觸一群狡猾的毒販或是緊張不安地走進暗巷才能買到毒品。從網站買毒很容易，原本骯髒齷齪的販毒業幾乎換上一張乾淨得體的面容。你若閱讀數百篇對某批海洛因的評價，而貼文者樂在其中，也喜歡分享故事，你就不會聯想到毒品的可怕場景。（然而，想買毒品的人別忘了，過量服用毒品的人應該掛了，不會發表負面的回饋訊息。）透過網路購買毒品非常簡單：安裝洋蔥瀏覽器只要幾分鐘，使用方式跟其他瀏覽器一樣簡單。設定比特幣帳戶雖有點棘手，但沒有高度的專業知識也能搞定。如果你能透過亞馬遜買書，就能在暗網買到甲安（冰毒）。有一種新買家缺乏聯繫管道，又會提防面容凶狠的陌生人，這些人將更樂於透過網路購買毒品，這點是不難理解的。

若要探討使用毒品的模式，往往至少需要收集一年的數據，但絲綢之路這類的網站沒有存活夠久，無法從中得出結論來總結其對吸毒模式的長期影響。然而，不妨觀察已經存在更久的類似趨勢：（在普通網站）網路銷售的處方鎮痛劑（prescription painkillers）。二〇〇七年，紐約哥倫比亞大學（Columbia University）的國家成癮和物質濫用中心（National Center on Addiction and Substance Abuse）估計，有五百八十一個網站專門販售處方藥，其中只有兩個獲得美國藥事委員會全國聯合會（US National Association of Boards of Pharmacy）的認證；百分之八十五的網站會把藥賣給沒有處方箋的人，其餘網站通常只要求民眾傳真處方箋即可。簡言之，即使不使用洋蔥瀏覽器之類的瀏覽器或是沒有比特幣，也很容易上網訂購藥品。很難界定網路購藥與用藥量增加之間是否有關聯，但在某項研究中，兩位學者將不同州的濫用處方藥入院治療率和能否高速上網進行了比較。[7] 他們畫出某一州濫用藥物而就醫的人數相對於寬頻上網增加幅度的圖示，發現這兩者略為相關。寬頻每增加百分之十，因濫用處方藥而入院的人數便增加百分之一。就這項研究而言，結論可能無法令人完全信服：例如，這只能表示在高度城市化的州，民眾比較會上網與吸毒。然而，這些研究學者發現，一旦比較因吸食古柯鹼或海洛因（當時還無法上網買這兩種毒品）而入院治療的人數時，上網率便沒有這種相關性。不久之後，絲綢之路這類網站的影響可能會出現在毒品使用的統計數據中。

對警察而言，處理網路毒品交易極為棘手，根本難以遏制。想想現實世界的老式毒品市場。它不是絲綢之路的開放市場，而是根據人際網絡來運作。從警察的角度來看，比較容易破壞網絡經濟。只要截斷鏈中的某個環節，便可切斷整個網絡，如同老鼠咬斷電纜之後，整個社區都會停電。然而，要精準找到從何處切入很困難。一個毒品交易網絡可能有數十個成員（套用經濟術語，就是「結點」（node）」，警察無法同時打擊所有成員。那麼，他們應該集中精力對付哪個黑幫成員呢？聽起來可能很簡單：依照邏輯，最先得逮捕的人，就是人際關係最好的人。除掉這個人，便可破壞最多的網絡鏈結。然而，從經濟學的角度來看，這樣做不一定最好。

讓我們來看一個與現代毒品無關的例子：十五世紀義大利佛羅倫斯（Florence）的婚姻市場。當時，替兒女挑選另一半乃是戰略決策，如同毒梟仔細思考要如何建立下一個商業聯盟。要擴大家族勢力，最好讓兒女迎娶或嫁入另一個有影響力的豪門。然而，身為父親該如何決定與哪個家庭聯姻呢？史丹福大學的馬修·傑克森（Matthew Jackson）使用芝加哥大學（University of Chicago）約翰·帕吉特（John

Padgett）和克里斯多福．安塞爾（Christopher Ansell）彙整的資料，繪製一張網絡圖，指出十五世紀重要的佛羅倫斯家族如何彼此聯姻（請參閱下頁圖8.1）。[8] 在該城最有權勢的十六個家族之中，普奇（Pucci）家族被冷落一旁。普奇閣下（Signor Pucci）可以安排孩子與其他權勢家族的成員相親，藉此扭轉頹勢。然而，他應該先找誰下手呢？

想確認某個家族有多大的影響力，顯然得看他們與多少有權勢的家族聯姻。以此分析，麥第奇（Medici）家族明顯處於領先地位：他們位於佛羅倫斯社交網絡的中心，與六個強大的家族有聯姻。如果找不到麥第奇家族的年輕人選，普奇閣下可能打算與斯特羅齊（Strozzi）或瓜達尼（Guadagni）家族通婚，因為他們跟其他四個家族聯姻，勢力比較龐大。然而，該和哪家通婚比較妥當呢？經濟學家有另一種方法來衡量網絡節點的「中心性」（centrality）：他們並非只是計算節點的鏈結數，還會考慮這些鏈結另有幾個鏈結等等。如果我有一百個朋友，你只有十個，我的人際關係可能比你好。然而，假使在你的十個朋友之中，有人的社交關係絕佳（認識前美國總統歐巴馬（Barack Obama）、現任德國總理梅克爾（Angela Merkel）或是加拿大歌手兼作詞家小賈斯汀（Justin Bieber）），你就比我更有影響力。（谷歌的頁面排名系統以類似方式運作：它不僅檢測連接到頁面的網站數

圖8.1 一四三〇年代佛羅倫斯權勢家族的網絡

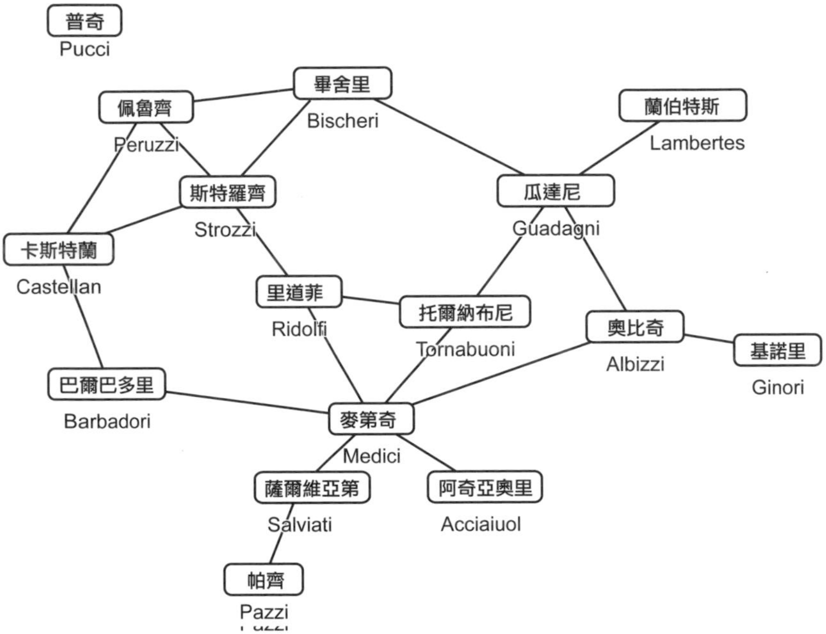

出處：馬修．傑克森，《社會與經濟網絡》（*Social and Economic Networks*）（Princeton, NJ：Princeton University Press, 2008）。

量，還會測量連接到那些網站的網站數量。被紐約時報連結到一次，遠勝於被十幾個不知名的部落格連結。）若將此概念應用於佛羅倫斯的各個家族，普奇閣下應該放棄瓜達尼家族，優先挑選斯特羅齊家族，因為與後者聯姻的家族擁有更廣的人脈。

話雖如此，普奇閣下讓女兒梳妝打扮前往附近餐廳（trattoria）與斯特羅齊家族適婚的年輕男子見面之前，還得考慮另外一項因素。斯特羅齊家族的確維繫很好的人際網絡，他們的朋友人脈也很廣。然而，偶爾處於另一個位置卻是有利的，亦即權力中介者（power broker）的位置。其他家族需要尋求另一個家族協助時，他們多麼常仰賴斯特羅齊家族？仔細觀察人際網絡圖，斯特羅齊家族顯然並非佛羅倫斯社會的關鍵人物。例如，如果佩魯齊（Peruzzi）家族要聯繫麥第奇家族，他們可以跳過斯特羅齊，請卡斯特蘭（Castellan）家族幫忙。同理可知，畢舍里（Bischeri）家族若要聯絡麥第奇家族，可委託瓜達尼（Guadagni）家族搭線。假使斯特羅齊消失，不會特別引起別人注意。從這點來看，斯特羅齊很弱勢，而瓜達尼處於更佳的位置：他們是唯一與蘭伯特斯（Lambertes）攀上姻親關係的家族，而且他們與網絡右下角和左上角家族形成有用的溝通橋梁。瓜達尼是值得聯姻的家族。經濟學家會使用詰屈聱牙的術語，指出瓜達尼之類的家族具備極高的「介中中心性」（betweenness centrality），此乃他們檢視某個節點位於其他節點之間的最短路徑的頻率所計算出來。普奇閣下可能會發現，斯特羅齊家族可有可無，與其聯姻倒不如與瓜達尼通婚，這樣還能獲取更多的影響力。

回頭來看現代毒品產業。誰位於毒品交易網絡的核心？警察需要跟普奇閣下一樣，跑一遍相同的分析過程。利用最簡單的方法（看誰擁有最多聯繫窗口），可能會認為街頭毒販是最重要的人物，因為他們擁有最多的聯繫窗口。他們會向數十個、也許五十、六十個客戶兜售毒品。逮捕街頭毒販，有可能打斷一百個以上的鏈結，似乎是不錯的切入點。然而，還有更值得對付的目標：如果警察採用谷歌頁面排名的方法，會發現最有影響力的人是那些位於供應鏈頂端的人。他們認識的人比較少（可能只要面對少數幾個助手），卻能透過這些聯繫窗口向外連接到整個網絡。除掉這些頭目，下面的人都會受到影響。

看起來似乎很明顯。但如果市場並非如此呢？我們通常認為，毒品交易網絡類似一種家譜（family tree），頂部有勢力強大的的進口商，逐漸向外擴散到底部的一大群低階毒販。然而，毒品網絡可能迥異於此。英國內政部（Home Office）曾經進行研究，訪談五十一名被定罪的毒販。[9] 該研究的作者群根據這些訊息，拼湊出英國毒品產業的粗略網絡圖。他們發現，英國的販毒網絡不像金字塔（pyramid），反而更像沙漏（hourglass）。頂端有許多大型的專業進口商，不斷大批引進毒品：一百公斤以上的海洛因或古柯鹼、十萬顆搖頭丸，或是好幾噸大麻。他們將這些毒品少量出售給批發商，這些批發商會專門兜售特定毒品。接下來就有趣了：作者們發現，從這裡開始，批發商會賣給一個中間商，他們稱他為「多種商品藥物經紀人」（multi-commodity drug broker）。在毒品供應鏈上端的批發商通常只專精某一項毒品，但中間商卻能處理各種藥物，包括硬性藥物（hard drug）和軟性藥物（soft drug）*，也能處理大量的藥物。研究人員發現，典型中間商可能每隔幾週會訂購幾公斤的海洛因和古柯鹼、三十公斤的大麻、十公斤的安非他命，以及二萬顆左右的搖頭丸。然後，他會將少量的毒品賣給街頭毒販。因此，中間商處於販毒網絡的中心，可謂市場的交換中心。作者寫道，他是毒品分銷中的「重要聯繫點」（vital linkage point）。

倘若普奇閣下仍然在世且參與販毒業務，他鐵定想把女兒嫁給「多種商品藥物經紀人」。這些中間商占據網絡的中心位置，乃是販毒產業中與人聯繫最緊密的人。此外，他們是批發商和零售商之間的紐帶，具有高度的「介中中心性」。英國內政部報告的調查結果似乎和其他販毒產業定價的研究一致。美國智庫蘭德公司發現，美國古柯鹼價格從中間經銷商轉手到零售商的過程中會單次大暴漲，每公斤的售價從一萬九千五百美元飆至七萬八千美元。[10]警察若要集中精力對付毒品供應鏈的某個環結，可能不要針對街頭的小蝦米或者逮捕進口毒品的大鯨魚，而是要不偏不倚瞄準中間的傢伙，才能造成最嚴重的破壞，因為這些中間商要聯繫最多人，而且似乎最賺錢。

＊軟性藥物不會讓人成癮或導致戒斷症狀，因此危害較小。許多迷幻藥都是軟性藥物，但礙於社會觀感，許多國家仍將其列管。

網路使這一切變得更複雜，警方可能會因此到處受挫，無法剷除犯罪網絡。從絲綢之路之類的網站販售商來看，這些暗網幾乎在扮演類似於「多種商品藥物經紀人」的角色。零售買家和經銷商可透過這些網站找到任何消費者熟知的毒品，然後大量掃貨。這樣會對警方造成困擾，因為網路交易的本質就是沒有單獨的中央「節點」：成千上萬的買家和賣家能在開放的市場上互動，破獲一名、甚至十幾名經銷商，都不會嚴重衝擊供應鏈的其他人。即使整個市場下線（正如絲綢之路和演化市場的下場），新的市場也會取而代之。

還能拿出任何辦法嗎？或許可以。讓我們看看發表在《美國社會學期刊》（*American Journal of Sociology*）的一項研究，這項研究還是探討與毒品無關的主題。一群美國學者進行了不尋常的研究，繪製美國高中生的戀愛圖。[11]研究人員參考了早先在中西部不知名高中進行的一項研究，那所高中位於鄉村小鎮，離最近的大城市有一小時的車程。接受採訪的青少年指出，「根本無事可做」。學校大約有一千名學生，這項研究對其中的八百三十二名進行家庭訪談，利用錄音機對學生提問，學生則將答覆輸入電腦。每個受訪者都會看到同學的名單，然後被要求指出他們在過去十八個月內與誰「談過刻骨銘心的戀愛」（special romantic relationship）或者「沒有戀愛卻發生性關係」（nonromantic sexual relationship）。

圖8.2 傑佛遜高中（Jefferson High School）的學生戀情圖

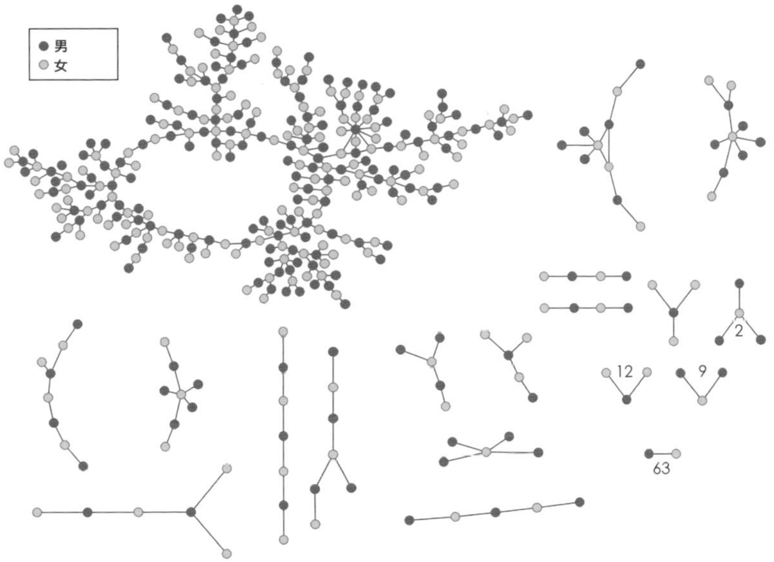

出處：Peter S. Bearman, James Moody, and Katherine Stovel, "Chains of Affection: The Structure of Adolescent Romantic and Sexual Networks," American Journal of Psychology 110, 1 (2004): 44 - 91.
註解：數字表示該網絡曾多次出現。

有五百七十三人回報他們與另一名學生有過這種關係。研究學者根據這些數據，繪製了一張該校的性地圖（sexual map），用一連串的菊鍊（daisy chain）來連接學生（請參閱上圖 8.2）。有六十三對情侶，每個人近期的戀愛對象都是彼此。還有幾個學生屬於三人行的微型網絡。令人驚訝的是，研究人員發現了一個包括過半學生的鏈接網絡。換句話說，一半的學生可以透過伴侶、伴侶的伴侶等來彼此攀親帶故。

這項發現出人意表，可能至關重要。這項研究是要幫助流行病學家（epidemiologist）更瞭解如何遏止性病（sexually transmitted disease, STD）傳染。性病會在伴侶間相互傳染，表示網絡的某個人若受到感染，每個人都會身陷風險。學校和家長的建議是，要避免感染性病，就是減少性伴侶的人數。就理論而言，只跟一個人上床鐵定比濫交更安全，但這不一定正確。請看那個大網絡，內含二百八十八名學生。這個網絡極為龐大，但有很多人只有一個性伴侶（位於樹端的小「分枝」）。儘管這些人遵守「一夫一妻制」，他們可能比在較小型網絡中擁有數位性伴侶的學生更容易感染性病。研究人員寫道：「因此，感染性病的風險不僅牽涉性伴侶的人數。」

研究對於焦慮的青少年來說派不上用場，因為他們無法廣泛探尋伴侶節點來繪製這種性關係網絡圖；而他們要是敢私下詢問，可能就無法搭上網絡*。然而，政策制定者可從中吸取實務經驗。以前的人總認為，政府若想遏止性病，便要針對濫交的人宣導安全性行為。這些人跟最多人上床，他們若感染性病，便會衍生最多問題。說服他們採取正確的預防措施，效果將會最好。麥第奇家族人脈最廣，普奇閣下應該與這種家族聯姻，這樣才合理，因此要集中火力對濫交的人打性安全廣告，包括性工作者（sex worker）、年輕人與濫用毒品者等。不是嗎？

根據模型來看，也許不能這樣做。多數學生是處於龐大但脆弱的網絡，而網絡的成員通常只有幾位性伴侶，表示一位學生會是長鏈中的某個聯結點。如果這些學生之中的任何一位能被說服去從事安全的性行為，感染鏈就會被打破。研究學者寫道：「相對較低水平的行為變化（即使是可能最容易受影響的低風險行動者所做的變化）可以輕易打破……網絡，使其成為斷裂的小型構件，從而斬斷性病傳染鏈，徹底限制其感染範圍。」如果政府將資金挹注於改變被視為低風險者的態度，而非針對那些最容易染病的濫交者，性健康教育可能影響更廣泛，這點倒是令人驚訝。

將前述觀念套用於毒品世界意味著什麼？正如我們所見，傳統的毒品配銷模型不像高中生的性地圖：販毒網絡通常有連結廣泛的單一節點，亦即中層的經銷商。然而，如果毒品市場比我們想的更類似性地圖呢？多數針對毒品產業的分析都假設，一旦經銷商向消費者出售毒品，流程便結束。然而，調查結果顯示事實並非如此。有良好的證據表明，許多吸毒者（甚至可能是多數人）根本未曾與專業的經銷商聯繫過。他們會向認識的人購買（或被贈與）毒品，這些人包括朋友、伴侶與同事等等。根據英國政府的一項調查，在去年曾吸毒的英國成年人之中，

＊打探祕密之後，談戀愛上床的機會便告吹。

百分之五十四的人是從自己或友人家中獲得毒品。[12] 還有百分之二十一的人在聚會、酒吧或夜店取得毒品（這項調查未提及對象，可能偶爾跟朋友拿毒品，有時則向毒販買毒品）。總之，只有百分之十一的人在「街頭、公園或其他戶外場所」購買毒品；根據《火線重案組》的描繪，這些都是毒販的傳統地盤。一項針對美國處方藥濫用者的調查發現，百分之七十一的濫用者是從朋友或親戚獲得藥品；只有百分之四是向經銷商購買藥物。毒品通常是專業經銷商在供應鏈中的某個點出售，而在此之後，毒品似乎是透過朋友圈來四處傳遞。

如今網路零售販毒猖獗，對於想打擊這種趨勢的政府當局而言，前述現象可能是一項好消息。上網販毒之後，打擊毒品可能就比較棘手，因為這樣就淘汰了脆弱的老舊販毒網絡，讓廣大開放的毒品市場興起。光是逮捕個別成員，根本難以撼動市場。然而，其實存在某種「零售後」（after-retail）市場，毒品會透過朋友和熟人的二級網絡散播，因此可以從中進行不同類型的干預。參考高中生的戀情地圖，便可汲取一些經驗。研究人員開始時認為，針對人際關係最廣的人下手，可得到最好的效果。在那所高中，就要對付最多性伴侶的人；在毒品世界，就要逮捕經銷商。然而，研究人員卻發現，對網絡中關係比較差的成員下手更合理。他們人脈不廣，卻是長鏈中的聯結點，比較容易斬斷。若將此套用於毒品世界，有效的干預可能是要針對非專業毒販，因為這些人會把毒品賣給朋友。這些人相當於沒有多少性伴侶的高中生：他們比較容易受到影響，而只要打斷友誼「鏈」的一個環節（亦即防止某人把毒品賣給別人），便可斬斷一大群人與分銷網絡的聯繫。

做法可能包括公共宣傳活動，告知民眾把毒品給親人吸食的害處，或者要民眾將藥櫃上鎖並妥善管理。此外，更強力向民眾宣傳，指出富裕國家的吸毒者提供了資金，讓毒品供應國的暴力事件層出不窮，這樣可能會讓非法毒品（特別是古柯鹼）蒙上更濃厚的禁忌，迫使民眾更不敢讓親朋好友吸食毒品。更嚴厲的方法是對購買毒品四處分享的人加重刑罰，即使這種人通常不被視為「經銷商」。隨著毒品逐漸上網銷售，普通人便更容易買到大量毒品，朋友之間的私下分享與毒品交易可能會變得更加普遍。如今，網路市場已經大幅吞噬販毒網絡的上半層，因此好好教育民眾，防止他們大量買毒來分給友人吸食，這種新方式能夠擊破販毒網絡的不同角色，達到出奇致勝的效果。

9
Chapter

事業多角化，打入新市場

從走私毒品到走私人口

美國大幅增加支出來管理邊境，
無意中改變了人口走私行業，
使它從可有可無的廉價業餘勾當，
轉變成近乎強制、極為昂貴且遭到卡特爾掌控的經營活動。
對組織犯罪集團而言，這是天上掉下來的禮物。

在美墨邊界，從生活貧困的墨西哥快速攀向光鮮富裕的加州並非特別困難。提華納郊區建物破敗不堪，順沿山丘一路蔓延到邊境，只要穿過此區，便可看到一片生鏽的波形鐵皮柵欄，頂部有陳舊的帶刺鐵絲網，多處鐵網早已被拉開。某些地方的柵欄只有八英尺高，小孩只要站在倒放的舊板條箱上便能攀爬過去。把物品扔過柵欄更加容易：科隆尼亞．里柏塔德（Colonia Libertad）*是提華納的貧窮區（barrio）*，其邊緣緊臨富裕加州的邊境，當地居民習慣把垃圾扔過柵欄，丟到美國境內。

從該區未鋪築的路面望去，跨越邊境似乎很容易，但是從加州那一側望去，會發現進入美國比以前困難多了。離生鏽舊柵欄的幾百英尺處矗立一面新柵欄，高十四英尺，頂部有刀片刺網（razor wire），瞭望塔全天候監視，夜間以探照燈照亮柵欄。墨西哥人把美國移民局官員稱為「米格拉」（La Migra），入夜之後，這些米格拉會配戴夜視鏡（night-vision goggles），騎著四輪摩托車順著坡地上下

* 西班牙文的 Colonia 指城市的「區」，Libertad 則是「自由」，直譯為「自由區」。
* 這個英文字專指西班牙語國家的區。

巡邏。新柵欄順沿遍生低矮灌木叢的丘陵，分別向東和向西延伸，直至遁沒於遠方。配備相機的無人機嗡嗡作響，沿著柵欄上方飛行，時時監控情況。

一九九〇年代，美國大幅增加維護國土安全的支出，強力打擊偷渡行徑，使得無證移民（undocumented migrant）*更難偷渡到美國。然而，抱持美國夢的年輕墨西哥人依然不死心，每天仍試圖跨越邊境，而他們如今有了強大的新盟友。近年來，墨西哥毒品卡特爾提供或允許指導者（guide）與安排者（fixer）協助愈來愈多人艱難冒險偷渡。販毒集團似乎正在多樣化經營，開始包攬人口走私業務。墨西哥和美國官員已經查覺卡特爾的蛛絲馬跡，發現這些匪徒使用益發複雜的手段智取米格拉，甚至從事更為邪惡的業務，例如走私移民來剝削他們。加州眾議院議員洛麗泰．桑切斯（Loretta Sanchez）曾在二〇一四年的國會聽證會上說道：「這些跨國犯罪網絡不僅走私毒品，也會幹其他有利可圖的勾當。」

走私人口並非卡特爾唯一的多角化業務。除了尋常的犯罪行徑（敲詐勒索、逼良為娼或盜竊汽車），匪徒還會染指罕見的領域。如果你愛吃酪梨醬（guacamole）*，很可能會吃到由聖殿騎士（Knights Templa）種植或課徵稅收的酪梨（avocado），據說這個卡特爾掌控米卻肯州的多數農產。同理，假使你愛喝莫希托（mojito）*，你可能會喝到卡特爾栽種的萊姆（lime）所製成的果汁，在某些墨西哥地區，這項農產行業掌控於組織犯罪集團之手。薩爾瓦多曾經被令人恐懼的乳酪卡特爾（Cártel de los Quesos）掌控，這批黑幫會從宏都拉斯進口廉價的乳酪（如果你嚐過薩爾瓦多乳酪，便立即明白為何這樣做）*。卡特爾在某些地區參與了更大的業務：墨西哥官員指出，聖殿騎士團卡特爾向鐵礦石行業徵稅還比靠走私毒品賺更多。獨占的國營企業墨西哥石油公司（Petroleos Mexicanos, Pemex）每年損失三百多萬桶石油，因為當地匪徒會鑽油管偷油，偶爾甚至失手炸死自己。

分析人員表示，卡特爾早已插手各種產業，將他們稱為販毒集團已經毫無意義。某些包括聯邦調查局的機構如今稱他們「跨國犯罪組織」（transnational crime organization, TCO）（然而，這個詞似乎尚未在網路上流行起來：透過谷歌搜尋 Mexican TCOs（墨西哥跨國犯罪組織），會出現提示問題：Did you mean：

＊即非法移民，又稱偷渡客，專指利用非法方式或逾期居留來跨越邊境的「移民」。

＊美洲阿茲特克文化的傳統調味料，用酪梨製成的果醬，可用來蘸玉米薄餅之類的主食。

＊傳統的古巴雞尾酒，通常由五種材料製成，包括白砂糖、萊姆、酸橙）汁、蘇打水、薄荷和淡蘭姆酒。

＊另有一種說法，指出薩爾瓦多想保護國內酪農，因此禁止從鄰國宏都拉斯進口乳酪，自然便衍生市場需求；但目前兩國已納入自由貿易區，乳酪卡特爾於是銷聲匿跡。

Mexican TACOs?（你要找墨西哥夾餅嗎？）」*無論如何稱呼他們，有件事非常清楚：毒品卡特爾正將觸角伸向新的行業。

• • • • • • •

卡特爾仿效合法公司進行多角化。普通企業（尤其是有盈餘現金投資的公司）若希望成長（犯罪組織無法與銀行往來，因此手頭有多餘現金很棘手），總是想打入新市場，認為起步時可仰賴本身專業取得優勢。美國企業最後一次多角化浪潮之後數十年，墨西哥卡特爾開始多角化。一九五〇年，在《財星》世界五百大的企業之中，不到三分之一的公司在一個以上的行業中營運。到了一九七四年，將近三分之二的企業已經多角化。多角化熱潮於一九七七年達到頂峰，當時可口可樂公司（Coca-Cola）打算收購澳洲著名的泰勒斯酒莊（Taylor Wines），打算進軍葡萄酒產業。或許沒人看好「可口可樂葡萄酒莊」（Château Coke）的前景，這個併購想法最後胎死腹中，一點也不令人意外。從那時起，趨勢開始反轉，朝反方向發展，各家企業重新專注於本業。然而，多角化浪潮具有啟發性，因為驅動它的構想足以解釋為何多角化浪潮正襲捲犯罪世界。

舉可口可樂葡萄酒（或許能與薩爾瓦多乳酪搭配得很好）為例。這種構想可能失敗了，卻足以說明管理大師所謂的「集中式多角化」（concentric diversification），亦即一家公司利用本身在某個領域的專業知識來針對新客戶推出新產品。可口可樂對葡萄酒一無所知，卻有行銷與建構品牌的本領，管理全球最複雜的配銷網絡。他們認為可以善用自己的行銷知識與配銷能力來打進葡萄酒產業。毒品卡特爾染指人口走私時也是如此盤算。他們不知如何販運人口，而該產業的「客戶」（想移居美國的墨西哥農民）代表新的市場，不同於卡特爾主要產品的買家（有錢的美國人）。然而，偷偷越過邊界走私物品以及沿途賄賂或恐嚇公務員，這種技能可以套用於多種行業。若有辦法走私毒品，為何不能走私人口？

維克多．克拉克．阿爾法羅（Victor Clark Alfaro）是提華納的一名學者，他在聖地牙哥州立大學（San Diego State University）教授人類學。克拉克非常瞭解如何從事合法和非法的跨境走私。他和許多住在邊境地區的人一樣，過著橫跨國境的生活，每週兩次進入美國講課。我前往克拉克位於提華納的住宅與他見面。他

＊現在利用中文 Google 頁面搜尋之後，結果並非如此；網頁會直接列出 Mexican TACOs 的搜尋結果。

也在家裡開設小型的非政府組織「兩國人權中心」（Binational Center for Human Rights）。我攀爬這棟樓房的戶外樓梯，來到一扇看似沉重的前門。克拉克小心翼翼鬆開鎖鍊開門，向我道歉他應門較慢。他調查見不得人的案件，州政府便在五個月之前召回了先前派給他的保鏢。克拉克曾經揭發舞弊內情，檢舉州官員將警察身分證賣給卡特爾。這樣做足以樹敵無數。

我進入屋內後，前往他的辦公室，看到成排的書籍與文件。克拉克鑽研提華納廣大的世俗陰暗面，向我透露人口走私狀況。當地民眾稱人口販子為「郊狼」（coyote，掮客），克拉克經常與這些人聊天；有些人曾在他聖地牙哥的課堂上出現，透過 Skype 與美國學生談論如何走私人口。他指出，大致有兩種類型的服務。基本款是跟隨嚮導偷偷徒步穿越邊境，希望避開美國邊界巡防隊（US Border Patrol）的巡邏員。若是口袋夠深，或者沒有耐力穿越河流、沙漠和山脈，另有一種奢侈的服務：「排隊」過境，亦即帶著假文件到移民局申請移民。郊狼會以一百美元左右的價格購買二手簽證，讓客戶看起來很像照片中的人。嚮導會暗中指導客戶前往移動最快的路線，這就表示值班人員只會粗略檢查文件。任何細節都會被顧到：郊狼甚至會在客戶的包包裡放紀念品，讓他們看起來像一日遊的旅客。

然而，這個行業最近歷經天翻地覆。克拉克說道：「九一一事件之後，美國便將邊界視為維護國家安全的重點。邊境現在巡邏嚴密，根本形同關閉。」美國嚴守邊境之後，郊狼更難提供往常的服務。因此，他們提高的價格：在提華納，徒步過境服務以前只要二千美元，如今漲到五千美元。「排隊」過境以前要價五千美元，現在飆到一萬三千美元。克拉克指出，當地人口走私販「面臨危機」。

我隔天在聖思多羅（San Ysidro）的檢查站過境。我的英國護照還有效，但是很奇怪，我訪問過克拉克之後，從邊界進入美國時卻很緊張。我在想周圍有多少人正想靠假文件闖關，或者揹著袋子，裡頭裝滿匆忙買來的紀念品，假裝自己是遊客。通過關口之後，我與邁可．希門尼斯（Mike Jimenez）見面。他是聖地牙哥地區邊界巡防隊的監督官。為了讓我瞭解非法移民面臨的情況，邁可帶我從美國一側逛逛提華納邊境。想要穿越邊境，簡直令人畏懼。震測傳感器會偵測人的腳步（雖然鹿偶爾也會觸發警報）。透地雷達（ground-penetrating radar）會掃描隧道；遙控機器人會在下水道系統緩慢走動，因為有人偶爾會鑽進下水道偷渡。加強邊境的陸地巡邏之後，有更多人會利用海路偷渡，每趟航程的費用介於五千美元到九千美元。在起霧的日子，快艇會載著多達二十五人，搖搖晃晃地沿著海岸航行，有時會在離墨西哥邊境近二百英里的聖塔巴巴拉（Santa Barbara）登陸。

與此同時，對走私人口者的刑罰也加重了。美國公民以前若是載非法移民遠離邊境，偶爾不會受到處罰。現在，這些人會被起訴，這是史上頭一遭。邊界巡防隊與FBI分享生物辨識資料庫（biometric database），可得知逮到的人是否曾被定罪。有人現在甚至會因為走私一小群人而被捕；走私的人數以前只要低於七人，嚮導都可能被釋放。希門尼斯說道：「如果加重刑罰，人們就比較不會去（走私人口）。」

當然還是有可能順利穿越邊境，不過加強巡檢之後，走私販的成本就提高了。嚮導發現自己更容易被判刑，自然會要求更高的報酬。為了避免嚮導被捕，某些組織便增加車隊規模，讓載偷渡客的車子跟著嚮導的車子。一旦偷渡客遭到攔截，嚮導便可趁機開溜。某些嚮導會拿可攜式電池供電的電鋸，切斷邊界柵欄上的堅固金屬絲網。希門尼斯指出，許多郊狼甚至會配戴夜視鏡。有些人還會使用無人機。超載毒品的無人飛機偶爾會在邊境附近墜毀；相同的技術可能被用來監視邊界巡防隊的位置，讓偷渡者得以暗中跨越邊境。

使用高科技產品會提高走私販的成本，但客戶也能利用科技去討價還價。他們能夠瀏覽社交媒體的回饋，得知哪些郊狼最值得信賴。正如絲綢之路等網站使得毒品業競爭更激烈，社交網絡讓打算偷渡的人交換跨境價格與客服訊息。有個人在雅虎（Yahoo!）網站的西班牙語頁面提問：「有人知道哪個郊狼可以幫我跨境進入美國嗎？」有人回覆「胡安．卡洛斯（Juan Carlos）」；那個人不僅回答問題，還說卡洛斯使用全球定位系統（GPS）、沙漠過境經驗豐富，而且「會說百分之九十的英語。」有了這些改變，表示偷渡客如今比以往更能和郊狼討價還價，不像昔日只能在入夜後於跨國橋梁附近徘迴，伺機找機會僱用走私人口販子。

執法更嚴厲之後，人口走私業務變得多艱困？美國國土安全部（Department of Homeland Security）的統計人員進行過一項研究，提出的報告可回答這個問題。[1]這些人員使用被捕偷渡者的訪談訊息，收集了數千項付給郊狼價格的數據。老人、兒童和婦女（特別是孕婦）必須支付額外費用，大概是因為帶領這些人過境更為費時。他們還發現，墨西哥中部的人通常會少付一些錢，因為這個地區常有大量的人偷渡到美國，當地人或許比較熟悉市場，當然能夠談出更好的價格。他們發現，走私販會對團體偷渡客打折，但人數太多時則會加價，因為這樣會更難偷偷帶人過境。在美國收割季節之前或在頻繁施工期間，美國人需要仰賴廉價的墨西哥勞動力，此時對郊狼的需求就會更大。

這些研究人員參考邊界巡防隊的採訪資料以及其他美國和墨西哥機構進行的調查，繪製出逐漸變化的收費價格。所有的資料都顯示跨境價格逐步上升，在

圖9.1 偷渡者 vs 「米格拉」

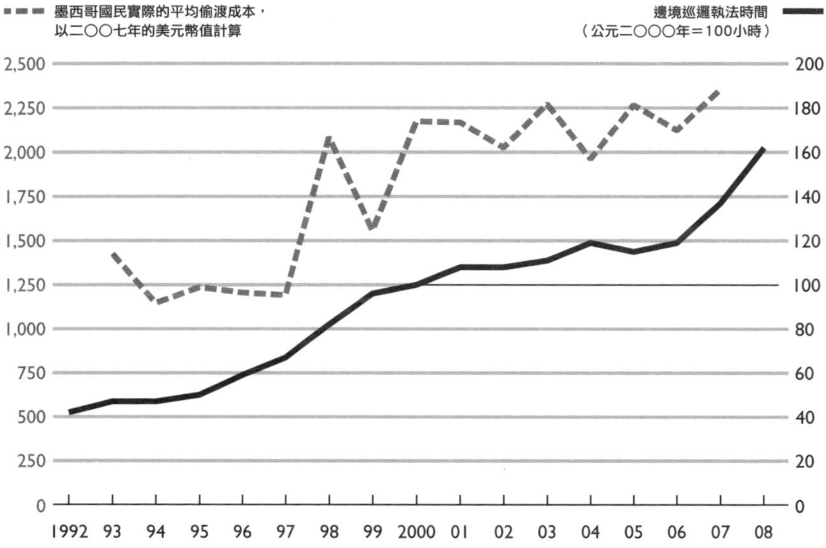

出處：Bryan Roberts et al., "An Analysis of Migrant Smuggling Costs Along the Southwest Border," US Department of Homeland Security, Office of Immigration Statistics working paper, November 2010.

一九九三年時，價格大約介於七百美元到一千四百美元，到了二〇〇七年，價格已經漲到一千五百美元到二千四百美元之間（這些價格皆以二〇〇七年的美元價值來計算）。因此，平均價格幾乎漲了一倍。此外，研究人員還繪製了一條線，顯示邊界巡防花費的時數。這兩條線幾乎配合得恰恰好。（請參閱上圖9.1。）這項報告證實了維克多·克拉克訪談走私販的聲稱：美國更嚴厲執法之後，非法越境的成本便增加了。

我讀完這一切，也親眼看到了可怕的邊境障礙，於是開始思考卡特爾在這個艱困的市場嗅到了什麼商機。美方加強巡邏邊境，越境偷渡便更加困難。邊界巡防隊目前大約有二萬一千名官員，規模約略等同於加拿大的現役軍隊。墨國的郊狼逐漸淡出市場，留下來的人不斷調漲費用，而這可能會抑制偷渡需求。走私人口真的能賺錢嗎？

我在聖地牙哥時，前往加州大學聖地牙哥分校（University of California – San Diego）拜訪比較移民研究中心（Center for Comparative Immigration Studies）的聯合主任大衛．史考特．費茲傑羅（David Scott Fitzgerald）。許多人從墨西哥中部的哈利斯科州（Jalisco）偷渡到美國。二〇〇五年以來，費茲傑羅的機構便對這裡的居民進行了一項饒有趣味的年度調查。他的調查顯示，人口走私產業非常興盛，而且愈來愈精妙複雜。某些團隊現在會提供「戶到戶服務」（door-to-door service），在墨西哥內陸村莊集結成群的偷渡者，然後安排整個行程，將這些人送到美國的某個城市。根據維克多．克拉克引述的價格，從墨西哥中部到洛杉磯的套裝走私服務，售價落在二千五百美元到三千美元之間，比起提華納當地郊狼提供的基本服務還要便宜。偷渡時若想更完備，可額外支付一千美元租用偽造文件；有了文件之後，要是被移民官員攔截，就更容易過關。客戶滿意度很高：費茲傑羅指出，百分之九十五的人都能偷渡成功，但並非第一次嘗試便能成功；根據他的調查，三分之一到二分之一的偷渡者都會失敗。這就是為何多數走私販收錢之後，會幫助偷渡者不斷闖關，直到成功為止。

費茲傑羅說道，加強邊防管制之後，更專業的走私販便具備競爭優勢。「美國嚴格執法之後，郊狼的網絡更為擴張，而且這些網絡與犯罪集團更加緊密結合。」卡特爾和郊狼的關係錯綜複雜：卡特爾不會親自帶領偷渡者，通常會把工作交給人口走私販，走私販再付卡特爾「過路費」〔derecho de piso，直譯為「地板權利」（floor rights）〕，亦即使用卡特爾的地盤並得到邊境附近聯繫人的協助。卡特爾偶爾似乎允許走私販使用其高價值的販毒基礎設施。二〇一四年，提華納的科隆尼亞・里柏塔德被發現有一條走私人口的隧道。當時，墨西哥警察搜查了兩座建築物：一棟是安置偷渡者的藏身處（safe house）（偷渡者來自中美洲，無權待在墨國，因此必須保持低調），另一棟離邊境只有幾碼，屋內有一扇隱藏入口，可進入通往加州的一條隧道。

人口走私勾當愈來愈難幹，卡特爾（或至少是卡特爾支援的郊狼）似乎勝過較為陽春的單打獨鬥走私販，不斷搶占他們的市場。他們可能不想如此。然而，如果市場的整體規模正逐步縮小，這是可以容忍的。你可能會認為，邊界愈來愈難跨越，人們就會不想偷渡過境。

確實是這樣，但也不是全然如此。邊界更難跨越之後，有些人便退縮了。然而，其他人卻認為，這樣就得請郊狼引路才行。多數的偷渡客無法躲開聖地牙哥的地面傳感器和夜視攝像機，或者單獨穿越亞利桑那州的沙漠（維克多．克拉克言簡意賅，指出這樣做簡直形同「自殺」）。因此，尋求專家協助的想法就更有說服力。調查結果看似支持這點。在一九七〇年代初期，只有百分之四十到五十的非法移民請郊狼帶路，而在一九九〇年時，數字上升到百分之八十。到了一九九九年，數字更攀升到百分之九十。二〇〇六年的一項調查（只詢問首次偷渡的人）發現，百分之九十五的偷渡者聘請了郊狼。[2] 執法嚴格之後，原本偷渡者不用的廉價嚮導服務成了人人都要且獲利極豐的業務。

有可能愈來愈少人偷渡，而卡特爾只是在逐漸萎縮的市場中搶食更大的份額嗎？如果查看這幾年的情況，這似乎言之有理。沒人知道有多少人非法越過美國邊境，但是皮尤西裔研究中心（Pew Hispanic Center）預測得最準確。這個機構估計，自二〇〇〇年以來，每年的偷渡人數已經從七十七萬降到少於十五萬，而人數急遽下降與加強邊境巡邏恰好吻合。[3] 但是，更早之前的情況完全相反。一九九一年到二〇〇〇年之間，邊境巡邏時間大約增加百分之一百五十，但偷渡人數沒有下降，其實反而增加了：在這段期間，年度偷渡人數增加了一倍。這樣很難令人相信管制邊境是影響偷渡人數的主因。換句話說，控管邊境會增加偷渡成本，但似乎並未阻止人們非法越境到美國。

這或許不該如此令人訝異。即使美國的生活費用更高，墨西哥勞工到美國之後，實際薪資卻會變成四倍，而且已經在美國工作的家人會貼補過境花費。我想瞭解人們決定冒險偷渡的理由，於是前往提華納的某個「移民屋」（migrant house），這是北上偷渡客中途停留的住所。天主教傳教士管理的「阿松達修女機構」（Instituto Madre Assunta）讓女性偷渡客短暫停留兩週，每天供應她們三餐和乾淨的衣服，並且提供醫療照顧與法律協助。我穿過陽光明媚的庭院之後，看到女人在一小間電腦室用 Skype 與孩子交談。中心主任瑪麗·加爾萬（Mary Galván）對美國對待移民的方式感到沮喪。她說道：「我們原本對歐巴馬寄予厚望。我們期待他會大幅改革來幫助移民。」然而，情況「完全相反」（todo lo contrario）。在歐巴馬的第一個任期內（從二〇〇九年到二〇一三年），每年平均有將近四十萬非法居留的外國人被驅逐出境，比世紀之交時的數字多一倍，而且將近是一九九〇年代初期數字的十倍。如今，待在「移民屋」的女性大多剛被驅逐出境，其中的絕大多數都打算立即北返。

我與幾位女性交談，她們想去美國的理由各有不同。有些人是想賺錢。皮膚黝黑的安吉拉（Ángela）三十多歲，來自南部的瓦哈卡州（Oaxaca）。她在加州聖伯納迪諾（San Bernardino）的一家回收工廠工作近四年後被驅逐出境。她賺取每小時八美元的最低工資；墨西哥的最低工資平均每天不到五美元。與我訪談的女性都提到她們在美國的工作：一位在旅館和加油站打工，另一位在泳衣廠當女裁縫，同時兼差當保姆。其他人則提到家庭。四十五歲的羅莎（Rosa）在二十一歲時為了躲避有暴力傾向的丈夫，逃離瓜達拉哈拉（Guadalajara）的家。羅莎和安吉拉一樣一直住在聖伯納迪諾，有了新的丈夫和三個女兒。羅莎指出，她被驅除之後便「失去了一切。」不過，羅莎有望使用她某個朋友的身分證和出生證明來矇混邊境官員；她很快換了髮型，看起來就跟友人差不了多少。另一位女性叫崔尼達（Trinidad），她似乎有點不安，正打算北返去尋找九歲的兒子。她說，兒子是美國公民，被美國政府帶走了。她打算跟以前一樣，請郊狼協助她回美國。她說道：「路上有動物和蛇。大概需要一、兩天。會受點苦。有人會死掉。有冷、有熱、沒有水。」但看不到兒子「很痛苦」，所以她別無選擇。

礙於邊境愈來愈難跨越，這些女性偷渡客鐵定要花錢請郊狼幫忙，而她們以前可能不必這樣做。這就讓她們（或她們的美國親屬）要把更多的錢送給人口走私販。人口走私販也更可能與組織犯罪網絡勾結。即便如此，這些女性仍然堅持要再偷渡回美國。聽到這些婦女的故事，知道她們可在一小時賺取墨西哥一天的工資，也知道她們希望與失散的孩子見面。因此，我能夠理解她們不會因為需要多花一千美元左右而打退堂鼓。美國大幅增加支出來管理邊境，無意中改變了人口走私行業，使它從可有可無的廉價業餘勾當，轉變成近乎強制、極為昂貴且遭到卡特爾掌控的經營活動。對組織犯罪集團而言，這是天上掉下來的禮物。

• • • • • • • •

卡特爾透過「集中式多角化」打入人口走私行業，似乎比可口可樂進軍釀酒業更為成功。然而，他們並不以此自滿，正透過管理大師稱為「橫向／水平」（horizontal）多角化來向其他新市場試水溫*。

舉一個合法商業世界的案例來說明。讓我們看一家迥異於毒品卡特爾的公司：迪士尼（Disney）。這間華特．迪士尼公司（Walt Disney Company）以製作卡通片起家。這些卡通吸引了一大批兒童及其家人，使其成為忠實觀眾，迪士尼於是多樣化去打進各種產業，從主題樂園（theme park）到遊輪度假（vacation cruise）再到電視頻道，把這些通通銷售給同一批客戶。華特．迪士尼曾說：「我想我的方案可能是：夢想、多樣化，以及永不錯過任何觀點。」他落實了自己的構想：現在可以在玩具、衣服、書籍、文具和許多產品上看到米老鼠（Mickey Mouse）圖案。迪士尼並非利用其關鍵技術去多角化（經營主題樂園或遊輪與製作卡通片幾乎沒有共同之處），而是善用它的卡通觀眾。去迪士尼主題樂園或購買迪士尼品牌服裝的人都喜歡看它的動畫和電影。這種策略（針對現有客戶推出完全不同的產品）便是落實橫向多角化。

毒品卡特爾會如何橫向多角化呢？首先，我們來檢視他們的市場：吸毒者，多數人住在富裕世界。這些人吸食何種毒品？墨西哥卡特爾從不同的毒品各賺多少，各方的估算落差甚大，但大家都認為古柯鹼與大麻占其收入的最大宗。根據各家估計（挑你信任的來看），走私古柯鹼與大麻的獲利大約占整體販毒收入的百分之七十四（根據美國智庫蘭德公司估計的中點（midpoint））與百分之九十（根據美國全國毒品管制政策辦公室（US Office of National Drug Control Policy）的估計，但有點不太可靠）。[4]

只把賭注押在兩個產品線很危險，尤其毒品市場的顧客特別挑剔。毒品來來

＊指企業採用不同的技術去跨行業發展新產品，並將新產品銷售給原市場的顧客。

去去，每一代人風靡的毒品都不同。如今，青少年不太吸食迷幻藥（LSD），就像他們不愛穿喇叭褲（flared pant）一樣*。近幾年來，專門走私古柯鹼與大麻的風險太大。根據多方估計，墨西哥卡特爾最賺錢的古柯鹼已經在美國過時了。沒人知道個中原因（尤其歐洲人還很風靡這種毒品），但是從二〇〇六年至二〇一〇年，美國的古柯鹼消耗量減少了一半。大麻市場似乎比較興旺，其消耗量在同一時期增加了將近三分之一。然而，卡特爾在大麻市場面臨不同的威脅。強大的美國競爭對手剛興起，在大麻合法化的州營運，如今幾乎要接管了市場（請參閱第十章）。

墨西哥卡特爾面對風暴來臨，早已插手其他種類的毒品。一種是冰毒。冰毒可在任何地方製造。待在墨西哥比在美國更能胡作非為，因此在墨國保有祕密的製毒實驗室更容易且更便宜。近年來，墨西哥當局破獲一些製毒設施，專業到讓《絕命毒師》（*Breaking Bad*）主角沃特・懷特（Walter White）的實驗室如同廚房般簡陋。二〇一二年，當局發動突襲，炸開瓜達拉哈拉（Guadalajara）南部的一間倉庫，發現極為專業的實驗室，裡頭存放十五噸毒品，另有七噸製毒的先質化學物。以前不常破獲這類的案件，近期卻極為普遍：墨西哥警方在二〇〇八年發現了二十一間冰毒實驗室，隔年又破獲了一百九十一間。美國邊境當局也攔獲愈來愈多走私到美國的墨西哥冰毒。二〇〇一年，他們查獲了一點三噸的毒品；到了二〇一〇年，查獲的毒品高達四點五噸。

美國執法機構讓墨西哥卡特爾得以進軍冰毒。原本在美國製造冰毒非常容易，但最近情況丕變。冰毒主要成分為假麻黃鹼（pseudoephedrine），可以在普通的感冒藥中找到。因此，只要跑一趟藥房買藥，然後根據網路配方便可煮一批冰毒。製毒時有可能引發爆炸（已有吸毒成癮者曾因此炸斷雙手），但並非特別困難。然而，《二〇〇五年防制甲基安非他命流行法》（Combat Methamphetamine Epidemic Act of 2005）通過之後，便無法隨意銷售含有假麻黃鹼和其他類似化學物質的藥物，因此要在家製作冰毒就更難了。現在只要多買一點相關藥品，都可能遭到逮捕，無論購買動機為何。根據報導，有一位爸爸知道兒子要參加教會的度假營，便替他囤積過敏藥物，沒想到率先被捕。

這項法律發揮了成效，卻衍生意料之外的後果。第一個是美國製造冰毒的人

＊美國在一九六〇年代時經濟發達，一批知識分子挺身反戰與資本主義，同時歌頌性解放、和平與自然。他們迷搖滾樂、吸迷幻藥、留長髮與穿喇叭褲，被稱為浪漫純真的時代。

會請一大批親朋好友和想賺外快的無業遊民，要這些人去不同的藥房少量購買感冒藥，然後再回頭賣給他們獲利。因此，成千上萬俗稱「藍色小精靈」（smurf）的稻草收購者（straw-purchaser）＊被誘惑參與了製毒產業。他們偶爾收毒品當報酬，有時收現金當工資，許多人都染上冰毒癮。

然而，「請藍色小精靈分頭購藥」（smurfing）成本很高，美國的許多冰毒製造者不久便退出市場，但隨後出現第二個意想不到的後果。製冰毒產業往南遷移到墨西哥，而墨西哥人更擅於此道。墨西哥卡特爾以前必須賄賂當地警察，讓他們對整片大麻栽植地視而不見。對他們而言，如今在墨國建立美國人聞所未聞的大規模冰毒製造廠簡直易如反掌。正如沃特．懷特所知，用更複雜的設備製毒，將可生產出品質更好的毒品。自墨西哥製毒實驗室運轉以來，美國的冰毒平均純度提高了一倍。不僅如此：製毒實驗室效率極高，因此墨西哥專業冰毒比美國廚房烹製的業餘冰毒便宜得多。墨西哥人增加供應量之後，美國的冰毒平均售價下降了三分之二以上。此外，製毒者似乎從《絕命毒師》汲取靈感：沃特．懷特的標誌性產品藍色冰毒（blue crystal）＊據說比平常的白色冰毒更貴（製毒者跟懷特不同，顯然打算用食用色素（food coloring）偽造藍色效果）。

卡特爾製造冰毒頗為成功，因此備受鼓舞，開始多樣化，嘗試生產更有利可圖的毒品：海洛因。墨西哥人特別受到海洛因的吸引。古柯鹼必須從南美進口，而冰毒通常得用遠東進口的化學物來製作，但海洛因不同，可在墨國境內自行生產。被稱為「戈梅羅」（gomero，橡膠園主）的農夫在馬德雷山脈種植罌粟，他們會從罌粟獲取膠狀汁液，故有此稱號。收集汁液的過程很簡單：用刀片在膨脹的種子莢側面劃一傷痕，乳狀汁液便會滲出。汁液晒太陽之後會硬化成膠，戈梅羅就把膠刮下來，此乃生鴉片（raw opium）。將鴉片膠與水和石灰一起燒煮以提取嗎啡（morphine），然後用某些唾手可得的化學物將嗎啡轉化為海洛因，這些化學品包括碳酸鹽（carbonate）、鹽酸（hydrochloric acid）和一點木炭。此時，成品只有原始重量的百分之五，已經準備好出貨。卡特爾維持垂直整合，從生產到配銷一把抓，從中獲取最大的利潤。凱文·梅里爾（Kevin Merrill）是美國緝毒署科羅拉多州（Colorado）丹佛（Denve）分部的特別助理。他指出：「海洛因的利潤更高，因為不必回饋給哥倫比亞（毒梟）。」

* straw 原指稻草人，在此指充當幫凶。藍色小精靈就是跑腿的，他們來回購藥，與螞蟻搬家有異曲同工之妙。

* 《絕命毒師》劇中提到的超高純度冰毒。

墨西哥卡特爾以前礙於兩個因素，不願意參與海洛因市場。首先是需求考量。美國人在一九六〇年代與一九七〇年代愛上海洛因，當時搖滾樂團「地下絲絨」推出了一首歌頌毒品的歌曲，「滾石樂團」（Rolling Stones）則高唱輕鬆活潑的曲子，叫人「伴隨針筒與湯匙」（with a needle and a spoon）來放鬆*。然而，美國人與海洛因的熱戀關係不久就變質。公共宣傳活動警告青少年吸食海洛因會成癮，也有吸食過量的風險，而且某些讓海洛因顯得光燦迷人的名人最終也因吸毒而死。海洛因的名聲暴起暴跌，從原本讓人興奮的仙丹變成令人恐懼的毒品。到了一九八〇年代，只有市中心的貧窮人才會吸食海洛因，這種毒品的惡名便洗刷不掉。時至一九九〇年代初期，「快克」古柯鹼才擠下海洛因，成為最危險的毒品。海洛因市場原本前景看好，最終卻萎縮了。

第二個原因是，墨西哥人一直在供應層面受到阻礙。很容易種植鴉片罌粟，但墨西哥武裝部隊會徒步巡邏或搭機巡察馬德雷山脈，只要發現戈梅羅的罌粟園，便加以摧毀。哥倫比亞的山區比較崎嶇，較難深入，該國執法也比較寬鬆，因此當地農民長期以來比墨西哥農民更能提供較為低廉的罌粟。墨西哥人看到需求逐漸減少，組織供應鏈也很困難，於是不想插手海洛因市場。

然而，後來發生兩件事情，改變了這一切。讓我們來瞧瞧辛西雅・斯庫多

（Cynthia Scudo），從中瞭解美國海洛因市場如何變遷。辛西雅身為祖母，看起來卻很年輕，而且身材苗條，黑髮剪得極為齊整。她開著速霸陸休旅車（Subaru SUV），停靠於路邊。她身穿一套黑服，衣著講究，神采奕奕，手拿著路易威登（Louis Vuitton）手提包。辛西雅的家人住在丹佛市的某個富裕郊區，而她體驗過何謂海洛因成癮。這點令人驚訝：海洛因一直是市中心窮人吸食的毒品，生活舒適的郊區中產階級不會碰這種東西。更奇怪的是，這個家庭的癮君子不是辛西雅的兒子或者孫子。成癮的是辛西雅本人。我們約在「依賴、成癮和康復中心」（Center for Dependency, Addiction, and Rehabilitation, CeDAR）碰面。她最近在這間診所戒掉了九年的海洛因癮頭。診所地板裝飾宜人，辛西雅坐在一張桌子旁，回想剛開始戒毒（detox）計畫時便直打冷顫。她指出，起初前六天，她每隔十五分鐘就得嘔吐一次。在此之前，她已經因為吸毒而瘦成皮包骨，只能穿小孩的褲子。她在康復中心時，體重曾掉到只剩約四十公斤。

＊這是滾石樂團一九七一年的單曲〈凋謝之花〉（Dead Flowers）的歌詞。原句是 I'll be in my basement room, with a needle and a spoon.（我要在地下室，伴隨著針筒與湯匙），暗示要注射海洛因。

出現辛西雅的案例，表示卡特爾順利克服了第一個障礙，也就是扭轉了海洛因的惡劣形象。海洛因一直聲譽不佳，但的確應該如此：海洛因與其他主流毒品相比，有效劑量（effective dose）和劑量過度（overdose）之間的差距最小。學術雜誌《成癮》（*Addiction*）*刊登過一篇論文，文中針對各種毒品，估計了讓普通人興奮所需以及讓吸食者致死的劑量。[5]酒精的比例大約是十比一；換句話說，如果你喝兩小杯伏特加（vodka）就會產生醉意，連喝二十杯就會死掉。該文發現古柯鹼稍微安全，比例為十五比一。迷幻藥的比例為一千比一，而大麻是最安全的：就目前所知，人不可能過量吸食大麻而死亡。即使吃大麻食品（edible）*，也沒有證據證實有人會吃過量而死亡，只是效用會更強且更持久。海洛因的有效劑量與致命劑量的比例僅六比一。有鑑於每批海洛因的純度差異甚大，每打一劑海洛因便如同玩俄羅斯輪盤（Russian roulette）*。如果顧客是覺得生活無望的人，海洛因毒販可能不會在乎這點，但是真正要大量銷售海洛因，必須增強其吸引力，也就是要軟化它的形象。

卡特爾很走運，他們有一批不知情的幫凶：近年來，美國醫生戮力扭轉鴉片劑（opiate）名聲，投入的心血連任何毒販都料想不到。辛西雅曾經臀部受傷，當時便開啟了日後的劫難。醫生非常想幫她，結果開藥時熱心過頭，每天要她服用六顆「奧施康定」（OxyContin），這是一種強效的類鴉片（opioid）止痛藥。辛西雅說道：「我想醫生希望患者滿意，以便他們回診。」她確實回診了，一次接著一次回去。「我上癮了，十天便吃完三十天的藥量。」醫生又繼續開藥給她。然而，這位醫生後來離職，替代醫生削減了辛西雅的劑量，令她驚恐萬分。她在絕望之際，開始碾碎藥丸，用鼻子吸食藥粉以增強效果。但這樣還不行。從黑市可購買奧施康定，但每顆要價八十美元，實在太貴了，辛西雅無法買足夠的藥量來解除戒斷（withdrawal）症狀。然後，她透過女兒某位見不得光的朋友，得知一種效果相同卻更為便宜的藥物。那就是海洛因。黑市的奧施康定單日藥價高達四百八十美元，但一整週的海洛因劑量只要三百五十美元。辛西雅可以把醫生開的少量奧施康定賣掉，籌措部分購買海洛因的錢。辛西雅不知為何吸食海洛因吸上癮了。

辛西雅的故事聽起來或許荒誕無稽。然而，在一九九〇年代與二〇〇〇年代，

---

* 英國科學學術月刊，由酒精與藥物成癮學會（The Society for the Study of Addiction to Alcohol and other Drugs）於一八八四年創辦。
* cannabis edible 或 cannabis-infused food。
* 一種賭命遊戲，參加者只在能裝六發子彈的左輪手槍裝一發子彈，輪流將槍口對準自己的頭部扣扳機，看誰先死。

醫生大量開給類鴉片止痛藥的處方，成千上萬的美國病患很容易便陷入這種境地。醫生開的強效類鴉片藥劑令人嘆為觀止：在某些州（多數位於美國南方），如今每年開的處方數目多於當地的人口。患者服用這些藥物之後可以免受痛苦。但是濫開藥物就是濫用藥物：每年大約有一千一百萬的美國人非法服用這類藥物，超過吸食古柯鹼、搖頭丸、甲基安非他命與迷幻藥的總人數。

這類硬性藥物是由善良的醫生開藥，裝於著名藥廠的包裝，因此戴著一付令人尊敬的面具。阿特．夏特（Art Schut）是另一家丹佛康復診所的負責人。他向我透露，在現在的海洛因成癮者之中，許多是大學年齡的富家子弟，全是先服用奧施康定或類似藥物之後才染上海洛因癮頭。阿特說道：「他們多數是中產階級或中上階層，因為服用處方藥而感染毒癮。處方藥是合法的，屬於藥品，我們都認為它們對我們有益。很容易在服用這些藥之後染上毒癮。」在全美各地，三分之二的海洛因成癮者初期都是濫用醫生開的止痛藥。

最近有一些遏止成癮的行動。奧施康定的製造商普渡製藥（Purdue）已經推出一種耐嚼的藥丸，無法將這種藥丸磨成粉狀來透過鼻子吸食或利用針筒注射。醫生現在必須檢查患者病歷，看看他們是否在其他診所拿過止痛藥；違反規定的診所會被勒令關門。然而，在短期之內，數百萬個止痛藥成癮者將面臨辛西雅先前所處的困境：無法獲得正常劑量的止痛藥，急需尋找替代品。

對卡特爾而言，此乃開拓新市場的大好機會。首先，海洛因為處方藥而被漂白。更棒的是，服用這些入門藥（gateway drug，又譯誘導性毒品）的人是毒販以前難以接觸的群體：富裕的年長女性。卡特爾已經順利將這批人轉變為客戶。密蘇里州（Missouri）聖路易斯市（St. Louis）華盛頓大學（Washington University）的西奧多．西塞羅（Theodore Cicero）進行了一項有趣的研究。他比較了現今海洛因使用者與前幾代吸食者之後發現，目前的成癮者與一代之前的成癮者是來自於完全不同的族群。[6]一九六〇年代，百分之八十以上的海洛因成癮者為男性，如今的成癮者，性別大約各占一半，但女性稍多。毒癮者的種族背景也有變化。一九七〇年，吸食海洛因的人不到一半是白人。現在，百分之九十是白人。吸毒者的平均年齡也攀升了。在一九六〇年代，首次吸毒的人，其年齡非常低，只有十六歲。目前第一次吸毒的平均年齡為二十四歲；根據毒品產業的標準，這個年齡偏高，主要因為吸毒是年輕人的嗜好。

海洛因市場的需求層面已經改變。但是什麼事物改變了供應層面？答案位於美墨邊境以南。墨西哥前任總統費利佩．卡德隆在二〇〇六年做了一項決定。他當年以些微差距險勝對手，贏了不到百分之一的票數而取得總統寶座。因此，反對黨高喊作票，鬧得風風雨雨；反對黨在卡德隆的就職典禮上抗議，逼得他只能從後門快速離開國會大樓。卡德隆就任之初便搞得灰頭土臉，為了展現總統權力，於是做出大膽承諾：他要一勞永逸剷除國內凶殘的毒品卡特爾。在後續幾年，墨西哥港口和邊境城市暴力衝突加劇，卡德隆便召集軍隊，派遣數千名士兵在卡特爾恐嚇居民的街道上巡邏。華雷斯之類的城市處處可見軍隊，但是鎮壓結果好壞參半（請參閱第二章）。然而，這項策略卻讓武裝部隊無法善盡他們平時的職責：包括巡邏馬德雷山脈。突然之間，罌粟園被放任不管。

戈梅羅當然不會浪費時間。美國緝毒署的凱文·梅里爾說道：「這和其他產業一樣；只要有需求，就有人提供產品。」從二〇〇六年開始，罌粟產量激增，達到將近二萬公頃的高水平，亦即面積超過二萬甲（據聯合國統計，二〇〇〇年時，罌粟的總種植面積僅為二千公頃）。如今，墨西哥是世界第三大罌粟種植國，僅次於阿富汗（Afghanistan）和緬甸（Myanmar）。由罌粟製成的毒品大多往北走私。美墨邊境截獲的海洛因數量增加到八倍，從二〇〇五年的大約二百五十公斤，飆升到二〇一三年的二千多公斤。美國緝毒署估計，如今美國西部的海洛因幾乎全由墨西哥卡特爾供應，東部的海洛因約有一半也是靠他們提供（其餘通常來自於哥倫比亞和阿富汗）。

海洛因產業的垂直整合一直維持著，因為卡特爾是透過墨西哥人為主的細胞與宏都拉斯的毒販來銷售海洛因。細胞成員每四到六個月就會被召回墨西哥，緝毒署很難滲透到這些團體。梅里爾指出，毒販會在早上六點到下午五點之間在街上兜售毒品，收工後會統計銷售金額，然後向墨西哥基地回報，毒梟會在基地「指揮管制」，對細胞下指導棋。他們在新社區開設新據點時，通常會贈送免費樣品供人試用。墨西哥海洛因的純度低於其他類型毒品，卻很符合新中產階級市場的口味。某些使用者指出，「棕色」墨西哥海洛因比亞洲更普遍的「焦油黑」（black tar）海洛因更容易吸食。海洛因能夠用鼻子吸食，所以更容易賣給謹慎的新顧客，因為這些人害怕打針，而且不喜歡伴隨的「吸毒成癮」（junkie）形象。辛西雅怯懦地說：「不知為何，我認為只要不注射海洛因，就不算吸毒成癮。」她以前經常在丹佛的第六大道（Sixth Avenue）和雪萊登大道（Sheridan Boulevard）的交叉口買毒品。毒販把海洛因裝在小氣球內，含在口中，一發現情況不妙便會把它吞下肚。辛西雅透露，通過那個十字路口時，自己仍會受到誘惑而顫抖。她說道：「戒斷之後，我開車回家經過這裡時，握著方向盤的手會一直抖。」

她抵擋了誘惑，沒有停車買毒。但是很多人辦不到這點。二〇一三年，約有六十八萬的美國人吸食海洛因，幾乎比六年前多了一倍。對於卡特爾而言，這代表他們多角化非常成功。許多人認為海洛因已經退燒，但這種毒品如今又捲土重來，打進利潤豐厚的新市場，讓毫無防備的人染上毒癮。由於古柯鹼已經過時，大麻又被合法市場接管，卡特爾必將更努力推動其致命的B計畫。

10
Chapter

回到原點

毒品合法化如何威脅毒梟

迄今為止，卡特爾完全掌控了大麻市場，
但合法的大麻種植場和數十間類似的公司正在美國科羅拉多州
如雨後春筍般冒出，無疑讓卡特爾面臨嚴峻的競爭。
大麻合法販售第一年結束之際，
單單科羅拉多州的大麻店便已經達到大約七億美元的銷售額，
這原本該是卡特爾賺的錢。

我開車前往科羅拉多州丹佛市邊緣的一座灰色大型倉庫，倉庫門口沒任何標誌，但我查看了手機地圖，似乎就是這裡：一塊沒有標記的土地，位於丹佛市略顯暗淡街區一處毫不起眼的商業園區。四周空無一人，但我認為我沿著坡道向上走到門口時，有人正透過倉庫門口的閉路電視監視我。門口有一具沒貼標籤的電話，我拿起嗡嗡作響的話筒說明來意。片刻之後，一位性格開朗的年輕男子開了門。他笑容可掬，留著一頭亂蓬蓬的金髮，身穿百慕達短褲（Bermuda shorts）*，腳著橡膠平底人字拖鞋（flip-flop）。在倉庫內的接待區，小夥子仔細影印了我的駕照，旁邊有更多閉路電視在監視著。我們推開另一扇門，迎面吹來暖風，高瓦數老式電燈與空調發出微弱的嗡嗡聲。最引人注意的，是空氣中瀰漫強烈的大麻氣味。

「丹佛救助」（Denver Relief）是丹佛最早開設的合法大麻店。此處就是他們的大麻種植場。伊恩．西布（Ean Seeb）是科羅拉多州人，於二〇〇九年創立這家公司。這位年輕人曾因滑雪受傷，唯有吸食大麻才能緩解疼痛，因此致力於推

* 長度及膝的大短褲。

動醫用大麻（medical marijuana）。命運彷彿在暗示伊恩，他後來又發生事故，讓一根手指的指尖被砍斷，讓他更能體會大麻的止痛功效。丹佛救助剛開業時只有四千美元的存款，也只有半磅的大麻庫存，先提供送貨到府服務，把大麻送給丹佛市登記在案的醫用大麻患者。自二〇〇〇年以來，這些患者可以在醫生的允許下吸食大麻。爾後，科羅拉多州領先全球，率先將非醫療用大麻合法化，因此丹佛救助便在二〇一四年一月一日擴展市場，開賣娛樂用大麻*。

該公司的首席園藝師（horticulturalist）尼克・希瑟（Nick Hice）向我介紹苗圃。他穿著白色實驗室工作服，推開了第一個栽培室的雙扇門，裡頭大約有一百株成熟大麻（尼克稱之為「媽媽」），靠著牆壁排成一列，另有三百五十株左右較小的大麻，置於中央的各張桌子上。微小的插條（cutting）被種在岩棉（rockwool）花盆中；生長兩週之後，會被移動到桌子上。然後，它們會種在土壤中，吞食歐洲進口的植物食品，並在一排鹵化物燈（halide lights）的眩光照射下生長。他們會用探測器測量土壤的pH值，使用量子計量器（quantum meter）測量燈管釋放的光子（photon）數量。溫度和濕度也受到嚴格控制。各種量測數據都會上傳到電腦系統。倘若某株植物出現問題，該公司便可檢測過去一個小時到數個月前的資料，從中找出原因。

希瑟的雙親在俄亥俄州（Ohio）經營傳統的植物苗圃。他很謙虛，直說種植大麻「猶如種番茄。」然而，希瑟對這座完美無瑕的種植場非常自豪。他語帶興奮，說道：「外頭有很多教業餘人士種植大麻的書籍。但我們現在知道該如何做：光照量、溫度和濕度，以及氮素（nitrogen）和磷肥（phosphate）含量。」幾個星期之後，稱為「女孩」（girl）的大麻會被小心翼翼地轉移到第二間栽培室，然後又轉到第三間。總體而言，要採收大麻需要耗時一百四十天，屆時豐滿的花苞會滲出粘液，附著株頂附近的樹葉上。摘取花苞之後，要將其置於一旁乾燥，然後出售。也可搗碎下半部的葉子，把它濾成濃縮溶液，然後加入大麻食品，或者拿來吸食。

迄今為止，卡特爾完全掌控了大麻市場，但丹佛救助的大麻種植場和數十間類似的公司正在科羅拉多州如雨後春筍般冒出，無疑讓卡特爾面臨嚴峻的競爭。美國人最愛吸食大麻，但大麻多年來遭禁，犯罪組織便可獨占這個非法市場。大麻市場的情況如何：儘管大麻不合法，在十個美國人之中，大約有四個承認吸食過

＊二〇一二年底，科羅拉多州選民於利用公投通過《科羅拉多州憲法第六十四號修正案》，將娛樂用大麻合法化。州政府全面管制大麻的生產與銷售，規定居民年滿二十一歲即可一次購買二十八公克大麻，但不得於公共場所吸食。

大麻。美國的大麻產業每年約有四百億美元的價值，足以媲美音樂產業。在最近之前，每一分暴利皆落入犯罪組織的口袋。然而，到了二〇一四年，科羅拉多州（華盛頓州緊跟其後）成為美國和全球第一個讓大麻合法的地方，允許西布與希瑟等守法的納稅人打進大麻市場。同年稍晚時*，阿拉斯加州（Alaska）和俄勒岡州（Oregon）的選民投票讓大麻合法化。別的州也打算陸續跟進。這些州的持牌企業現在可以種植、加工和銷售大麻，將商品賣給二十一歲以上的居民，來自國外或其他州的居民也能合法購買大麻。大麻合法販售第一年結束之際，單單科羅拉多州的大麻店便已經達到大約七億美元的銷售額[1]，這原本該是卡特爾賺的錢。

• • • • • • •

科羅拉多州的合法企業比黑市經濟中的企業更具備幾項重要的優勢。首先來談栽種層面。如同其他農作，種植大麻可實現「規模經濟」（economies of scale）。一間大倉庫可比許多小倉庫更能有效種植大麻。在非法的經濟體系中，栽種者為了掩人耳目，自然會限縮種植規模。某些種大麻的墨西哥人能夠隱藏大型種植場，但通常得將廠房設在偏遠地區，而且栽培法遠不如丹佛救助專業。某些科羅拉多州種植場的面積超過二·三公畝，差不多和大型賣場同樣大。每株植物可生產大約七十五公克的可用大麻，零售價約略高於一千美元。中等的大麻種植場可容納一千株植物，隨時都能栽植價值數十萬美元的大麻。這可能是丹佛救助不在倉庫旁打上公司名稱的原因。然而，非法開設一間大型大麻種植場風險很高，因為無法購買保險；如果廠房遭竊，當然也不能報警。

非法的大麻種植園也會因另一個因素而使規模受限：電力。在室內種植大麻（有效生產高價值大麻的最佳方式），必須每天用強光長時間照射大麻，因此必須花大筆電費。許多人在大麻愛好者的網路論壇發送訊息，討論得沸沸揚揚，紛紛詢問要用多少電量，電力供應商才不會起疑而向警方報案。希瑟說道：「種植大麻指南指出，根據經驗，一臺大型電視大約會使用一千瓦特（watt）。如果在有五間臥室的屋子種植大麻，大約可用五千瓦特的電，這樣就不會起人疑竇。」這種耗電量根本微不足道：在丹佛救助種植場，電燈大概要消耗十五萬瓦特的電量，空調和其他設備還會用到大約十萬瓦特。每天的電費要八百美元。

＊二〇一四年十一月。

對於非法種植者而言，使用的電燈會衍生另一個問題：熱量。警方已經掌握這點，目前許多警察部門會使用紅外線攝影機（infrared camera）掃描街區，搜尋溫度過高的可疑房舍。透過警用直升機的熱敏感攝影機（heat-sensitive camera）看見的街區是暗沉的，但種植大麻的房子會顯得亮白而露出馬腳。利用這種方式去尋找大麻種植場的不只警察：英格蘭伯明罕（Birmingham）的歹徒曾被人發現利用裝設紅外線攝影機的無人機去尋找隱匿的種植場，然後黑吃黑，趁機搶劫或勒索業主。用無人機勒索的歹徒告訴當地的《赫爾斯歐文新聞》（*Halesowen News*）：「他們是可作弄的對象。我不是用無人機去搜尋高級電視機，而是去找哪裡有毒品可偷來販賣。如果你違反了法律，你就闖進我和我無人機的地盤。」[2]

違法大量種植大麻有難度，但科羅拉多州的倉庫卻能種植大批大麻，因此非法種植者與合法業者競爭時處於極大的劣勢。但兩者的大麻品質相比會如何呢？我不太瞭解這檔事，所以請教了專家。珍妮佛．穆雷（Genifer Murray）創立名為「大麻實驗室」（Cannlabs）的公司，其光鮮亮麗的投資者手冊指出，它是「引領大麻創新」（leading cannabis innovation）的企業。我約了珍妮佛在公司的接待區會面。珍妮佛戴著一條項鍊，項鍊上懸掛著大麻葉形鑲鑽吊墜。她擁有微生物學學位，對大麻的科學層面有濃厚的興趣，於是在二〇一〇年於一間約四坪的小實驗室創業。娛樂用大麻在科羅拉多州風行之後，大麻實驗室在二〇一四年搬遷到約五十六坪的高科技實驗室，工作人員增加到三十多人。實驗室栽種了許多可在科羅拉多州使用的大麻品系（strain），從中檢視這些品種的生長能力。

珍妮佛見證了大麻種植產業的變遷。她說道：「四年之前，做法非常簡單：人們只用土壤、水分和光照。以前是偷偷在地下室非法種植大麻；如今種大麻得請一位園藝師。必須將『種植場』視為製藥廠。」只要花八十美元，大麻實驗室會替人測試一批大麻，計算其中九種大麻素（cannabinoid）的濃度，這些化學物影響甚廣，會影響吸食者的心理狀態與食慾*。珍妮佛自豪地把一個閃閃發光的銀色小儀器稱為「儀器中的賓利」（the Bentley of instrumentation）*，可用這個工具檢查樣品殘留的殺蟲劑。其他可能被標記的污染物包括重金屬以及微量的丁烷（butane）和丙烷（propane）氣體，某些製造商使用這些氣體來生產大麻濃縮物（concentrate），卻沒有在販售之前將其清除乾淨*。

* 大麻的化學成分高達八十種以上，統稱為「大麻素」。這些化學物質會透過人體的「大麻素受體」來影響人的心理狀態與生理功能。因此，大麻具備醫療用途，包括治療癲癇與止痛，亦可用作安寧治療。
* 賓利是英國豪華房車製造商。
* 大麻種植者會使用丙烷或丁烷，當作促進大麻生長的二氧化碳產生機的燃料。

藉由這種複雜的測試，合法大麻的消費者便能確切知道自己吸食的大麻內含什麼，以及它會有何種效果。丹佛的大麻店有「清單」，列出販售的各種大麻品種。每種大麻都有簡短介紹，詞藻華麗，讓我聯想到葡萄酒標籤的酒品介紹。「診所」（The Clinic）是丹佛最大的大麻連鎖店，店內販售一種稱為「火車出軌」（Trainwreck）的大麻品種，其介紹如此寫道：「辛辣刺激，強烈檸檬味外加些許氨氣味……藥性強勁，令人飄飄欲仙，欣快亢奮，忘卻煩憂。」另一種大麻「德班毒藥」（Durban Poison）*的簡介如下：「甘草香味搭配淡淡的柑橘與薄荷清香……足以提神醒腦。」除了產品簡介，另有各種大麻素濃度的資訊，可以看到德班毒藥比火車出軌強勁不少。某些製造商甚至會提供時間表，指出大麻要多久才會產生藥效，以及藥效能持續多久。對於隔天早晨要開車的吸食者而言，這種資訊非常管用。

毒販也並非全然無法宣傳毒品：絲綢之路等非法市場通常與合法大麻店一樣，也會替產品取花俏的名稱，並且用華麗詞藻描述商品。然而，合法供應商可提供實驗室背書的藥效與污染物訊息，因此比街頭毒販更具優勢，尤其能夠招攬害怕吸食未知大麻品種的新客戶。

合法商家早已設計各種新穎手段來吸引新客戶，讓他們願意吸大麻放鬆身心。「科羅拉多大麻之旅」（Colorado Green Tours）*率先推動有趣的「大麻旅遊」（marijuana tourism）。我在丹佛市中心與該公司負責人彼得．強生（Peter Johnson）碰面。他戴著太陽眼鏡，身穿皮夾克，黑髮梳得平整油亮，約我在華威酒店（Warwick Hotel）的大廳見面。這家旅館禁止在館內吸食大麻，卻是大麻旅客最愛入住的場所，因為每間客房都有僻靜的陽台，非常適合吸大麻放鬆。雖然大麻或多或少已經出現在科羅拉多州的公開場所，強生仍然建議找一張餐廳角落的桌子，我倆可坐著私下閒談。

強生說自己「一直在創業」（serial entrepreneur），曾在網路熱潮期間涉足科技領域。如今，大麻狂熱已經襲捲科羅拉多州，他決定投身大麻事業。強生說他正在進行三十多項計畫，其中包括網站 Cannabeds.com*，打算以大麻服務為基礎，與網路旅遊住宿平台 Airbnb 一較高下。他也規劃一項尚未命名的計程車服務，有點類似智慧型手機的呼叫計程車軟體優步，只是加入租賃的車子允許乘客吸食大

* 這種大麻品種原產於南非的港口城市德班。
* 在口語中，green 指低級大麻。
* cannabis（大麻）與 bed（床鋪）的組合字，直譯為大麻床，這個網站專門幫人媒合與租賃可悠閒吸食大麻的住宿場所。

麻。強生還打算開一間以大麻為主題的旅館，其他的各類計畫暫且擱下不提。確實有這些需求嗎？我問道。強生大喊：「那當然！這讓我想起一九九〇年代的網路興起時期。那時網路快速發展。但這個呢？」他小心翼翼環顧四周，深怕點子被人竊取。「這個發展得更快。」網際網路泡沫（dotcom bubble）殷鑑不遠，但我認為大麻市場不至於如此。話雖如此，科羅拉多州的大麻市場確實顯露泡沫化的跡象：截至二〇一四年年底，這個州已經核准了八百三十三間可販售娛樂用大麻的商店，每月大約服務五十萬名消費者。[3] 即使每位客戶每個月都上門消費，每間大麻店平均每天也只能招攬到大約二十名消費者，這似乎不足以撐起零售業務。合併（consolidation）風潮肯定會出現。

科羅拉多州以外的顧客刺激了景氣不振的大麻市場。根據訂房網站 Priceline.com 的資料，在美國學生二〇一四年最常搜尋的春假旅遊景點之中，丹佛位列第三名。在販售娛樂用大麻的前九個月之中，丹佛大都會區百分之四十四的大麻是賣給科羅拉多州以外的人。在薩米特郡（Summit County）、聖米格爾郡（San Miguel）與克利爾克里克郡（Clear Creek）等山間旅遊區，這個數字則高達百分之九十。

強生指出，參加他的旅遊團的客人多數是美國人，也有來自世界各地的客戶：

歐洲人特別多，也有來自澳洲、日本和加拿大的人，巴西人也不少。他的客戶不同於春假遊客，年齡大多介於三十五歲到六十五歲。許多顧客已有一段時間沒碰大麻，強生指出：「需要有人手牽手引導他們。」有些人的伴侶正在丹佛出差，他們閒來無事，想來放鬆一下。丹佛機場是美國最繁忙的機場之一，因此另一個大麻利基是必須在機場等數小時轉機（搭機）的人。有時間放鬆的旅客可以撥打1-855-WEED-TOUR*，強生會派一輛豪華轎車接他們，讓他們坐在後座邊逛市區邊吸大麻。強生服務想放鬆或初次嘗試大麻的客戶（這些人膽小怕事，在科羅拉多州也沒有聯絡窗口），而非法市場無法輕易提供這類服務。

我在丹佛四處閒逛時，看到商人進出旅館和會議中心，不禁想像這些人的丈夫或老婆正坐在「科羅拉多大麻之旅」豪華轎車的後座，緊張地點燃一根大麻菸捲（joint）。乍看之下，這似乎有點荒唐。但是合法企業正以各種方式包裝大麻，藉此吸引不同類型的消費者。走進一間大麻店，除了看到展示大麻芽（cannabis

* 美國電話數字鍵盤有附上英文字，亦即 phoneword（電話字），企業會刻意選取能夠組成單字、縮寫或首字母縮略詞的數字去申請電話號碼，讓顧客更容易記住。

bud）玻璃罐的架子，以及預先捲好供新手抽的大麻菸捲的櫃子，經常還能看到一臺冰箱，裡頭冰著色彩鮮豔的飲料瓶，還可看見貨架，擺滿塑膠包裝的巧克力。長期以來，大麻愛好者試過用不同方式吸食毒品，好比大麻布朗尼蛋糕（hash brownie）*與印度的bhang lassi，亦即一種加入大麻、類似優格的飲料。大麻如今已合法，擁有真正專業知識的玩家便能進入市場。迄今為止，科羅拉多州已經批准了超過二百五十家「注入產品製造商」（infused product manufacturer），這些商家會將大麻轉變成誘人的產品，而非法市場根本沒有這種東西。

科羅拉多州最大的大麻飲料製造商名為「迪克西．伊利克西爾思」（Dixie Elixirs）*。該公司生產一系列大麻飲料、巧克力和藥丸，其工廠內部猶如《絕命毒師》的冰毒實驗室。這間工廠不僅仿效《絕命毒師》的主角沃特．懷特，也借鏡巧克力製造商威利．旺卡（Willy Wonka）*。某些身穿白袍的技術人員正處理濃縮大麻，其他人則在攪拌大桶的熔化巧克力，或者從生產線上取出鋁瓶。公司的財務長（chief financial officer）查克．史密斯（Chuck Smith）帶我參觀工廠，停下來解釋「阿派克斯超臨界二氧化碳萃取儀」（Apeks Supercritical CO_2 Extraction Machine）這臺儀器價值高達十萬美元，以錶盤、電線與金屬圓筒組成，能從大麻中提取有效成分。工廠的不同區域會合力生產大麻飲料，口味繁多，有西瓜奶油

（Watermelon Cream）與汽泡石榴（Sparkling Pomegranate）等口味，甚至還會製造按摩油（massage oil）之類的產品。

自從娛樂用大麻解禁以來，大麻食品市場與其他產業一樣百家爭鳴，變得更為複雜。史密斯說道：「每年都會出現技術的飛躍（quantum leap）*。我們五年以前還在一間小廚房用手工做所有的事。」二〇一四年，史密斯的公司搬到占地八百四十三坪的工廠，遊客可透過玻璃窗看到混合室的作業情形。吸食大麻的新方法正快速發展，目前有飲料、巧克力棒以及迪克西的「露珠」（dew drop，這是一種高濃縮的液體大麻，可滴在舌下來吸收）*，在在顯示合法商家不斷推陳出新來吸引新客群。正如發明拉格啤酒（lager）是為了吸引更多女性喝啤酒，有人也針對注重健康的消費者推出「淡」菸，大麻食品或飲品有可能開拓新市場，讓

* hash 是大麻的俗稱，brownie 是巧克力方塊蛋糕。
* Dixie cup 是迪克西杯，乃是一種裝飲料或冰淇淋的紙製容器，而 Elixir 指靈丹妙藥。
* 英國作家羅爾德．達爾（Roald Dahl）曾於一九六四年出版著名的兒童文學《查理與巧克力工廠》（*Charlie and the Chocolate Factory*），內容講述主角查理．畢奇（Charlie Bucket）在古怪糖果製造商威利．旺卡的巧克力工廠的歷險經驗。
* 量子跳躍，指巨大突破。
* 舌下黏膜通透性最佳，又有充分的血流供應，所以能在短時間讓人吸收藥物，使其發揮藥效。

不喜歡抽大麻菸捲的人也願意嘗試相關產品。

迪克西善用了蓬勃發展的大麻市場，在娛樂用大麻合法化之後的前半年，收入便成長五倍。然而，隨著知名度不斷打開，它不得不面臨責難，因為有人指控其產品比客戶所認知的更危險。大麻非常安全，幾乎不可能吸食過量，也未曾有人吸食後死亡，但吸食太多會令人痛苦不堪，產生妄想或幻覺，心神紊亂可長達數小時。推出大麻食品的公司更會被人單挑出來批評，因為食用大麻食品比吸食大麻更容易過量。抽大麻菸捲很快便能感到藥效，但吃大麻巧克力棒或飲料之後，可能要四十五分鐘才會感到興奮。初嚐者常犯一種錯誤，就是會先小口咬著吃，感覺沒有效果之後，便狼吞虎嚥把食物吃光；不料藥效發作之後，便陷入長時期的恐懼之中，久久無法擺脫困境。

《紐約時報》（*New York Times*）專欄作家莫琳．多德（Maureen Dowd）曾前往丹佛報導內幕消息。她當時狼吞虎嚥，吃掉一根巧克力棒，後來她才知道，那根巧克力原來是給十六個人吃的分量。她後來投書《紐約時報》，寫道：「第一個小時，我沒有任何感覺。後來，我的身體和大腦開始打顫，感覺非常恐怖。我勉強從桌子走到床鋪，整個人蜷曲在床上，陷入幻覺狀態，持續了八個小時……。我不斷喘氣，而且一直幻想，以為服務生敲門，但我沒應門，因此他打電話報警，讓我因吸食大麻過量而被捕……我的妄想逐漸加深，我深信自己死了，但沒人告訴我。」[4]

有些人的遭遇更慘。里拜・湯霸・彭吉（Levi Thamba Pongi）是來自剛果（Congo）的十九歲交換學生，在懷俄明州（Wyoming）讀書。彭吉吃了六人份的大麻餅乾之後，從丹佛假日酒店（Holiday Inn）的陽臺跳樓身亡。根據他朋友的說法，彭吉吃完餅乾一個小時之後便開始講法語，在旅館房間亂丟東西，然後對著一盞燈說話。然後，他從房間向外狂奔，最後從陽臺跳下去，大家都來不及阻止。另有一名男子，名叫理查・柯克（Richard Kirk），被指控食用大麻餅乾後槍殺妻子。柯克俯首認罪，承認因精神錯亂而鑄成大錯。

自從這些悲劇發生以來，科羅拉多州已經加強對大麻食品的規定，要求廠商將產品標示得更清楚，以及使用防止兒童誤食的瓶蓋。大麻食品業者指出，其他商品（特別是酒）更危險，但政府的監管卻更寬鬆。然而，大麻企業也意識到，謹慎行事才符合本身利益。查克・史密斯說道：「如果（大麻公司）犯了錯而破壞名聲，將會扼殺這個產業。」迪克西原本推出一系列飲料，裝在比可口可樂罐還小的可愛瓶子裡，瓶子側面的小字寫著，內容物為七・五人份。那一瓶只能喝七大口，因此我非常驚訝，沒想到劑量如此之高。許多顧客似乎也這麼認為；迪克西於是順應需求，推出一系列稱為迪克西一號（Dixie One）的低劑量飲料，每瓶只含五毫克的四氫大麻酚（tetrahydrocannabinol, THC），此乃大麻的主成分，會讓人吸食後飄飄欲仙。該公司原本最強烈的飲料含有七十五毫克的THC。

我離開迪克西古怪的巧克力—大麻製造廠，對大麻無害的說法感到些許懷疑。如果吃一塊巧克力棒或喝幾口石榴飲料便可讓人暫時發瘋，表示大麻已經發展成比普通人認為藥效更強的商品。話雖如此，市場力量似乎正敦促像迪克西之類的公司去推出更溫和的商品，而不是鼓勵他們去開發藥性更強的產品，這點令人感到鼓舞。然而，有一件事非常清楚：無論大麻餅乾對莫琳·多德或其他潛在消費者有多麼可怕，目前在美國販售大麻的卡特爾對這種餅乾更感到恐懼。據我所知，沒有組織犯罪集團走私巧克力大麻布朗尼蛋糕。相較之下，合法的大麻公司正在推廣吸食大麻的新方法，能夠逐漸吸引數百萬的新客戶，這些新顧客不愛抽大麻，卻願意嘗試裝有THC的飲料。無論在人數、品質與創新方面，卡特爾的合法競爭者都略勝一籌，而卡特爾將會步上何種命運呢？

• • • • • • • •

卡特爾鐵定會失去龐大的美國大麻市場。美國人每年要抽三千噸以上的大麻（有人估計，這個數字要多出二至三倍）。有些大麻是美國本土種植，有些則是從加拿大或牙買加進口。然而，多年以來，多數的大麻來自於墨西哥。如今已經解散的美國司法部（Department of Justice）「國家毒品情報中心」（National Drug Intelligence Center）於二〇一一年「很有信心地」估計，墨西哥卡特爾控制了全美一千多個城市的大麻分銷。在此前一年，美國智庫蘭德公司進行過一項更為詳細的研究，估計墨西哥人提供的大麻占全美消耗量的百分之四十至百分之六十七之間。[5]

當丹佛陷入狂熱之際，很容易就忘了一件事：截至二〇一五年，在美國的五十個州之中，只有四個州（科羅拉多州、華盛頓州、俄勒岡州和阿拉斯加州）將大麻完全合法化。這些也都是較小的州：總人口大約只有一千七百萬，相當於全美人口的百分之五。卡特爾可能很難與這四個州的合法大麻產業競爭，但目前其餘百分之九十五的美國人不得不從黑市購買大麻（除非他們能說服醫生讓他們吸醫療用大麻。另有二十一州允許使用醫療用大麻，哥倫比亞特區（District of Columbia，亦即華盛頓）也不例外）。[6]然而，讓毒品卡特爾與美國警察憤怒的是，合法大麻通常會進入鄰州。在大麻仍然被禁止的地方，消費者現在可以購買從墨西哥走私的大麻，或者從合法的州運來的大麻。非法的州際大麻貿易量有多大呢？

為了一探究竟，我訪問了試圖管控科羅拉多州大麻的人：湯姆・戈爾曼（Tom Gorman）。他是「落磯山脈高強度毒品走私區域計畫」（Rocky Mountain High-Intensity Drug Trafficking Area program）*的負責人，該計畫是聯邦政府的反毒措施。在大麻合法化的州，聯邦政府的前哨站會感到角色混淆，即使當地已經宣布對毒品停火，他們理論上還得繼續對大麻宣戰。戈爾曼的落磯山辦公室位於城鎮邊緣，室內裝飾總統肖像、星條國旗與美國老鷹（白頭海鵰），顯露出於反叛省分中最後一處駐防地的感覺。但戈爾曼無視於這一切，他要單槍匹馬，打一場勢不可檔的毒品戰爭。他穿著黑色皮革牛仔靴，留著短而硬的淺棕色小鬍子，看起來有點像查克・羅禮士（Chuck Norris）*更為凶悍的弟弟（雖然個頭比較小）。戈爾曼辦公室的牆上掛著一塊木牌，上頭是一把匕首，他在一九七〇年代攻堅一棟加州房子時，被人用這把匕首刺傷了腿。（戈爾曼說，他清洗了褲子的鮮血，請妻子把破洞補好，然後繼續穿。）我當時在想，如果要讓拉丁美洲贏得對卡特爾的戰爭，是否派戈爾曼這種硬漢去教訓當地的「班迪多」（bandido）*即可。沒想到，連他都無法管控科羅拉多州的新大麻產業。

戈爾曼說道：「合法市場已經成為美國其他地區的黑市。」任何人只要向科羅拉多州的大麻店出示身分證，表明自己已超過二十一歲，便可最多購買四分之一盎司的大麻。然後，這些人幾乎能隨意越過邊境，前往大麻仍屬非法的州。警察可在高速公路上盡力攔截這些民眾，但邊界畢竟只是州界，而非國界：警察不能設置檢查站來搜查過往車流。要攔下一輛車，警察必須先發現駕駛違反交通規則，找出合適的理由才能搜索車子。戈爾曼指出：「我認為只能抓到百分之十以下的人。」科羅拉多州的大麻不僅會藉由高速公路外流，也會透過郵件四處擴散。科羅拉多州的醫療用大麻店在二〇一〇年時如雨後春筍般冒出，美國郵政署（US Postal Service）便在當年攔截了從科羅拉多州寄送的五十七磅大麻。到了二〇一三年，數目增加到四百九十七磅，包裹是寄到三十三個不同的州。這些只是被查獲的個案；沒人知道有多少大麻包裹沒被查獲。

合法大麻正往四處輸出，這點並不奇怪。戈爾曼說道：「科羅拉多的大麻品

＊科羅拉多州位於落磯山脈東側。
＊空手道世界冠軍兼美國電影演員。
＊匪徒之意。

質優良，不含殺蟲劑。在這裡購買一磅大麻，可以在密蘇里州或愛荷華州以雙倍價格出售。」當然，非法商品的州際貿易不是新鮮事，也不僅限於毒品。我在丹佛的一家大麻零售店與人閒聊時，得知科羅拉多州靠近懷俄明州（當地禁止大麻）的大麻店生意興隆，而且由於科羅拉多州禁止居民買煙火，懷俄明州的零售商也會趁機將煙火賣給科羅拉多州居民來撈一筆。隨便上網查詢便可證實這點：科羅拉多州界附近有不少大麻店，懷俄明州界也是神奇的煙火世界，「縱火城」（Pyro City）煙火店「就位在科羅拉多州／懷俄明州邊界以北三．二公里處。」

非法毒販正死命抓住合法市場無法獲取的利基來生存。例如，科羅拉多州的大麻店不得在晚上七時之後營運。因此，夜間交易仍得仰賴黑市。販售娛樂用大麻的店鋪也不准送貨到府，此乃毒販長期專注的領域，因為送貨上門總比在街角兜售毒品風險更小。戈爾曼認為，無論如何，許多現有的吸毒者會出於習慣，依舊仰賴現有的供應商。他說道：「人們覺得毒販有種神祕感，但這是完全錯誤的想法。他們是很普通的人。我可能因為你是我的好友而打電話向你買大麻。如果你是賣大麻的，而我又已經跟你買毒品了，又何必再跟別人買呢？」

可能改變的是大麻市場的批發端。戈爾曼或許說得沒錯，某些長期吸食者會繼續向目前的供應商買大麻，可能出於習慣、信任賣家，或者喜歡有人在夜晚送貨到府。然而，對毒品卡特爾而言，最大的問題是經銷商能夠自行取得貨源。換句話說，墨西哥大麻在美國的大麻黑市依舊有競爭力嗎？黑市會不會變成「灰市」（gray market）呢？也就是說，非法經銷商會不會利用合法管道購買大麻，然後透過非法手段再出售？所謂非法手段就是在不允許販賣大麻的州賣毒品、偶爾甚至在禁止販售大麻的時段做生意，或者將大麻賣給未滿二十一歲的人。最後面的模式就是美國菸酒黑市的現況。你只要在星期六晚上去任何大學校園閒逛，就會發現許多人在非法兜售酒品*，但未成年的人不會購買從墨西哥走私進來的非法釀造啤酒；他們會在一般商店購買合法釀製的酒，私底下透過「經銷商」去買違禁品，這些人可能是哥哥或朋友。同理，多數非法香菸其實是替某個市場合法生產的香菸，但是會被轉售到另一個香菸稅較高的市場。（根據估計，紐約人吸的香菸，半數以上是從別州偷運而來的。）[7]

卡特爾要想在這種灰色市場競爭，只能靠低價來擊敗合法的大麻種植者。他們

＊美國聯邦法律明文規定，各州最低的合法飲酒年齡要訂在年滿二十一歲。

該如何做呢？讓我們來看看丹佛救助的老闆伊恩．西布的說法。伊恩指出，他的種植場大約要花二美元才能種出一公克可吸食的大麻。因此，該公司大概與科羅拉多州的其他老牌企業處於同等的位置：多數丹佛大型的大麻種植商都致力於用一千美元種植出一磅大麻，差不多種植一公克要花二．二美元。醫療用大麻的稅後零售價約為十一美元至十五美元，而被抽稅較多的娛樂用大麻，其稅後價約落在十六至二十美元。

從這點來看，非法的墨西哥大麻似乎極具競爭力。根據白宮年度毒品報告，美國非法大麻的平均價格約為每公克十五美元；如果大量購買，則會便宜一點。丹佛的大麻店指出，自從合法市場誕生以來，非法供應商不斷削價競爭，以便留住客戶。某家零售商估計，非法大麻比店家販售的大麻要便宜百分之二十至百分之三十。但是這並沒有把大麻的藥性強度考慮在內。白宮指出，非法大麻的ＴＨＣ含量平均只有百分之七左右，而科羅拉多州合法商店出售的許多大麻品種，其ＴＨＣ含量都超過百分之二十；因此前者跟後者相較之下，簡直微不足道。換句話說，要抽幾乎三倍的墨西哥大麻，才能與吸食一份科羅拉多大麻獲得相同的效果。卡特爾若想維持競爭力，必須以低於合法大麻售價三分之一的價格來販售其劣質品。

他們降價求售的能力，會因不同的州而有所差別。走私毒品的基本法則是：走私到愈遠的地方，價格愈昂貴。在運送毒品的每一段行程，都有人得冒風險，因此要付錢給這些人。海洛因從阿富汗走私到歐洲，價格會逐漸上揚；同理可知，大麻從墨西哥邊境一直運往美國內地時，也會變得愈來愈貴。《毒品新聞》（*Narcotic News*）透過網路提供各類毒品的訊息，該網站根據執法人員提供的訊息，記錄了全美的毒品價格。在美墨邊境，非法大麻最便宜：在德州帕索，一公斤的批發價只有二百美元。當大麻被走私到紐約市時，等重大麻的售價會漲到一千美元。想在夏威夷抽大麻的人最可憐，一公斤的大麻在當地要價六千美元，這還只是批發價喔。

為了計算走私成本，墨西哥市智庫「墨西哥競爭力研究機構」（Mexican Institute for Competitiveness，IMCO）的研究人員繪製了一份圖表，標示四十八個城市的大麻價格，將售價與城市離邊境的距離做比較。他們發現，平均而言，大麻在美國境內每移動一千公里，批發價就會上漲五百美元。美國科羅拉多州或華盛頓州的毒販若想將大麻走私到別州，也要付出相同的成本，這樣假設應該合理。因此，IMCO團隊做了計算，假設合法大麻的批發價是每公斤二千美元（等同於多數科羅拉多州種植者指出自己批量生產的成本）。然後，他們繪製了美國地圖，標示出將科羅拉多州與華盛頓州大麻走私到別州的費用，前提是每一千公里的走私費用為五百美元。考慮大麻純度來調整價格之後，從科羅拉多州或華盛頓州走私的大麻，比美國四十八州的墨西哥大麻更為便宜。只有在墨西哥家門口旁邊的德州，卡特爾的大麻才有更高的價值。[8]

墨西哥幫派可能會失去多數的美國大麻市場，無疑將遭受重創。IMCO 估計，卡特爾每年在美國銷售大麻，大約可賺取二十億美元。卡特爾大約可從古柯鹼貿易賺取二十四億美元，因此對這些匪徒而言，大麻生意與古柯鹼業務同等重要。根據 IMCO 的估算，有人將科羅拉多州或華盛頓州的合法大麻走私到別州之後，墨西哥卡特爾將可能丟掉四分之三的市場，其大麻收入將減至六億美元。這些估計是其他州合法化之前完成的。只要美國有新的地方大規模種植合法大麻，非法市場將進一步萎縮，而替非法市場供應的走私大麻將逐漸來自於美國本土，而非墨西哥。

已有證據顯示卡特爾正面臨這些問題。我從丹佛打電話給墨西哥市的熟識聯繫窗口安東尼奧．馬茲特里（Antonio Mazzitelli），他是義大利人，足智多謀，乃是該區的聯合國毒品和犯罪問題辦公室負責人。我問他美國解除禁令之後，墨西哥大麻產業情況如何。他說道：「衝擊太大了。」幾個星期之前，墨西哥警方突襲提華納的一間倉庫，查獲了三十噸大麻。無論怎麼看，這都是很大批的毒品。馬茲特里指出：「為什麼庫存這麼多？因為在另一邊找不到買主。如今，美國或加拿大生產的（大麻）品質更好。」前一章提到卡特爾使用走私通道去偷渡非法移民，表示匪徒正另謀出路。走私人口比販賣毒品利潤更低，而且他們經常在關鍵時刻出錯，結果讓隧道曝光。馬茲特里說道：「不該這樣幹。好不容易打造了販毒基礎設施，要保持低調才對。」聽起來他好像對卡特爾的白痴做法很生氣，認為他們不該濫用寶貴的資源。「他們失去最有價值商品的市場，只好將相同的基礎設施拿去走私數百名偷渡客，否則他們不會冒這種風險。」卡特爾原本出口大批大麻，眼下如此不顧一切，表示確實已走投無路。

．．．．．．．

合法大麻產業的下一步是什麼？隨著新的州放寬法律，這個市場便會吸引更有錢的投資者。大麻產業已經「出櫃」，公開亮相（美國的大麻以前通常都偷偷被種在櫥櫃裡），並且具備大企業的多數特徵：會組成遊說團體、找公關公司，以及舉辦貿易展覽（包括吸引二千多名企業家的拉斯維加斯年度盛會），以及籌辦活躍的貿易報導媒體，包括《大麻商業日報》（*Marijuana Business Daily*）等新聞媒體。《丹佛郵報》（*Denver Post*）甚至有一位大麻編輯里卡多．巴卡（Ricardo Baca）。他任命了一名大麻評論家和一名大麻食譜作家，最近還宣傳一位著眼於大麻的性愛專欄作家。

大麻產業蒸蒸日上，因此愈來愈多資金會挹注於推動大麻合法化。昔日推動放寬大麻法的人，大都是學生和嬉皮人士（以及某些自由主義者，包括《經濟學人》編輯），資金較多的反對派很容易便打倒這些業餘人士。如今，錢正往另一方流去。舉二〇一四年的公民立法提案為例。在阿拉斯加，「說是」（yes）運動贏過抱持懷疑態度的民眾，部分功勞得歸於大麻政策計畫（Marijuana Policy Project）與藥物政策聯盟（Drug Policy Alliance）投入八十五萬美元來資助敦促大麻合法化的運動。富有的金融家喬治．索羅斯（George Soros）長期以道德為由呼籲大麻合法化，因此投錢贊助藥物政策聯盟這個壓力團體（pressure group）。相較之下，「說不」（no）運動僅籌募了十萬零八千美元。在俄勒岡州，局勢更是一面倒：「說不」運動籌集了十六萬八千美元，多數資金來自於該州的警長協會（Sheriffs' Association），反觀「說是」運動則籌集了七百五十萬美元。佛羅里達州的正反兩造較為勢均力敵（該州居民愛吸大麻）。經營賭場致富的億萬富翁謝爾登．阿德爾森（Sheldon Adelson）*協助「說不」的反對陣營籌集了四百七十萬美元。但是「說是」的贊成陣營籌集了六百零十萬美元，其中多數資金來自於富有的奧蘭多律師約翰・摩根（John Morgan），而遠在加州、科羅拉多州和內華達州的企業也紛紛慷慨解囊。

最終，佛羅里達州的公民立法提案以些微之差闖關失敗。該州有二千萬人口，是目前最大的大麻市場。結果出爐之後，摩根說道：「我們不是從（販售大麻）的角度來看這件事，因為我們同情弱勢人群。但我們喪失很好的機會。機會可遇不可求。看看科羅拉多州：當地房地產價格上漲、新增了三萬多個工作機會、零售業興旺，州稅收也增加了。」大麻產業如此龐大，許多重量級投資者或許在不知不覺中便對其產生了興趣。華倫・巴菲特（Warren Buffett）號稱「奧馬哈聖人」（Sage of Omaha）*，投資極為精明，因此擠身全球富翁之列。他也透過替倉庫規劃夾層樓層的「立方體設計」（Cubic Designs）參與大麻產業。該公司向一千個大

＊阿德爾森是拉斯維加斯金沙集團 CEO。

＊巴菲特住在內布拉斯加州的奧馬哈。

麻店發放傳單，鼓勵店家「讓你的種植空間增加一倍」，傳單印有金屬地板裝滿大麻盆栽的圖片。「聖人」對此不發表任何評論。

美國有愈來愈多的州加入合法化的潮流，但聯邦政府卻一直充耳不聞，讓人覺得更為奇怪。丹佛大學（University of Denver）法學教授山姆・卡明（Sam Kamin）曾協助起草科羅拉多州的大麻法律。他認為，或許科羅拉多州試行十年之後，聯邦政府會在二〇二四年將大麻合法化。卡明深信，加州、伊利諾州與紐約州都會將大麻合法化，聯邦政府勢必被迫改革。果真如此，目前投身合法大麻產業的人將雀躍不已。聯邦將大麻視為違禁品，嚴重阻礙了大麻公司的發展：這些公司處處礙手礙腳，無法與銀行融資往來，也不能跨州經營。大麻禁令廢除之後，這些企業將更容易茁壯發展；查克・史密斯曾說，他想讓迪克西成為「大麻產業的百事可樂公司」。

還有另一種可能：聯邦政府將大麻合法化之後，目前對進入大麻產業抱持謹慎態度的大型企業，可能會決定用龐大的腳趾去試水溫。迄今為止，合法大麻行業有個引人注目的情況，就是尚未有大型企業加入這場淘金熱。科羅拉多州的娛樂用大麻市場全球最發達，卻沒有出現大型連鎖店：截至二〇一四年為止，沒有一間大麻店有十家以上的分店。該州多數的初創企業都先由大麻愛好者發起，企業家才陸續加入。等到家喻戶曉、財大氣粗的大型企業插手這個產業之後，必定掀起腥風血雨，眾人鐵定廝殺慘烈，很難想像勢單力薄的商家將如何存活。從大麻產業成形的方式來看，大型企業將具備極大的優勢：他們更能駕馭複雜的法規；更能善用農業固有的規模經濟；擁有全國知名的品牌而深受信賴，因此更能吸引提心吊膽的新顧客。迪克西生產的飲料如何與百威啤酒（Budweiser）推出的THC啤酒抗衡？如果能買到班傑利（Ben and Jerry）*的大麻口味冰淇淋，民眾還會購買迪克西的大麻食品嗎？假使人們可以在7－11買到有二十根的鴻運（Lucky Strikes）大麻香菸，小型的大麻連鎖店是否還能存活？

然而，知名品牌進入大麻產業之前，仍有一段路要走。只要大麻在美國大部分地區依舊是違法的（更別說其他國家也是非法的，但烏拉圭除外），從法律和公共關係的角度來看，大麻產業仍然隱藏極高的風險。理查・布蘭森（Richard Branson）是英國著名企業維珍集團（Virgin Group）的執行長，他一向直言不諱，戮力倡導大麻合法化，即使是他也不敢冒險推出實驗性的大麻副業，免得傷及維

---

* 知名冰淇淋品牌。

珍集團的品牌。（我曾去電布蘭森的辦公室要求採訪；布蘭森通常不會拒絕免費宣傳的機會，但他卻拒絕受訪。）投資者正迫不及待：投資銀行「蘇格蘭皇家銀行資本市場」（RBS Capital Markets）菸草研究團隊的研究報告指出，「投資者遲早會開始詢問（大麻合法化）將如何影響大局……。我們認為，美國聯邦政府將大麻合法化之後，菸草公司可能會投入這個市場。」[9]

大型菸草公司在公開場合都否認對大麻有興趣。然而，數十年來，他們一直在思考如何生產大麻香菸。有三位學者查閱過大型菸草公司的檔案，挖出令人意外的資料。[10]在先前高達八千萬頁的祕密內部檔案中，隱藏了確認大型菸草公司（Big Tobacco）曾仔細思考如何成為大型大麻企業的證據（Big Pot）。這些研究人員發現，菸草公司至少在一九七〇年代便對大麻深感興趣，因為大麻既是菸草的競爭產品，又可成為新的產品系列。維吉尼亞大學（University of Virginia）教授阿爾弗雷德．伯格（Alfred Burger）的一份備忘錄揭露了最早的跡象。伯格監督一位接受菲利普．莫里斯（Philip Morris，全球首屈一指的菸草公司）獎助的化學研究員。那是一九六九年，而根據當時的民意調查，百分之十二的二十多歲美國人吸過大麻，在沒吸過的民眾之中，百分之十的人說願意嘗試一下。伯格寫信給菲利普．莫里斯實驗室的化學研究負責人，信中說到：「我認為在十年之內，吸大麻的人會占很大的比例，而且大麻有可能合法化。只要率先推出吸食大麻的商品，無論是香菸或其他形式的產品，必能搶占市場，比競爭對手處於更有利的位置，滿足民眾對此類合法產品的需求。因此，我建議貴單位立即制定計畫，研究大麻的各個（種植與生產）階段。」

後來，菲利普·莫里斯在同年聯繫美國司法部，要求司法部提供測試用大麻樣本。該公司提出要求時，宣稱要協助政府更加瞭解大麻，司法部於是批准，提供他們「優質」大麻。不久之後，菲利普·莫里斯美國分公司的總裁羅斯·米爾海澤（Ross Millhiser）在一份備忘錄寫道：「我反對吸食大麻，但我知道大麻不久之後可能合法，能在某種限制下販售，消除其犯罪因素。因此，在各方鼎力協助之下，我們應該看看：一、潛在的競爭；二、可能的產品；三，目前如何與政府合作。」

在大西洋的另一側，有人也對大麻感興趣。一九七〇年，哈里·格林菲爾德爵士（Sir Harry Greenfield）是國際麻醉藥品管制局（International Narcotics Control Board）的委員會主席，該局負責監督和執行聯合國毒品公約。然而，哈里爵士身兼英美菸草（British American Tobacco, BAT）的顧問。他在當年寫信給BAT的高層，指出他擔心有人「可能利用菸草業對吸菸的大量研究，把它用來進行大麻研究。」

他說已經和查爾斯・埃利斯爵士（Sir Charles Ellis）商談過這點。查爾斯爵士是傑出的物理學家，當時是BAT的首席技術顧問。哈里指出，查爾斯爵士「非常認同他的想法」。後來，他在同年替BAT寫了一份備忘錄，指稱：「人們目前吸菸，以後自然會想吸大麻。倘若人們日後對大麻更寬容，便會促成習慣的改變，猶如人們改抽雪茄一樣。」哈里建議BAT如此推行大麻計畫：「一開始必須學習如何大量生產大麻含量已知且穩定的香菸，無論使用的大麻是磨碎的，或者乾燥後切割的大麻碎片。」他還建議用老鼠來做實驗，以便測試大麻藥效。多年以來，菸草公司持續注意大麻市場。一九七二年，一份印著Secret（機密）的雷諾茲菸草公司（R. J. Reynolds）的計畫文件預估，到了一九八〇年，大麻有百分之十五的合法化機會。布朗・威廉姆森公司（Brown & Williamson，另一家大型菸草公司，現已歇業）提出一份報告，預測大麻可能會在一九九〇年除罪化（decriminalized），甚至可能合法化（legal）*，這對於「菸草業在另闢產品線時意義重大」。然而，布朗・威廉姆森公司一直否認此事；《時代》（*Time*）雜誌曾報導這家菸草公司在關注大麻產業，但在該公司提出抗議之後，只好表示道歉。

在一九七〇年代被大型菸草公司踢皮球的構想至今仍然很實用。一份布朗・威廉姆森的內部報告設想了大麻在美國剛開始合法化的情景，這就如同現在的情況。該報告劈頭寫道：「對菸草公司來說，推出大麻產品似乎是合乎邏輯的新產業，但是礙於股東激烈抗議，菸草公司無法立即進入市場。」然後，文中指出，美國先引領風潮，各國政府會陸續使大麻合法化。爾後，「南美和印尼有生產成本低廉和品量有保證的優勢，可生產較為便宜的大麻，將成為全球的主要大麻供應國。」

這種假設很可能成真。拉丁美洲政府對於禁止大麻制度最不滿意，因為這樣便將數十億美元的大麻市場拱手讓給當地強大的販毒集團。烏拉圭深思熟慮之後，已經果斷將大麻合法化。巴西和墨西哥的前任總統都讚同這種政策。哥倫比亞和瓜地馬拉的現任總統最近都在呼籲讓大麻合法化。墨西哥正在提華納對大麻宣戰，但是在與提華納僅隔一條邊界的聖地牙哥，民眾卻可自由購買這種毒品，很難想像墨國要如何堅持下去。拉丁美洲若跟隨美國的腳步將大麻合法化，布朗·威廉姆森的分析師在將近四十年前的推論可能就是正確的。北美自由貿易協定生效之

＊「除罪化」不等於「合法化」。除罪化並非指民眾能夠合法吸大麻，而是少量持有這種毒品不會被視為犯罪，因此留下紀錄。反之，合法化表示，只要不違反在公眾場所抽大麻的相關規定，吸食大麻不必受罰，種植、運送與零售大麻亦屬合法行徑。

後，墨西哥大量出現組裝電視與冰箱的工廠，這些廠家又將產品再出口到美國；同理，種植大麻倉庫鐵定會移到美國邊境以南的地區，以便善用當地低廉的租金和人工。比森特·福克斯（Vicente Fox）曾任墨西哥可口可樂公司的總裁，也在二〇〇〇年到二〇〇六年擔任墨西哥總統。他曾經表示，有興趣將他的瓜納華托州（Guanajuato）牧場轉變成種植大麻的農場。二〇一三年，福克斯向一家當地報紙透露：「一旦大麻合法化，我就會這樣做。我就是農民。」他接著指出，這個產業「會從犯罪分子手中奪走數百萬美元……。這筆錢會轉到商人手中，不會落入（錫那羅亞卡特爾的）矮子古茲曼手中。」

如果墨西哥確實替美國市場生產大麻，種植大麻的丹佛倉庫可能會步上底特律汽車工廠的後塵：因國外競爭對手提供較低廉的產品而被淘汰出局。因此，大麻合法化之後，大麻產業可能會重回原點：最先是墨西哥非法種植大麻、然後是美國合法生產大麻，最終（合法的）大麻生產業務又回到墨西哥。唯一的差別在於：墨西哥的大麻農民將不再為毒品卡特爾工作，而是替菲利普·莫里斯之類的大型菸草商效勞。

結論

為何經濟學家能扮演最棒的警察

在一般商業領域中，監管措施若無效，就會被束之高閣；
然而，反毒品領域的監管措施即使不管用，依舊能行之多年。
看完本書之後，便知道政府打擊毒品產業時犯了四大錯誤，
因此成效不彰。

警方最近在德州奧斯丁（Austin）大有斬獲，取得毒品戰爭史上最振奮人心勝利。該州的公共安全部（Department of Public Safety）官員執行一項行動，一舉破獲組織犯罪集團超過十六億美元的毒品。這次行動極為隱密，不發一槍，沒人傷亡，便完成了任務。其實，這些官員都無須離開辦公桌，更別說拿槍辦案。他們不用批發價計算在邊境緝獲的這批毒品價值，反而根據更高的零售價來計價，故能宣布破獲價值十多億美元的毒品。只要對電子試算表調整一次，便能讓截獲毒品的價值從一．六一億美元暴增至十八億美元，整整上調十倍。巧合的是，一週之後，公共安全部就得遞交績效評估表。[1]

無論是高估焚燒大麻價格的墨西哥將軍，或是捏造緝獲毒品價值的德州邊境官員，主導毒品戰爭的人似乎經常選擇性地展現他們對經濟學的理解。警察是不可靠的經濟學家，這點不令人驚訝。但經濟學家若能扮演警察，情況將如何呢？

這種想法並不奇怪。英國威爾斯（Wales）南部有一片開闊地，綠草如茵，枝葉扶疏，其上有棟辦公大樓，一群統計人員正在裡頭彙整牽涉極不尋常主題的數據。他們是英國國家統計局（Office for National Statistics）的分析師，而統計局乃是官方的數字老饕（number-cruncher）*。這些人忙著記錄日常事務的各類數字，

* 這個字也可指能夠進行極複雜運算的超級電腦。

比如通貨膨脹和失業率等。然而，自二〇一四年以來，分析師除了衡量正規經濟的規模，還得衡量匪徒從事的經濟活動。截至目前為止，他們只會套用衡量合法企業的會計模型去估算毒品和賣淫市場。根據初期的研究結果，英國的毒品市場每年替國內生產毛額（gross domestic product）貢獻了約七十四億美元，規模大致等同於廣告業。賣淫產業規模更大，年產值落在八十九億美元左右。若將毒品和賣淫市場加總，兩者對英國的貢獻高於農業。

看這些統計人員的計算方式，會覺得有點奇怪，因為這些冷冰冰的公式解釋了如何從大麻種植者的利潤扣除電費，以及從妓女的收入中減去「橡膠製品」（rubber goods）*的費用。計算過程極為詳細且謹慎：他們根據「環境、食品暨鄉村事務部」（Department for Environment, Food and Rural Affairs）的農業數據來推斷種植大麻的成本，而且計算妓女的花費時會考慮每月一百七十美元的治裝費，以及要花七十美分替每位客戶準備保險套。這些估算數字若非印在官方文件，看起來便極為諷刺。然而，政府逐漸認為，若將組織犯罪集團視為盈利企業，便可從中瞧出端倪，因此把匪徒視為企業的冷靜分析愈來愈廣泛運用。如今，每個歐盟國家都將賣淫和毒品產業納入其國民會計帳（national accounts）。英國正在考慮擴大會計帳，納入非法賭博、盜版音樂和軟體，以及「買賣贓物」（fencing）。國家看待犯罪行為時，不只是對其發動戰爭，或者根據道德理由譴責，也會將其視為企業來分析。我們能從其中學到什麼呢？

我在本書中盡量使用調查各類產業的手法來檢視卡特爾如何運作。匪徒極為類似於普通的企業管理者，他們也必須處理人力資源衍生的頭痛問題，以及因應網路零售商對實體企業的威脅。然而，值得注意的是，打擊販毒的政策似乎經常走偏。在一般商業領域中，監管措施若無效，就會被束之高閣；然而，反毒品領域的監管措施即使不管用，依舊能行之多年。看完本書之後，便知道政府打擊毒品產業時犯了四大錯誤，因此成效不彰。

錯誤一：拘泥於供應面

政府發動毒品戰爭時，總是著眼於毒品的供應面（毒販），但我們卻能提出

＊此處指保險套。

有力的理由，指出槍口應指向需求面，亦即消費者。第一章指出，即使用輕型飛機噴灑除草劑來阻斷安第斯山脈的古柯葉供應，古柯鹼的價格幾乎紋風不動，徒然浪費數十年的投資，也導致了無數暴力事件。其中一個原因是，卡特爾利用其購買力（買方獨占）迫使農民吸收增加的成本，猶如沃爾瑪壓榨供應商。更關鍵的是，古柯葉是提煉古柯鹼的原料，但售價太低，根本無法影響古柯鹼的最終價格。製作一公斤古柯鹼白粉的一大捆古柯葉只要幾百美元。因此，即使讓種植古柯的成本增加一倍，古柯鹼的最終價格也上升不到百分之一，因為一公斤的古柯鹼要價高達十萬美元以上。如果要打擊供應層面，應該針對供應鏈的末端，也就是**在富裕世界打擊毒販，因為那時古柯鹼的價值夠高，沒收毒販的貨品，足以對其造成一定程度的經濟損失**。

即使打擊供應面有效，還有另一項原因可以解釋這種做法不對。產品價格上漲，消費量通常會下降，但降幅各有不同。對某些商品的需求是「彈性的」（elastic），表示價格就算小幅上漲，消費量也會大幅下滑。然而，對某些商品的需求是「無彈性的」（inelastic），亦即民眾就算發現價格大幅上漲，也會跟以前一樣持續消費，大約買等量的貨品。很難衡量毒品市場的需求彈性，因為難以確認價格與消費的數據。然而，多數證據指出，人們對毒品的需求缺乏彈性。某項針對美國情況的調查[2]引用了一些研究結果，指出對大麻的需求彈性約為負〇．三三，表示價格上漲百分之十，需求只會下降百分之三．三。其他研究調查了被捕者的尿液測試中出現毒品的機率，而這些研究指出毒品價格與需求之間的關聯性薄弱：古柯鹼為負〇．一七，海洛因為負〇．〇九，表示古柯鹼的價格上漲百分之十，尿液檢測呈陽性的人數只下降百分之一．七。海洛因上漲百分之十，需求遞減程度卻不到百分之一。

對毒品的需求缺乏彈性，這非常符合直覺，而成癮物質的情況更是如此。以丹佛吸食海洛因成癮的祖母辛西雅．斯庫多為例。這類消費者不太可能因為價格稍微上漲便不吸毒。我們檢視販毒集團如何介入人口走私時，也發現這種情況。美國更嚴格控管邊境之後，非法越境的成本便增加，但是想順利偷渡的人不會在意價格上漲。偷渡客對「郊狼」的需求類似於吸毒者對毒品的需求，兩者都缺乏彈性。這一點也不令人驚訝：人們想要越境與小孩團聚或尋求更高薪的工作，即使看到偷渡價格小幅上漲，也不會動搖意志。

由於對非法商品和服務的需求缺乏彈性，側重供應面的政策便會面臨兩種隱憂。首先，即便順利迫使毒品成本（或者郊狼的偷渡成本）大幅上揚，獲得的成效也很小，亦即購買毒品（或非法越境）的人數不會銳減。因此，政府會投入大量資源，成效卻不彰。其次，價格大幅上漲，需求卻小幅下降，表示每次執法「成功」，市場價值便會增加。讓我們來想像一個小鎮，競爭的毒販每週賣一公斤大麻，每公克的售價為十美元，總交易量為一萬美元。警察管得更嚴之後，毒販的成本便增加，於是將售價提高為每公克十一美元。如果套用上述的需求彈性估算，大麻需求將下降百分之三．三。因此，毒販現在每週可賣出九百六十七公克的大麻，每公克的價格是十一美元：總計一萬零六百三十七美元。警方成功打擊販毒，毒品消費略有下降，但價格卻微幅上漲，讓總體犯罪經濟得以擴張。

如果政府轉而著眼於需求面，會發生什麼呢？不妨想像一下，我們的小鎮要開始**推行反毒政策，勸導民眾不要吸毒；推行公共衛生運動；替青少年提供更好的休閒設施；或者協助成癮者戒毒與康復**；隨便哪一項都行。毒品需求果然下降。毒販此時為了搶食愈來愈少的客戶，很可能紛紛降價求售。[3]因此，消費和價格都下降，表示犯罪市場在這兩方面都萎縮。相同的邏輯也適用於其他的非法市場。不要打擊郊狼，他們位於人口走私的供應面；應該要**減少偷渡需求，這樣才比較合理**。要辦到這點，可以實施友好措施（例如核發更多的簽證，讓民眾合法越境），或者推行敵意措施（比如讓非法偷渡客更難在美國生存）。無論採取哪種做法，只要讓更多人不想非法越境，不僅偷渡案件會減少，郊狼的開價也會降低。

無論針對毒品、偷渡客或其他非法行徑，重點都一樣：**打擊供應面只能讓價格提高來減少消費（罪犯收入卻因此增加），但打擊需求面可迫使價格與需求下降。**

錯誤二：老想著先省錢，爾後卻付出代價

美國新罕布夏州（New Hampshire）不顧囚犯人數增加，逐漸減少對監獄的開支，其中一所監獄在二〇〇九年關閉，那裡的囚犯被擠進該州的其他監獄。二〇一四年，該州再削減一千五百萬美元的預算，因此取消了囚犯的教育課程與更生計畫。政客們承認，這些措施雖讓人遺憾，但資源就是缺乏：根本沒有足夠的錢讓監獄體系以民眾期待的標準來運作。然而，對造訪過新罕布夏小鎮基恩（Keene）的人而言，缺錢的說法很怪。基恩不是個充斥暴力的地方。從一九九九年到二〇一二年，該鎮只出現過三起凶殺案。然而，當地警察部門花了將近二十八萬六千美元購買一輛「熊狸」（BearCat）裝甲運兵車。這種裝甲車比較適合行駛於巴格達（Baghdad）周圍，有人便問警察局長，為何基恩這種小鎮需要這種車輛。警長回答，在基恩舉辦「南瓜節（Pumpkin Festival）和出現其他危險狀況時」，警察就會開這輛車四處巡邏。4

基恩的案例表明，講到打擊犯罪，花錢不是問題——只是錢要拿來執法，不

是用來預防犯罪。各地政府認為，公共安全是無價的，選民非常認同，因此購買熊狸裝甲車之類的做法不會被太多民眾質疑。美國國土安全部（Department of Homeland Security）在二〇〇二年到二〇一一年向各州和地方警察部門支付了三百五十億美元，讓他們購買這種玩具。相較之下，預防犯罪的預算都得仔細審核。如果資金不夠，囚犯、吸毒成癮者與其他可能犯罪的人都將率先體會節流壓力。美國社會不急於對這些角色慷慨解囊，這點可以理解；但事實證明，這樣做日後只會付出更高昂的代價。

刪減監獄的更生與教育計畫可能會省下幾千美元。然而，如果有少數囚犯不能讀書識字或戒除毒癮，出獄之後很可能無法自食其力而再度犯罪，這樣就會造成巨大的社會成本。某項經典的研究[5]估算過，在各種政府推出的干預措施中，每項措施可以減少多少古柯鹼用量。該研究估計，每花費一百萬美元在拉丁美洲的「來源國」控制毒品供應，美國的總古柯鹼吸食量大約會減少十公斤。如果花費一百萬美元在供應鏈的更下端（走私到美國的路途）去攔截古柯鹼，古柯鹼吸食量會減少二十公斤。學校的預防計畫更有效，每花一百萬美元便可減少二十五公斤的吸食量。然而，吸毒成癮者的治療方案遠比前述的干預措施更具成效。每花費一百萬美元去治療吸毒成癮者，可減少一百多公斤的古柯鹼吸食量。換句話說，治療的效果比執法成果好上十倍（可能的原因是，治療是針對需求面，而非供應面。這點呼應了前一節所述）。讓毒蟲擺脫毒癮並自食其力，遠比花錢購買熊狸裝甲車去追緝毒販更省錢，這點說來無趣，卻不足為奇。

本書曾分別列出幾個案例，指出**要將資源投入於早期且低廉的預防措施，不要花大錢去進行矯正措施，如此便足以取得巨大的成效**。在加勒比海地區，監獄是卡特爾的招募中心，因為政府不願意花錢去保障囚販安全（或者替囚犯提供午餐）。由於墨西哥政府未能提供基本的公共服務，卡特爾便能履行所謂的「企業社會責任」來爭取民心。安第斯山脈的政府原本花點小錢，便能鼓勵農民放棄古柯、改種蕃茄；結果他們寧願花大錢，動用武力摧毀農民的古柯園。中美洲國家不願意花錢替年輕人創造就業機會，讓年輕人被迫加入犯罪集團討生活，而這些國家又寧可投入更多錢去緝捕幫派分子。美國不願花小錢讓處方止痛藥成癮者進行康復治療，結果這些人逐漸吸食海洛因成癮，美國政府又開始花大錢，試圖壓制這群人。

要解決各種社會問題，很容易便想呼籲政府多花點錢去處理。然而，政府已經花了大筆經費去打擊毒品，只是重點擺錯了。政府對警察很慷慨，對防範措施卻很吝嗇，如今應改弦易轍，反轉這種觀念。

錯誤三：販毒乃是全球產業，政府眼光卻只侷限於國內

毒販已經擁抱全球化，經營無國界的企業，足跡跨越數個國家，甚至數個大州，但是打擊販毒的計畫仍然侷限於嚴格劃定的國界之內。因此，**某個國家經常成功打擊販毒，取得重大成果，卻讓其他地區遭到池魚之殃，飽受毒品侵害**。本書列舉了一些「擠壓氣球」的例子，亦即拉丁美洲人口中的「蟑螂效應」，毒品產業被逐出某個地區，馬上又會在另一個地區湧現。一九九〇年代，祕魯逼走古柯種植產業，聯合國首席毒品管制官員當時稱讚那是「非凡成就」[6]，不料哥倫比亞卻出現了許多古柯農。哥倫比亞在十年內又把該產業驅逐出境，聯合國再次稱讚那是「非凡成就」[7]，不過哥國這次是將古柯種植產業趕回原來的祕魯。儘管有這兩項非凡成就，取得的成果其實少之又少。

匪徒走私毒品時，也跟警察在玩貓捉老鼠的遊戲。一九八〇年代，美國政府關閉加勒比海的走私路線，毒梟便將陣地轉移到墨西哥。近期雷厲風行掃毒，卡特爾開始嘗試離岸委外，轉往更脆弱的中美洲國家製毒與販毒。如今已有初期徵兆，顯示中美洲已有所警覺，毒販於是又開始轉移陣地，再次回到加勒比海地區的老巢。卡特爾同樣也在迅速調整零售市場。在二〇〇〇年代初期，美國的古柯鹼吸食量銳減，但在同一時期，歐洲古柯鹼的使用量卻成長，大致補足了這個缺

口。就毒品戰爭而言，各國似乎戰果豐碩，但全球卻一敗塗地。我曾經與某位墨西哥北部州的高級官員搭乘裝甲休旅車去巡視卡特爾控制的社區。他沮喪地告訴我：「唯一能做的，就是把毒販趕到其他地方，讓別人去頭痛。」

各國政府不會去管境外的問題，這點毫不足奇。哥倫比亞認為，掃蕩了國內的古柯種植產業，雖然無法重創國際毒品市場，卻也算戰果豐碩。麻煩的是，卡特爾跨國運作，但沒有跨國的監管機構足以壓制他們，頂多只有聯合國毒品和犯罪問題辦公室能勉強充數。這個聯合國機構似乎極力捍衛打擊供應面的策略，但這樣並無法確實評估掃毒政策的缺點。它的毒品監管人員持續敲鑼打鼓，吹噓各國境內的掃毒成果，卻幾乎不看乏善可陳的整體國際掃毒成效。如果某家跨國公司嘗試用同樣的伎倆，強調自己在某個市場表現亮眼，卻刻意掩飾慘不忍睹的營收狀況，股東是不會長期容許該公司這般耍賴的。

毒品和犯罪問題辦公室能夠持續這樣自欺欺人，乃是因為最有影響力的聯合國股東（富裕的成員國，他們支付最大份額的聯合國營運費）對目前打擊毒品方式尚稱滿意。富裕國家消耗了全球多數的毒品，但是毒品戰爭遠離他們的國民，他們對此感到高興。如前所述，**毒品在供應鏈底端有最高的價值，在此時沒收毒品足以重創販毒集團**，因此從這個環節下手，最能有效阻斷毒品供應網絡。然而，倫敦或華盛頓特區都很少部署武裝直升機。正如華雷斯大學教授烏果·阿爾馬達痛苦地指出，美國（及其富有的盟友）在本國發動毒品戰爭時務實多了，不像他們在外國發動這類戰爭的態度。在十個美國人之中，有四個承認吸食過毒品，表示只要不發生暴力事件，美國社會默許某種程度的毒品交易。相較之下，未能全力打擊毒販的國家則被挑出來受懲罰。莫伊賽斯·納伊姆（Moisés Naím）專精組織犯罪，曾任世界銀行（World Bank）前執行董事（executive director）。他如此寫道：「那些不（合作）的國家會面臨以下後果：遭到公開羞辱或經濟制裁。美國也會運用其對世界銀行和國際貨幣基金等國際融資機構的影響力，透過祕密管道懲罰這些國家。」[8]

拉丁美洲總統懶得再掩飾內心的憤怒。費利佩·卡德隆曾擔任六年的墨西哥總統，他語帶憤怒地告訴我，他的鄰國要他消滅毒品，所以他努力打擊毒販，但美國卻讓成噸的毒品走私到境內。卡德隆說道：「如果（美國人）想要吸毒，我想就隨便他們。我不認同這點，但這是美國消費者和社會的決定。我無法接受的是，他們不斷把錢交到殘害人命的毒販手上。」

礙於全球市場的結構，這種政治僵局無法避免。從歷史長河來看，國家通常屬於以下三類之一：生產毒品的國家（比如哥倫比亞）、走私毒品的國家（好比墨西哥），或是消費毒品的國家（譬如歐洲與美國）。因此，各國政府及其選民只能看到毒品行業的某一個層面。消費國只想阻止毒品進入國界，所以會要求嚴厲打擊毒販，並且盡可能在供應鏈的初期掃毒，即便這種措施成效不彰。然而，生產國與走私國不明白他們為何要花錢打擊毒品產業，因為毒品通常不會肆虐他們的國土。

但這種情況正在改變，因為有兩種全球趨勢迫使各國看到毒品交易。其一是生產者和消費國的利益正在相互結合，因為「生產者」和「消費者」的界線愈來愈模糊。吸毒通常是中產階級的惡習。隨著開發中國家愈來愈富裕，中產階級便逐漸興起，於是開始吸食更多毒品，正如他們會購買更多汽車、更常出國度假，以及沾染其他中產階級的習慣。最明顯的例子是巴西，它現在是全球第二大古柯鹼市場，也是最大的快克市場。與此同時，消費國也發現更多毒品是在國內生產。第一種是大麻，如今人們會在本地種植這種毒品，特別是在美國。另一種是合成毒品，任何地方的實驗室都能製造這類藥物。隨著消費國逐漸自行生產更多的毒品，他們會發現打擊供應網絡根本無效。美國看到國內蓬勃發展的大麻市場，放棄了哥倫比亞式的毒品作物根除計畫，轉而讓大麻合法。紐西蘭也對「合法興奮劑」抱持類似態度，嘗試以類似的方法來管制這類藥物。

影響全球毒品政治的第二大趨勢是權力平衡的轉變。貧窮國家歷來都是毒品生產者和販毒者窩居之處，但這些國家掌握愈來愈大的權力。二〇〇〇年，在聯合國毒品辦公室獲得挹注的資金中，百分之九十六來自於「主要捐助集團」，此乃十個主要富裕國家組成的團體。到了二〇一四年，主要捐助者只貢獻了該辦公室百分之六十的經費。如今，該機構有三分之一的經費來自於「新興」捐助國。近年來最大的捐助國包含哥倫比亞和巴西，而這兩國都對目前以執法為主的毒品管制措施感到不滿。其他新興國家抱持不同的觀點：俄羅斯偶爾會捐款給聯合國毒品辦公室（並且設法讓俄羅斯外交官尤里·費多托夫（Yuri Fedotov）於二〇一〇年擔任該辦公室的主任），卻在國內推動嚴懲毒販的反毒政策。中國有時會處死毒販來慶祝年度「禁止藥物濫用和非法販運國際日」（International Day Against Drug Use and Illicit Trafficking）*。新興國家有許多鷹派和鴿派，前者目前可能占上風。但是，國際毒品管制制度目前正以前所未見的方式在運作。

錯誤四：錯把禁止當管控

一九九八年，聯合國舉辦了一項活動，推出的口號是「無毒品世界：我們能做到。」這確實是令人嚮往的目標。每年大約有二・五億人吸毒，多數人享受飄飄欲仙的快感，但其中少部分的人卻深受其害。大約十八萬人死於吸毒過量；不為人知的數百萬人受到傷害或傷害他人。丹佛的反毒警官湯姆・戈爾曼告訴我，毒癮每天都在殘害世界，只要目睹這種現象，絕對不會支持毒品合法化。他說道：「有人吸毒會有所節制，但有人吸毒卻會深受其害。我反對毒品，完全是考量後者。」

我也是這麼想。然而，本書廣泛討論了毒品交易（從南美洲的根源到加勒比海地區的毒販，從科羅拉多州的消費者到網路的零售商），最終得出一項結論：若想控制毒品、讓卡特爾銷聲匿跡並且保障民眾安全，禁毒無法達成效果。自從聯合國舉辦那場標題樂觀的會議以來，沒有出現任何「世界無毒品」的跡象。儘管各國政府付出超過一兆美元去禁毒，但是從一九九八年以來，大麻和古柯鹼的總消費量竟然增加了一半，鴉片劑的吸食量幾乎成長到三倍。禁毒似乎並不成功。

喜愛吸大麻的人指出，大麻比許多已經合法的物質更安全，因此多年來不斷

＊簡稱「國際禁毒日」，訂於每年的六月二十六日。

鼓吹毒品合法化。這種看法完全正確，但未必能說服民眾；多數人認為，世界上已經有太多危險物品，不必再添加大麻（或許其他更有害的毒品），而這種心態可以理解。然而，近年來，這種論點已經完全被顛覆。人們如今提倡讓毒品合法化時，不再強調毒品是安全的，而是改口說**毒品很危險，但把它納入法律管理的範圍，比放任毒梟走私與販賣毒品更能有效管制毒品**。

法律監管的毒品市場會是如何？可從科羅拉多州率先檢視情況。毒品得先進行安全性和強度測試、成分要明確標示、要包裝於可防止兒童誤食的容器，以及限量銷售給二十一歲以上的成人。該州靠著向毒品抽稅與發放許可證，獲得新的稅收來源（開放販售大麻的第一年就賺了七千六百萬美元），而且因為不必逮捕那麼多毒販與吸毒者，從而減少了開支。每年在科羅拉多州被控持有大麻的人數，從合法化前的三萬人左右下降到現在的兩千人上下（仍被指控的人包括持有過量大麻的人，或者是未成年人）。每年超過七億美元的大麻銷售額已經從組織犯罪集團轉手到合法商人。現在要確認對大麻消費量的影響依舊為時過早，部分原因是大部分的需求來自於別州的遊客。但是合法化之後，大麻吸食量似乎沒有暴增。美國將近半數的州都或多或少讓大麻合法化（多數州允許定義廣泛的「醫療用」大麻），而從一九九〇年代中期以來，大麻使用量並未出現太大的變化。

這些初步的正面結果鼓勵了其他人。科羅拉多州允許大麻合法化之後不到一年，又有三個州加入行列，讓娛樂用大麻合法。二〇一四年，烏拉圭成為第一個讓大麻合法化的國家。到了二〇一五年，牙買加讓醫療和宗教用途的大麻合法化，同時替所有人將大麻除罪化。合法化風潮起於美國，美國聯邦政府便無法譴責對大麻採取寬鬆政策的國家。威廉．布朗菲爾德（William Brownfield）是美國國務院負責國際麻醉品和執法事務的助理國務卿。她面臨尷尬的局面，一方面要在海外捍衛禁令，一方面又發現國內根本無視於禁令。布朗菲爾德說道：「牙買加是主權獨立的國家，要如何制定法律，當然屬於他們的國內事務。」

本書提到不少政策失敗的案例，但是截至目前為止，大麻合法化似乎頗為成功。然而，如果將更強勁的毒品合法化，那會怎樣呢？目前唯一打算讓其他娛樂性毒品合法化的地方是紐西蘭。這個國家缺乏硬性藥物，因此是全球率先配製合成藥物的地區。無論在紐西蘭或其他地方，只要禁止「合法興奮劑」，便會像擠壓氣球一樣，造成蟑螂效應，使新毒品不斷衍生。禁止一項藥物，馬上會出現另一種成分幾乎雷同的替代品。就「合法興奮劑」而言，禁令不僅無效，偶爾甚至會帶來風險。搖頭丸之類的藥物，原本少量服用風險較低，但如今卻被更糟的替代藥物取代。在目前死於服用搖頭丸的案例中，許多人其實是在不知情的情況下服用了副甲氧基安非他命（PMA），這是一種類似搖頭丸，卻更加危險的毒品。政府禁止了搖頭丸，先趕走一隻危害較輕的小蟑螂，後面卻出現數十種致命的大蟑螂。目前全面禁毒的措施其實成效不彰，而允許民眾服用數量有限的低風險、官方測試過的合法化學興奮劑（只要一切順利，紐西蘭的體系可能會允許這種措施），肯定會比現今的做法更能保障民眾安全。

要管制最危險的毒品，合法化似乎更有效。**要用法律管控毒品，使其不受歹徒掌控，乃是因為它們是有害而非安全的。**舉海洛因為例。少數歐洲國家（包括瑞士、荷蘭和英國）絕口不提海洛因，但他們已經稍微將這種毒品合法化。這些國家沒有跟隨科羅拉多州的腳步去允許商家販售海洛因，他們允許專業醫生免費給吸毒成癮者開海洛因處方簽，其背後的邏輯是：成癮者藉由控管的毒品配給，能夠逐漸擺脫毒品挾制。瑞士的計畫最成熟，當地醫生鎖定三千名重度成癮者，這些人占該國吸毒者的百分之十到十五，但其吸食量卻高達瑞士總海洛因使用量的百分之六十。讓這些毒蟲在受到監督的條件下免費食用海洛因，瑞士政府順利將這些毒癮者所犯的搶劫案數量減少了百分之九十。

然而，這只是起頭而已。讓這些重度成癮者遠離毒品市場，販毒產業最重要的客戶便憑空消失，減少了對海洛因的需求。與此同時，這項計畫也出乎意料地重創海洛因的供應層面。這些毒蟲深陷於毒癮，因此多數人也會販毒，才可以賺錢購買毒品。因此，將這些人抽離市場之後，瑞士的毒販便消失大半，偶爾想吸海洛因的人便無處可買毒品解癮。這項計畫將重度成癮者視為病人，使海洛因市場崩盤。蘇黎世（Zurich）於一九九〇年登記在案的新吸毒成癮者人數為八百五十人。到了二〇〇五年，人數降為一百五十人。[9]將海洛因合法化（由醫生嚴格管控的計畫）之後，海洛因比禁用之前更難以取得。

• • • • • • • •

尼克森率先提出「毒品戰爭」之後幾個月，便在橢圓形辦公室與白宮幕僚長哈德曼（H. R. Haldeman）討論政府設計的反毒手冊。他當時暴跳如雷。

尼克森怒道：「他們在手冊封面引用了總統的話，放了一張圖片，一張效果很棒的圖片，然後說毒品是我們的頭號問題，必須透過『各種方式』處理。我看到『各種方式』時，真他媽的差點氣死。我在想，你也幫幫忙，好歹寫個……『全面開戰』或『全線開戰』，或者，呃，『販毒卑鄙無恥』吧。」

哈德曼點頭同意，向尼克森說：「透過『各種方式』處理，表示我們不知道如何反毒。我們或許不曉得該怎麼做。但他媽的確實不該這樣寫。」[10]

從那時起，多數政府都是這樣反毒：看到毒品氾濫卻束手無策，只能咬牙執行無效的現有反毒政策。年復一年，結果益發明顯：「全面開戰」的措施無法遏止民眾吸毒，只會推高某些廉價農產品（毒品作物）的價格，創造暴力橫生、價值高達三千億美元的國際販毒市場。

如今該嘗試用「各種方式」對付毒品產業。各國的反毒政策尚未改弦更張之前，毒梟依然前景看好。尼克森對毒品宣戰已過了半個世紀，現在卻是經營毒品卡特爾的大好時機，真是令人遺憾。

致謝

二〇一二年七月二十八日刊登於《經濟學人》的一篇文章乃是《毒家企業》之濫觴。當時該雜誌的商業編輯羅伯特・蓋斯特（Robert Guest）邀請我寫一個關於墨西哥的商業專欄，我便寫了一篇算是本書初創章節的文章（如果各位還沒厭倦毒品的主題，不妨前往 www.economist.com/node/21559598）。《經濟學人》的夥伴助我甚多，羅伯特只是其中一位。邁可・里德（Michael Reid）是我在墨西哥採訪期間的美洲編輯，博學多聞，熟悉拉丁美洲。如今轉任彭博新聞社（Bloomberg News）的約翰・米克爾斯威特（John Micklethwait）知道我對墨西哥一無所知，仍然敢聘用我，把我派到墨西哥採訪。塞琳納・登祿普（Celina Dunlop）非常熱心，幫我追查本書照片的來源。亞當・梅拉（Adam Meara）極為專業，替我製作書中的地圖與圖表。安德魯・帕爾默（Andrew Palmer）替我聯繫他的經紀人安德魯・斯圖爾特（Andrew Stuart）。若沒有斯圖爾特的協助，本書萬難順利付梓。約翰・馬哈尼（John Mahaney）和他在公共事務出版社（PublicAffairs）的同事別出心裁，願意幫我這位天馬行空的新手出書。我為本書收集資料時，有數百人曾從旁協助，他們偶爾還得冒點風險，我想在此一併致謝。這些人住在下列國度：英國、美國、墨西哥、瓜地馬拉、薩爾瓦多、宏都拉斯、玻利維亞、多明尼加共和國、葡萄牙與紐西蘭。最後，我要感謝一路關心我的家人。

注釋

序言：卡特爾股份有限公司

1. Executive Secretariat of the National Public Security System, "Reports of Incidence of Crime by Year," 2010 (in Spanish), at http://secretariadoejecutivo.gob.mx/incidencia-delictiva/incidencia-delictiva-fuero-comun.php .

2. These estimates — which are necessarily rough — are from the UN Office on Drugs and Crime (hereafter UNODC). See, for instance, "Time for Policy Change Against Crime, Not in Favor of Drugs," 2009, at https://www.unodc.org/unodc/en/about-unodc/speeches/2009-03-11.html .

3. Beau Kilmeretal., "Reducing Drug Trafficking Revenues and Violence in Mexico," RAND Corporation occasional paper, 2010, see p.19 at http://www.rand .org/content/dam/rand/pubs/occasional_papers/2010 /RAND_OP325.appendixes.pdf .

4. Moisés Naím, Illicit: How Smugglers, Traffickers, and Copycats Are Hijacking the Global Economy (New York: Doubleday, 2005), p. 68.

第一章 古柯鹼供應鏈：蟑螂效應與百分之三萬的加價

1. "Plurinational State of Bolivia, Monitoring of Coca Cultivation 2014," UNODC, August 2015 (in Spanish), at https://www.unodc.org/documents/bolivia/Informe_Monitoreo_Coca_2014/Bolivia_Informe_Monitoreo_Coca_2014.pdf.

2. "World Drug Report 2006," UNODC, 2007, at https://www.unodc.org/unodc/en/data-and-analysis/WDR-2006.html.

3. See p.75 at http://www.whitehouse.gov/sites/default/files/ondcp/policy-and-research/2013datasupplementfinal2.pdf.

4. Tom van Riper, "The Wal-Mart Squeeze," Forbes, April 24, 2007, at htt p:// www.forbes .com /2007 /04 /23 /walmart-suppliers-margins-lead-cxtvr0423walmart.html.

5. Charles Fishman, "The Wal-Mart You Don't Know," Fast Company, December 2003, at http:// www.fastcompany.com/47593/wal-mart-you-dont-know .

6. Jorge Gallego and Daniel Rico, "Manual Eradication, Aerial Spray and Coca Prices in Colombia," unpublished paper, 2012, available online at http:// www.mamacoca.org /docs_de_base/Fumigas/Daniel_Rico_Gallego_Jorge_Manual_Eradication_Aerial_Sparying_and_Coca Prices_2012.pdf.

7. Oeindrila Dube, Omar Garcia-Ponce, and Kevin Thom, "From Maize to Haze: Agricultural Shocks and the Growth of the Mexican Drug Sector," Center for Global Development, 2014, at http://www.cgdev.org /sites/default/files/maize-haze-agricultural-shocks-growth-mexican-drug-sector0.pdf.

8. "Colombia Coca Cultivation Survey 2005," UNODC, June 2006, see p.7 at http://www.unodc.org/pdf/andean/Colombia_coca_survey_2005_eng.pdf.

9. "Recommended Methods for the Identifi cation and Analysis of Cocaine in Seized Materials," UNODC, 2012, at http://www.unodc.org/documents/scientific/Cocaine_Manual_Rev_1.pdf.

10. Beau Kilmer and Peter Reuter, as quoted in Foreign Policy , October 2009, at http://foreignpolicy.com/2009/10/16/prime-numbers-doped.

第二章 相互競爭VS共謀互利：為何合併偶爾比謀殺更好

1. The apocryphal tale is dramatically recounted in "Fifty Thousand Red Roses," a narcocorrido, or narco-ballad, by Lupillo Rivera.

2. "Ciudad Juarez Man Sentenced for Eight Years for Bribery/Drug Smuggling," US Immigration and Customs Enforcement news release, September 15, 2008, at http://www.ice.gov/news/releases/ciudad-juarez-man-sentenced-8-years-briberydrug-smuggling.

3. Stephen S. Dudley, "Drug Trafficking Organizations in Central America: Transportistas, Mexican Cartels and Maras," Wilson Center, 2010, at https://www.wilsoncenter.org/sites/default/files/Chapter%202-%20Drug%20Trafficking%20Organizations%20in%20Central%20America%20Transportistas%2C%20Mexican%20Cartels%20and%20Maras.pdf

4. US Securities and Exchange Commission, see p.15 at http:// www.sec.gov/Archives/edgar/data/1467858 /000146785812000014/gm201110k.htm#s8EF7834BE4E777188CAF1031CB30C168.

5. Gianluca Fiorentini and Sam Peltzman, eds., The Economics of Organised Crime (Cambridge: Cambridge University Press, 1997).

6. Christina Villacorte, "Tattoo Removal in Prison Gives Inmates a Second Chance," Huffington Post ,September 4, 2013, at http://www.huffingtonpost.com/2013/09/04/tattoo-removal-prisonn3864222.html.

第三章 毒品卡特爾的人員問題：當龐德遇上豆豆先生

1. "The Illicit Drug Trade in the United Kingdom," Matrix Knowledge Group/Home Office, 2007, at http://webarchive.nationalarchives.gov.uk /20110220105210/rds.homeoffice.gov.uk/rds/pdfs07 /rdsolr2007.pdf .

2. Joe Palazzolo and Rogerio Jelmayer, "Brazil Files Bribery Charges in Embraer Aircraft Sale to Dominican Republic," Wall Street Journal, September 23, 2014, at http:// www.wsj.com/articles /brazil-files-bribery -charges-in-embraer-aircraft-sale-to-dominican-republic-1411502236.

3. David Skarbek, The Social Order of the Underworld: How Prison Gangs Govern the American Prison System (Oxford: Oxford University Press, 2014).

4. David Grann, "The Brand," New Yorker, February 2004, at http://www.newyorker.com/magazine/2004/02/16/the-brand.

5. "The Illicit Drug Trade in the United Kingdom," Home Office, 2007.

6. Melvin Soudijn and Peter Reuter, "Managing Potential Conflict in Illegal Markets: An Exploratory Study of Cocaine Smuggling in the Netherlands," 2013, at http://www.trimbos.org/~/media/Programmas/Internationalisering/Further%20insights%20into%20aspects%20of%20the%20EU%20illicit%20drugs%20market.ashx.

7. Charles Bowden, Murder City: Ciudad Juárez and the Global Economy's New Killing Fields (New York: Nation Books, 2010).

8. One exception is Roy Y. J. Chua of Harvard Business School, whose experiments tentatively suggest that people who work in settings where there is some level of "cultural conflict" are less likely to perform well in tests of creativity.

9. Moisés Naím, Illicit: How Smugglers, Traffi ckers, and Copycats Are Hijacking the Global Economy (New York: Doubleday, 2005), p. 73.

10. Cited by Common Sense for Drug Policy, at htt p:// www .csdp .org /research/nixonpot .txt .

11. International Centre for Prison Studies, http://www.prisonstudies.org.

12. Ruth Maclean, "We're Not a Gang, We're a Union, Say the Drug Killers of Ciudad Juárez," London Times, March 27, 2010, available on the author's website at https://macleanandrickardstraus.wordpress.com /2010 /03/27/were-not-a-gang-were-a-union-say-the-drug-killers-of-ciudad-juarez.

第四章 公共關係與錫那羅亞的狂徒：為何卡特爾要關注企業社會責任

1. Reforma's regular opinion poll, April 1, 2014, p. 8 (in Spanish), as cited at http://www.funcionpublica.gob.mx/sintesis/ComSochistorico/2014/abril/01/t5.pdf.

2. You can listen to the bouncy ballad at https://www.youtube.com/watch?t=39&v=pfGtRJjkS-g .

3. "El Chapo Accuses Governor of Chihuahua of Helping Juárez Cartel," Proceso, September 15, 2010 (in Spanish), at http://www.proceso.com.mx/?p=101344.

4. Al Ries and Laura Ries, The Fall of Advertising and the Rise of PR (New York: HarperCollins, 2012).

5. A 2008 estimate cited in Nick Davies, Flat Earth News (London: Chatto and Windus, 2008).

6. "What Do You Want from Us?" El Diario de Juárez , September 19, 2010, at http://diario.mx/Local/2010-09-19cfaade06/_que-quieren-de-nosotros/?/.

7. Alison Smith, "Fortune 500 Companies Spend More Than $500bn on Corporate Responsibility," Financial Times, October 12, 2012, at http://www.ft.com/cms/s/0/95239a6e-4fe0-11e4-a0a4-00144feab7de.html #axzz3lqtuDTmC.

8. As quoted in La Jornada, September 20, 2005 (in Spanish), at http://www.jornada.unam.mx/2005/09/20 /index.php?section=politica&article=022n1pol.

9. Herschel I. Grossman, "Rival Kleptocrats: The Mafia Versus the State," in Gianluca Fiorentini and Sam Peltzman, The Economics of Organised Crime (Cambridge University Press, 1997).

10. Leopoldo Franchetti, Political and Administrative Conditions in Sicily (1876).

11. Diego Gambetta and Peter Reuter, "Conspiracy Among the Many: The Mafia in Legitimate Industries," in Fiorentini and Peltzman, The Economics of Organised Crime .

12. FBI, "Investigative Programs: Organized Crime," at http:// www.fbi.gov/about -us /investigate /organizedcrime/cases/carting-industry.

13. Tom Wainwright, "Señores, Start Your Engines," Economist , November 24, 2012, at http:// www.economist.com/news/special-report/21566782-cheaper-china-and-credit-and-oil-about-start-fl owing-mexico-becoming.

第五章 離岸委外：在蚊子海岸做生意的好處

1. Alan Blinder, "Off shoring: The Next Industrial Revolution?" Foreign Affairs (March 2006), at htt ps:// www.foreignaffairs.com/articles/2006-03-01/offshoring-next-industrial-revolution.

2. Clair Brown et al., "The 2010 National Organizations Survey: Examining the Relationships Between Job Quality and the Domestic and International Sourcing of Business Functions by United States Organizations," Institute for Research on Labor and Employment, December 2013, at http://www.irle.berkeley.edu/workingpapers /156-13.pdf.

3. "Latin America: Tax Revenues Continue to Rise, but Are Low and Varied Among Countries," OECD, January 20, 2014, at http://www.oecd.org/ctp/latin-america-tax-revenues-continue-to-rise-but-are-low-and -varied-among-countries-according-to-new-oecd-eclac-ciat-report.htm.

4. In the end, the divorce strategy proves unsuccessful: shortly after my meeting with Colom, his ex-wife's candidacy is ruled illegal after all. The couple has not remarried.

5. See http://kevinunderhill.typepad.com/Documents/Opinions/USvOne_Lucite Ball.pdf, and also http:// www.collectspace.com/news/usvmoonrock.pdf .

6. Tom Wainwright, "Dicing with Death," Economist, April 12, 2014, at http://media.economist.com/sites /default/files/media/2014InfoG/databank/IR2a .pdf.

7. "Country Report: Honduras," US Department of State, 2014, at http://www.state.gov/j/inl/rls/nrcrpt/2014 /vol1/222904.htm.

8. "Cocaine from South America to the United States," UNODC, at https://www.unodc.org/documents/toc/Reports/TOCTASouthAmerica/English/TOCTA_CACaribb_cocaine_SAmerica_US.pdf

9. This point is well made by Peter Reuter in "The Limits of Supply-Side Drug Control," Milken Institute Review (First Quarter 2001), at http://faculty.publicpolicy.umd.edu/sites/default/files/reuter/files/milken.pdf.

10. Miguel L. Castillo Girón, "Land Ownership Transfers in the Petén, Guatemala," Western Hemisphere Security Analysis Center, Florida International University, February 1, 2011, at http://digitalcommons.fiu.edu/cgi/viewcontent.cgi?article=1019&context=whemsac.

11. Natalia Naish and Jeremy Scott, Coke: The Biography (London: Robson Press, 2013), p.18.12. El Salvador is something of an exception: the WEF's data suggest that it is a little easier for cartels to do business there than in Nicaragua, and yet its murder rate is far higher. One explanation may be that the country's bloodthirsty street gangs drive up the level of violence; the data in this table are from before the signing of the truce outlined in Chapter 2. Honduras's murder rate, meanwhile, was particularly high in 2012, partly as a hangover from the country's coup in 2009.

第六章 加盟連鎖的好處與風險：犯罪集團如何仿效麥當勞

1. "Ricardo" is a pseudonym. The other details are unchanged.

2. "Incidence of Crime 2014," National System of Public Security, 2015 (in Spanish), http://secretariadoejecutivo.gob.mx/docs/pdfs/estadisticas%20del%20fuero%20comun/Cieisp2014012015.pdf.

3. Chris Kanich et al., "Spamalytics: An Empirical Analysis of Spam Marketing Conversion," CCS'08, 2008, http://cseweb.ucsd.edu/~savage/papers/CCS08Conversion.pdf.

4. Roger Blair and Francine Lafontaine, The Economics of Franchising (Cambridge: Cambridge University Press, 2005).

5. Antonio O. Mazzitelli, "Mexican Cartels' Infl uence in Latin America," Florida International University, Applied Research Center, September 2011, at http://www.seguridadydefensa.com/descargas/Mazzitelli-Antonio-Mexican-Cartel-Influence-in-Central-America-Sept.pdf.

6. Peter Drucker, The Daily Drucker (New York: HarperCollins, 2004).

7. See Rodrigo Canales's excellent TED talk on Mexican cartels, at http://www.ted.com/talks/rodrigo_canales_the_deadly_genius_of_drug_cartels/transcript?language=en.

8. In 2004, there were 539 murders; in 2014, there were 1,514. See http://secretariadoejecutivo.gob.mx/incidencia-delictiva/incidencia-delictiva-fuero-comun.php.

9. Charles G. Miller, "Hot Litigation Topics in Franchising," unpublished paper, at http://www.bzbm.com/wp-content/uploads/2012/07/HOT-LITIGATION-TOPICS-IN-FRANCHISING.pdf.

10. Témoris Grecko and David Espino, "War for the 'Red Gold' Tears Guerrero Apart," El Universal, February 3, 2015 (in Spanish), at htt p:// www .eluniversal.com.mx /nacion-mexico/2015/impreso/guerra -porel-8216or -rojo-8217flagela-a-guerrero-222823.html, and Julio Ramírez, "Government of the Republic Identifies Nine Cartels; They Control Forty-three Gangs," Excelsior, September 16, 2014 (in Spanish), at http://www.excelsior.com.mx/nacional/2014/09/16/981925#imagen-2 .

第七章 創新變革，超越法律：「合法興奮劑」產業的研究與開發

1. "Drugs Use Map of the World," Guardian, July 2, 2012, at http://www.theguardian.com/news/datablog/interactive/2012/jul/02/drug-use-map-world.

2. Tom Wainwright, "Legal Highs: A New Prescription," Economist, August 8, 2013, at http://www.economist.com/news/leaders/21583270-new-zealands-plan-regulate-designer-drugs-better-trying-ban-them-and-failing-new.

3. See, for instance, C. Wilkins et al., "Legal Party Pill Use in New Zealand," Centre for Social and Health Outcomes Research and Evaluation, Massey University, Auckland, at http://www.whariki.ac.nz/massey/fms /Colleges /College%20of%20Humanities%20and%20Social%20 Sciences /Shore /reports/Legal%20party%20pills%20in%20New%20Zealand%20report3.pdf.

4. "World Drug Report 2013," UNODC, June 26, 2013, at http://www.unodc.org/lpo-brazil/en/frontpage/2013 /06/26-world-drug-report-notes-stability-in-use-of-traditional-drugs-and-points-to-alarming-rise-in-new-psychoactive-substances.html.

5. "Controlled Drugs: Licences, Fees and Returns," Home Office, July 24, 2015, at https://www.gov.uk/government/publications/controlled-drugs-list.

6. The transcript of the ridiculous exchange is immortalized in Hansard, the official record of the Houses of Parliament, under Parliamentary Business, Publications and Records, July 23, 1996, at http://www.parliament.the-stationery-office.co.uk/pa/cm199596/cmhansrd/vo960723/text/60723w10.htm.

7. As quoted in "Is Irish Ban on Legal Highs Driving Market Underground?" Guardian, June 30, 2015, at http:// www.theguardian.com/society/2015/jun/30/risks-of-legal-highs-drive-bereaved-mother-to-campaign-for-uk-ban.

8. "Psychoactive Substance Regulations% Regulatory Impact Assessment," Treasury of New Zealand, August 5, 2014, at http://www.treasury.govt.nz/publications/informationreleases/ris/pdfs/ris-moh-psr-jul14.pdf.

9. "Pharmaceutical Industry," Programmes, World Health Organization, at http://www.who.int/trade/glossary/story073/en.

10. Joseph A. DiMasi, "Innovation in the Pharmaceutical Industry: New Estimates of R&D Costs," Tufts Center for the Study of Drug Development, November 18, 2014, at http://csdd.tufts.edu/files/uploads/Tufts_CSDD_briefing_on_RD_cost_study-Nov_18,_2014.pdf.

11. "The Price of Failure," Economist , November 27, 2014, at http://www.economist.com/news/business/21635005-startling-new-cost-estimate-new-medicines-met-scepticism-price-failure.

12. Lena Groeger, "Big Pharma's Big Fines," ProPublica , February 24, 2014, at http://projects.propublica.org/graphics/bigpharma.

13. "Regulatory Impact Statement: Amendment to the Psychoactive Substances Act 2013," Treasury of New Zealand, May 2014, at http://www.treasury.govt.nz/publications/informationreleases/ris/pdfs/ris-moh-apsa-may14.pdf.

14. Amanda Gillies, "Matt Bowden's Legal High Company in Liquidation," 3 News , May 16, 2015, at http://www.3news.co.nz/nznews/matt-bowdens-legal-high-company-in-liquidation-2015051617#axzz3eYIB5tSf.

第八章 網路訂購古柯鹼：網路購物如何改進毒販的顧客服務

1. See http://www.pizzahut.com/assets/pizzanet.

2. Global Drug Survey, 2014, at http://www.globaldrugsurvey.com/facts-figures/the-global-drug-survey-2014-findings.

3. Judith Aldridge and David Décary-Hétu, "Not an 'eBay for Drugs': The Cryptomarket 'Silk Road' as a Paradigm Shifting Criminal Innovation," Social Science Research Network, May 13, 2014, at http://papers.ssrn.com/sol3/Papers.cfm?abstractid=2436643.

4. For an extreme version of this problem, consider the Honduran colonel trying to sell a piece of moon rock in Chapter 5. Finding a buyer was so difficult that he was forced to drop his asking price from $1 million to $10,000 and a refrigerated truck. There may well have been a buyer somewhere in the world who was willing to pay more% but how could he have identified that person?

5. Sometimes the people carrying out successful "exit scams" even own up to it. A vendor called DataProV left the following message on his Evolution trading page in early 2015, shortly after pulling off an exit scam worth £34,900 ($52,000): "Huge apologies, Most of you it won't effect. Some of you, it will. …Some for over £10,000! Peace out guys."

6. B. C. Ginsburg et al., "Purity of Synthetic Cannabinoids Sold Online for Recreational Use," Journal of Analytical Toxicology 36 (1) (January 2012).

7. Anupam B. Jena and Dana P. Goldman, "Growing Internet Use May Help Explain the Rise in Prescription Drug Abuse in the United States," Health Affairs, May 12, 2011, at http://content.healthaffairs.org/content/30 /6/1192.full.pdf+html.

8. Matt hew O. Jackson, Social and Economic Networks (Princeton, NJ: Princeton University Press, 2008).

9. Geoffrey Pearson and Dick Hobbs, "Middle Market Drug Distribution," Home Office Research Study 227, November 2001, at http://eprints.lse.ac.uk/13878/1/Middle market drug distribution.pdf.

10. Beau Kilmer and Peter Reuter, "Prime Numbers: Doped," Foreign Policy, October 16, 2009, at

http://foreignpolicy.com/2009/10/16/prime-numbers-doped.

11. Peter S. Bearman, James Moody, and Katherine Stovel, "Chains of Affection: The Structure of Adolescent Romantic and Sexual Networks," American Journal of Sociology 110 (1) (July 2004), at http://www.soc.duke.edu/~jmoody77/chains.pdf.

12. "Findings from the 2013/14 Crime Survey," Home Office, 2014, at https://www.gov.uk/government/publications/drug-misuse-findings-from-the-2013-to-2014-csew/drug-misuse-findings-from-the-201314-crime-survey-for-england-and-wales.

13. "Popping Pills: Prescription Drug Abuse in America," National Institute on Drug Abuse, 2011, at http://www.drugabuse.gov/related-topics/trends-statistics/infographics/popping-pills-prescription-drug-abuse-in-america.

第九章 事業多角化，打入新市場：從走私毒品到走私人口

1. Bryan Roberts et al., "An Analysis of Migrant Smuggling Costs Along the Southwest Border," Department of Homeland Security, working paper, November 2010, at http://www.dhs.gov/xlibrary/assets/statistics/publications/ois-smuggling-wp.pdf.

2. Ibid.

3. Jeffrey S. Passel, D'Vera Cohn, and Ana Gonzalez-Barrera, "Net Migration from Mexico Falls to Zero% and Perhaps Less," Pew Hispanic Center, April 23, 2012, at http://www.pewhispanic.org/2012/04/23/net-migration-from-mexico-falls-to-zero-and-perhaps-less.

4. Both are cited in Beau Kilmer et al., "Reducing Drug Trafficking Revenues and Violence in Mexico," RAND Corporation, occasional paper, 2010, at http://www.rand.org/content/dam/rand/pubs/occasional papers /2010/RAND_OP325.pdf.

5. Robert S. Gable, "Comparison of Acute Lethal Toxicity of Commonly Used Psychoactive Substances," Addiction 99 (6) (2004).

6. T. J. Cicero, "The Changing Face of Heroin Use in the United States," JAMA Psychiatry 71 (7) (2014), at http://www.ncbi.nlm.nih.gov/pubmed/24871348.

第十章 回到原點：毒品合法化如何威脅毒梟

1. Ricardo Baca, "Chart: Colorado Marijuana Sales Hit $700 Million in 2014," Cannabist, February 12, 2015, at http://www.thecannabist.co/2015/02/12/colorado-marijuana-sales-2014-700-million/27565.

2. Adam Smith, "Tech-Savvy Criminals Now Using Heat-Seeking Drones to Target Cannabis Farms," Halesowen News, April 17, 2014, at http://www.halesowennews.co.uk/news/11155386.print.

3. First annual report of the Colorado Marijuana Enforcement Division, 2015, at https://www.colorado.gov/pacific/sites/default/files/2014%20MED%20Annual%20Report_1.pdf.

4. Maureen Dowd, "Don't Harsh Our Mellow, Dude," New York Times, June 3, 2014, at https://www.nytimes.com/2014/06/04/opinion/dowd-dont-harsh-our-mellow-dude.html.

5. Beau Kilmer et al., "Reducing Drug Traffi cking Revenues and Violence in Mexico," RAND Corporation occasional paper, 2010, see p.19 at http://www.rand.org/content/dam/rand/pubs/occasional_papers/2010 /RAND_OP325.appendixes.pdf.

6. "Mapping Marijuana," Economist, January 20, 2015, at http://www.economist.com/blogs/graphicdetail /2015/01/daily-chart-11.

7. Chris Dolmetsch, "New York Expands Fight on Smuggled Cigarettes with UPS Suit," Bloomberg, February 18, 2015, at https://www.bloomberg.com/news/articles/2015-02-18/new-york-expands-fight-on-smuggled-cigarettes-with-ups-lawsuit.

8. "Possible Impact of the Legalization of Marijuana in the United States,"IMCO, October 2012 (in Spanish), at http://imco.org.mx/seguridad/posible_impacto_de_la_legalizacion_de_la_marihuana_en_estados_unidos.

9. Sam Ro, "Wall Street Analyst Argues Big Tobacco Will Soon Have to Answer Big Questions About Pot," Business Insider, December 10, 2014, at http://uk.businessinsider.com/rbc-analyst-on-marijuana-2014-12.

10. Rachel Ann Barry, Heikki Hiilamo, and Stanton Glantz, "Waiting for the Opportune Moment: The Tobacco Industry and Marijuana Legalization," Milbank Quarterly 92(2) (2014), at http://www.milbank.org/uploads/documents/featured-articles/pdf/Milbank_Quarterly_Vol-92_No-2_2014_The Tobacco_Industry_and_Marijuana_Legalization.pdf.

結論：為何經濟學家能扮演最棒的警察

1. Kiah Collier and Jeremy Schwartz, "DPS Boosts Drug Seizure Values as It Seeks More Border Money," Austin American-Statesman, February 26, 2015, at http://www.mystatesman.com/news/news/state-regional-govt-politics/dps-boosts-drug-seizure-values-as-it-seeks-more-bo/nkKbc.

2. Peter Reuter, Understanding the Demand for Illegal Drugs (Washington, DC: National Academies Press), at http://www.nap.edu/catalog/12976/understanding-the-demand-for-illegal-drugs.

3. The extent to which they cut their prices, if at all, depends on the elasticity of supply. For further discussion of this, see this 2002 paper on the elasticity of the demand and supply of drugs, published by the Department of Justice: William Rhodes et al., "Illicit Drugs: Price Elasticity of Demand and Supply," at https://www.ncjrs.gov/pdffiles1/nij/grants/191856.pdf.

4. Keene's dangerous Pumpkin Festival was reported in "Cops or Soldiers?" in the Economist on May 22, 2014, by my fearless colleague Jon Fasman, at http://www.economist.com/news/united-states/21599349-americas-police-have-become-too-militarised-cops-or-soldiers.

5. "The Benefi ts and Costs of Drug Use Prevention," RA ND Corporation, research brief, 1999, at http:// www.rand.org/pubs/research_briefs/RB6007/index1.html.

6. Quoted by Thalif Deen, "UN Body Praises Peru, Bolivia for Slashing Output," Inter Press Service, March 7, 2000, at http://www.ipsnews.net/2000/03/drugs-un-body-praises-peru-bolivia-for-slashing-output.

7. UN press release, "UNODC Reports Steep Decline in Cocaine Production in Colombia," June 19, 2009, at http://www.unodc.org/unodc/en/press/releases/2009/june/unodc-reports-steep-decline-in-cocaine-production-in-colombia.html.

8. Moisés Naím, Illicit: How Smugglers, Traffi ckers, and Copycats Are Hijacking the Global Economy (New York: Doubleday, 2005), p. 80.

9. "War on Drugs: Report of the Global Commission on Drug Policy," June 2011, at http://www.globalcommissionondrugs.org/wp-content/themes/gcdp_v1/pdf/Global-Commission_Report_English.pdf.

10. Richard Nixon and H. R. Haldeman in a private conversation in the Oval Office, March 21, 1972, at http:// www.csdp.org/research/nixonpot.txt.

視野 81

毒家企業

從創造品牌價值到優化客戶服務，毒梟如何經營販毒集團？

Narconomics: How to Run A Drug Cartel

作　　者：湯姆．溫萊特 Tom Wainwright
譯　　者：吳煒聲
責任編輯：林佳慧
校　　對：葉政昇、林佳慧
封面設計：廖韡
美術設計：廖健豪
寶鼎行銷顧問：劉邦寧

發 行 人：洪祺祥
副總經理：洪偉傑
副總編輯：林佳慧
法律顧問：建大法律事務所
財務顧問：高威會計師事務所
出　　版：日月文化出版股份有限公司
製　　作：寶鼎出版
地　　址：台北市信義路三段 151 號 8 樓
電　　話：（02）2708-5509　傳真：（02）2708-6157
客服信箱：service@heliopolis.com.tw
網　　址：www.heliopolis.com.tw
郵撥帳號：19716071 日月文化出版股份有限公司

總 經 銷：聯合發行股份有限公司
電　　話：（02）2917-8022　傳真：（02）2915-7212
印　　刷：禾耕彩色印刷事業股份有限公司
初　　版：2019 年 2 月
初版八刷：2021 年 4 月
定　　價：430 元
ＩＳＢＮ：978-986-248-783-9

國家圖書館出版品預行編目資料

毒家企業：從創造品牌價值到優化客戶服務，毒梟如何經營販毒集團？／湯姆．溫萊特（Tom Wainwright）著；吳煒聲譯．
-- 初版 . -- 臺北市：日月文化，2019.02
416 面；14.7 × 21 公分 . --（視野；81）
譯自：Narconomics : How to Run A Drug Cartel
ISBN 978-986-248-783-9（平裝）

1. 毒品

548.82　　107021943

日月文化集團
HELIOPOLIS
CULTURE GROUP

感謝您購買 **毒家企業：**從創造品牌價值到優化客戶服務，毒梟如何經營販毒集團？

為提供完整服務與快速資訊，請詳細填寫以下資料，傳真至02-2708-6157或免貼郵票寄回，我們將不定期提供您最新資訊及最新優惠。

1. 姓名：＿＿＿＿＿＿＿＿　性別：□男　□女
2. 生日：＿＿＿年＿＿＿月＿＿＿日　職業：
3. 電話：（請務必填寫一種聯絡方式）
（日）＿＿＿＿＿＿（夜）＿＿＿＿＿＿（手機）＿＿＿＿＿＿
4. 地址：□□□＿＿＿＿＿＿＿＿
5. 電子信箱：＿＿＿＿＿＿＿＿
6. 您從何處購買此書？□＿＿＿＿＿縣/市＿＿＿＿＿書店/量販超商
□＿＿＿＿＿網路書店　□書展　□郵購　□其他
7. 您何時購買此書？　年　月　日
8. 您購買此書的原因：（可複選）
□對書的主題有興趣　□作者　□出版社　□工作所需　□生活所需
□資訊豐富　□價格合理（若不合理，您覺得合理價格應為＿＿＿＿＿）
□封面/版面編排　□其他＿＿＿＿＿＿＿＿
9. 您從何處得知這本書的消息：　□書店　□網路／電子報　□量販超商　□報紙
□雜誌　□廣播　□電視　□他人推薦　□其他
10. 您對本書的評價：（1.非常滿意 2.滿意 3.普通 4.不滿意 5.非常不滿意）
書名＿＿＿　內容＿＿＿　封面設計＿＿＿　版面編排＿＿＿　文/譯筆＿＿＿
11. 您通常以何種方式購書？□書店　□網路　□傳真訂購　□郵政劃撥　□其他
12. 您最喜歡在何處買書？
□＿＿＿＿＿縣/市＿＿＿＿＿書店/量販超商　□網路書店
13. 您希望我們未來出版何種主題的書？＿＿＿＿＿＿＿＿
14. 您認為本書還須改進的地方？提供我們的建議？

視野 起於前瞻，成於繼往知來

Find directions with a broader VIEW

寶鼎出版

視野 起於前瞻，成於繼往知來

Find directions with a broader VIEW

寶鼎出版